우리는 구원 받는 자들에게나 망하는 자들에게나
하나님 앞에서 그리스도의 향기니
이 사람에게는 사망으로부터 사망에 이르는 냄새요
저 사람에게는 생명으로부터
생명에 이르는 냄새라

고린도후서 2장 15-16절

한국에서 크리스천으로 산다는 것

정치학자의 복음 이야기

강문구 지음

목차

4부. 십자가 영성과 성화의 삶

일러두기

1. 인용한 원서와 맥락에 따라 두 가지 용어를 병기하기도 함. 예를 들면, 사단/사탄, 죽음/사망, 하나님나라/하나님 나라 등.

2. 성경 인용은 개역개정, 쉬운성경, 표준새번역을 두루 사용했는데, 별도 표기가 없으면 개역개정판을 따른 것임.(첨부: 인용한 성경에 따라 구두점 표기가 다를 수 있음.)

3. 이 책은 <세상 속 복음의 향기>(2018)의 내용을 대폭 수정·보완하여 펴내는 개정증보판임.

분단과 분열의 한국에서 크리스천은 누구인가?

흔히들 성경 속에 인생의 모든 문제에 대한 해답이 있다고 한다. 문제는 어디에 있는지 잘 모른다는 것이다. 따라서 성경 속을 뒤집고 다니면서 성경 말씀을 제대로 이해할 수 있다면 팔부능선은 오른 것이 아닌가 생각한다. 하지만 성경 이해가 말처럼 그리 쉽지 않고 정초마다 서원하는 성경통독도 그리 만만치 않다. 그래도 각고의 노력 끝에 성경일독, 이독 등을 했다고는 하더라도, 또 문제는 제대로 이해했느냐이다. 모래가 아니라 반석 같은 견고한 토대가 필수이고 동시에 어느 쪽을 향하는지도 중요한 것이다. 문봉주 장로는 기독교 신앙을 '자기 십자가'를 지고 자기를 비우는 것으로 이해했고, 벤자민 오 목사는 성경의 핵심을 순종과 예배, 창조와 재(새)창조, 생명과 사망, 타락과 회복으로 정리했다. 예수님도 성경을 하나님 사랑과 이웃 사랑으로 요약해 주시기도 했다. 이는 또 동양 유교의 경천애인 敬天愛人 사상과도 일맥상통한다.

성경 속에는 하나님이 인간에게 주시는 칠천 가지 복에 관한 말씀이 있다고 한다. 물론 그러한 복은 조건부이자 우리의 선택에 의해 좌우된다. 순종해서 축복의 길로… 더 근원적인 축복과 은혜는 성경 도처에, 창세기부터 요한계시록까지 즐비하다. 하나님께서 하나님의 형상과 모양대로 인간을 창조하시면서 생기(하나님의 영, 성령)를 불어넣으시고, 또 남자와 여자를 창조하시고, 선악과 불순종에도 여자의 후손에 대한 (원시)복음을 준비하셨다. 여기서 복음은 시작된다. 인간의 육체는 땅에서 나왔기에 땅의 소산을 먹어야 하지만, 영은 하나님으로부터 나왔기에 위(하늘)를 향하여 하나님 말씀의 생수(은혜)를 마셔야 살 수 있는 존재이다. 인간은 하나님의 숨결에서 나오는 영의 힘으로 살 수 있고, 하나님의 권위를 위임받아 하나님 대신 땅을 다스리고 정복하게 된다. 하나님은 창조 당시부터 우리 인간과 자유로운 사랑의 교제를 나누기를 원하셔서 인간에게 사랑의 마음과 동시에 자유의지도 주신 것이다. 이렇게 자유롭게 하나님을 사랑하고 순종하면 인간은 모든 것을 누리게 될 예정이었다. 하지만 인간은 사탄의 간계로 죄를 지음으로써 에덴동산에서 쫓겨나 세상 나라에서 온갖 간난고초를 겪어야 할 운명으로 바꾸어 버렸다. 스스로는 어찌할 수 없는 비참한 운명에 놓이게 된 것이었다.

이런 상황에서도 하나님은 직접 우리를 찾아오시고 또 우리와 함께 하시고자 하셨다. 우리에게 몸소 찾아오시고, 함께 하시고, 내주하시고, 동행하시는 하나님! 우리의 연약함을 도우시고 우리가 갈 바를 몰라 방황할 때 우리를 인도하시고, 우리가 길을 벗어나면 안타까운 마음으로 중보하시고, 우리가 제대로 길을 가면 누구보다 기뻐하시는 삼위일체의 하나님! 예수 그리스도는 우리에게 은혜를 베푸시고 하나님은 우리를 끝까지 사랑하시고 성령님은 거룩한 친교를 허락하신다.(고린도후서 13장 13절) 하나님은 "보아라, 내가 문밖에 서서, 문을 두드리고 있다. 누구든지 내 음성을 듣고 문을 열면, 나는 그에게로 들어가서 그와 함께 먹고, 그는 나와 함께 먹을 것이다"라고 하시면서 손수 우리를 찾아오신다.(요한계시록 3장 20절, 표준새번역)

기독교 복음은 기본적으로 몸소 우리에게 찾아오신 하나님의 계시에 의존하여 그분을 알아가고 그리고 인간과 세상을 알아가는 길에 빛을 비춰준다. 여기에는 하나님과 인간과의 올바른 관계에 대한 이해가 전제되어야 하는데, 이것을 성경은 '의로운' 것이라고 말한다. 사람의 본분은 '하나님의 영광'(쉐키나)을 반사하고 반영하는 존재로서, 하나님이 계획하신 하나님 나라를 만들어가는 데 쓰임 받는 존재로 살아가는 것이다. 그렇게 살아갈 때, 하나님은 우리에게 필요한 모든 것을 공급해주시고 우리가 축복과 형통의 길로 나아가게 하신다. 무엇보다도 기독교 복음의 진수 중의 하나는 하나님이 직접 우리에게 찾아오신 임마누엘 하나님이시라는 데 있다고 생각한다. 복음이자 하나님 나라이신 예수가 이 세상에 오심으로써 인간은 우리 속에 하나님 나라가 임하는 복음을 직접 듣게 되었고 그분이 십자가에 돌아가심으로써 죄와 죽음과 사탄에 대해 미리 승리를 확보할 수 있었다. 하지만 예수의 죽음과 부활과 승천 이후의 종말 시대는 시공상 중첩된 이중 구조를 갖기에 우리 인간은 여전히 사탄이 주도하는 죄와 죽음과 어둠의 세상 속에 살면서 이 세상과 대결해야 한다. 이 전쟁은 예수의 재림과 최후 심판 때까지 계속될 것이다. 하지만 우리는 승리를 확보한 상태에서 그러한 사탄의 세력에 대항하여 이길 수 있는 모든 조건과 자산과 능력과 권한을 부여받았다. 이것이 복음의 본질이다.

간증과 찬송의 감격이 머리와 가슴 속에 가끔 공명되기도 하지만 그러한 감동이 그리 오래가지는 못하는 현실이 안타깝다. 사도 바울의 고백에서 위안을 받기도 하면서 진정한 복음을 간구하지만 무언가 견고하고 오래 버틸 수 있는 토대 같은 것에 대한 갈구는 더 커진다. 그래서 결국 길은 성경으로, 진정한 복음으로 돌아가는 길밖에 없다고 생각하게 되었다. 왜냐하면 구원의 감격을 누린 우리들도 복음의 원리와 본질을 오해할 수도 있기 때문이다. 잘못된 방향과 방식의 특심特甚 한 열심熱心 이 기독교 구원, 복음, 진리 등에 커다란 해악을 끼쳐왔음을 우리는 너무나 잘 안다. 먼저 우리 인간이 처한 이 세상(세상 나라)의 성격에 대해서, 그리고 예수가 오심으로 선포된 하나님 나라와 이 세상 나라와의 관계에 대해서, 동시에 이 세대와 오는 세대 간의 중첩된 구조에 대해서, 구원은 받았으되 진정한 순종적 구원의 삶을 살아내지 못하는 것에 대해서, 이미 성취되었지만 아직 완성되지 못한 영적 전쟁에 대해서, 그리고 이러한 문제를 대하고 해결하려는 과정에서 우리가 너무나 자연스럽게 취하게 되는 육신적, 세상적, 종교적 방식과 율법주의적 경향 등에 대해서 제대로 이해하는 것이 무엇보다 중요하고 절실하다하게 되었다.

세상(나라)과 하나님 나라 사이에서 방황하고 그 경계에서 서성이는 것이 우리 인간 본연의 모습 혹은 운명은 아닌지? 그 두 나라의 이중국적자로서 어디에서도 정착하지 못한 채, 자기변명과 자기합리화, 한 걸음 나아가서 '자기의 自己義'로 일관하는 복잡하고 고단한 삶을 살아가고 있지는 않은지? 문제는 여기서 그치지 않는다. 물론 은혜로 구원의 소식을 접하고 구원이 발생하는 은혜로운 현상에 감격했지만, 그렇다고 해서 성화의 삶이 자동적으로 살아지지는 않았던 것이다. (앞서 언급했던 여러 가지 혼돈으로 인해서) 오히려 구원받기 이전보다 더욱 치열한 영적 전쟁이 자기 속에서 벌어지고 있음을 목격하고는 더 난감해하곤 한다.(아마도 이전에는 그러한 영적 전쟁을 다른 각도, 곧 인본주의적 관점에서 받아들였을 것이다.) 어떤 의미에서 구원의 감격을 맛본 이후, 그러한 영적 전쟁은 더욱 격화되고 확전되어 구원의 발생 이후 오히려 더 크게 낙심하는 패배자의 모습이 될 수도 있는 것이다. 그러기에 구원 이후 성화의 과정이 너무도 중요한데, 한국교회에서는 다분히 경시되는 것 같다.

그래서 도무지 내 힘으로 어찌할 수 없다는 망연자실의 사태가 발생하는데, 이때 이 시점에서 중대한 갈림길이 우리 앞에 펼쳐진다. 곧 인간의 (불굴의?) 의지로 감당할 것인가, 아니면 나를 포기할 것인가의 선택의 기로에 서게 되는 것이다. 이 대목에서 기독교 복음은 나를 포기하고 예수의 십자가를 본받아 나의 십자가를 지고 가라고 말한다. 내가 죽고 자아가 죽고 내 몸이 죽고, 그리하여 내 속의 죄가 죽고, 그럼으로써 예수가 살고 하나님의 의가 사는 새로운 길을 가라고 하지만, 인간은 선뜻 결단하지 못한다. 육신, 세상, 종교, 율법주의, 이러한 것들의 원동력이기도 한 자기의로 말미암아 그 좁은 길로 가기를 주저하고 때로는 이탈하고 심지어 반대 방향으로 가기도 한다. 더군다나 이 대목에서 구원의 감격에만 머문다면, 그 이후 계속 가야 하는 (어쩌면 본격적으로 요구되는) 순종적 성화의 삶을 이해하지 못하고 혼돈에 빠져, 갈수록 더 신랄하게 전개될 영적 전쟁에서 패배할 가능성은 더욱 높아질 것이다. 새로운 영적 전쟁에 대한 판단과 전략이 요구되는데, 이는 구원의 성취에서 있었던 은혜의 갑절 이상이 요구되는 지속적이고 장기적인 (일평생에 걸친) 성화의 삶으로만 가능해지는 것이다.

약간 달리 말하자면, 구원의 기쁨이 성화의 삶을 살아가는 원동력으로서 오랫동안 작동하지는 못할 수도 있다는 것이다. 이러한 어려움은 앞서 언급했던 하나님 나라와 세상 나라의 이중구조와 복음의 복합적·과도기적 성격에 연유한 것이기도 하다. 예수가 이 땅에 오심으로 승리의 교두보는 확보되었으나 완전히 승리한 것은 아닌 것이다. 많은 분들이 '이미, 그러나 아직'이라는 해석에 동감하고 있다. 예수가 이 땅에 오심으로 말세가 시작되고 승리가 선포되었지만 이 말세의 승리는 예수의 재림으로 완성된다. 게다가 이 복음의 메시지에 내포된 이중적 단계는 구원의 감격과 기쁨을 시작으로 성화의 삶을 실제 살아야 하는 과제가 주어지는 바, 이러한 성화의 삶을 살아갈 때 진정한 복음은 완성되어 가는 것이다. 이러한 과정에서 또 여러 가지 시련과 고난을 겪고 맞이하면서 그러한 삶을 살아가지 못하고 패배할 때 과연 이전에 성취했던 구원마저 무효화 되는가라는 문제는 평신도인 필자의 능력을 넘어서는 문제라 생각한다. 하여간, 구원 다음에는 성화의 삶을 실제 살아내야 하는 것이고 이 단계까지 실현되는 것이 진정한 복음을 알고 누리는 것이다. 이는 또 하나님 나라가 그리스도와 성령을 통해 우리 속에서도 실현된다고 할 수 있는 것이다. 그래서 이 책에서는 구원의 감격 다음 단계에서 성령의 도우심과 중생으로 가능케 되는 은혜로운 순종적 성화의 삶, 곧 진정한 복음적 삶을 거듭 강조하게 될 것이다.

신학이나 성경을 전공하지 않은 평신도로서, 이 세상 속에서 이 세상을 살면서 이 세상에 주눅 들지 않고 세상의 악에 지지 않고, 또 우리에게는 찾아보기 힘든 선(善)으로 악을 이길 수 있을까하는 고민을 통해 시금석으로서의 성경을 발견하고 정초하려 했다. 동시에 세상에서 방황하고 앞으로 나아가려 할 때, 나침판 같은 매뉴얼, 곧 하나님 나라와 세상 나라 사이에서 방황하되 길을 잃지 않도록 하는 이정표 같은 안내서가 절실하게 느껴졌다. 그래서 하나님 나라와 세상 나라의 경계에 오래도록 서성이던 한 평신도가 나름대로 정리한 이중국적자를 위한 매뉴얼, 그리고 구원의 감격에서 멈추지 않고 성화적 삶을 실제 살아갈 수 있는 매뉴얼 같은 것을 소망해온 과정에서 만나고 싶은 조금만 결실로서 이번 개정판을 이해했으면 하는 바람이다.

바이블 스토리

● 구약 스토리

태초에 하나님이 우주만물을 창조하셨다. 하나님은 3일 동안은 환경과 틀을 만드시고 그 다음 3일 동안은 그 환경과 틀에 들어갈 식물과 동물과 인간을 창조하셨다. 그리고는 7일째 안식하시면서 그 날을 축복하셨다. 하지만 에덴동산에 계획하셨던 하나님과의 교제와 안식은 뱀의 유혹에 넘어간 인간의 타락으로 깨졌다. 인간이 죄를 짓게 되고 여자와 남자는 고통을 당하게 되었다. 에덴에서 추방당한 인간은 하나님을 두려워하고 하나님으로부터 멀어지게 되었다. 이러한 인간의 타락에도 하나님은 '여자의 후손'에 관한 구원 복음의 약속을 하셨다.

에덴동산에서 쫓겨난 인간들은 크게 번성하나 그 죄악은 더 심해져갔다. 하나님은 사람의 죄악을 보시고 한탄하시며 홍수 심판을 계획하셨다. 하지만 당대에 의로운 노아가족만은 남겨두시기로 하셨다. 노아가 600세 되던 날 그 아내와 세 아들 내외가 방주로 들어가고 40일 동안 깊은 샘들이 터지고 하늘의 문이 열렸다. 150일 동안 물이 땅에 넘치다 1년 10일 만에 노아가족은 아라랏산에 당도하여 번제를 드렸다. 그러자 하나님은 노아가족들에게 고기도 피째 먹지 말고 사람의 피를 흘리지 말고 번성하도록 말씀하시고, 다시는 모든 생물을 멸하지 아니하리라는 무지개 언약을 주셨다. 하나님은 노아 홍수 이후 인간들이 다시 악해지면서 성을 세우고 하늘까지 닿는 탑을 쌓으려 하자, 온 땅의 언어를 혼돈스럽게 하여 모든 사람들을 흩어 놓으셨다.

하나님이 에덴동산에 계획하시던 하나님 나라 복음의 계획이 인간의 죄와 교만으로 불가능해지자, 하나님은 아브라함을 중심으로 네 명의 족장을 통하여 하나님 나라를 건설하려 하셨다. 하나님은 우상이 널리 퍼져있던 메소포타미아 레반트 지역의 우르에서 아브라함을 불러내어, 가나안 땅으로 가라고 말씀하셨다. 그러면서 땅과 자손의 축복을 약속하셨다. 아브라함은 100세에 낳은 이삭을 바치라는 하나님의 명령에 순종함으로써, 하나님으로부터 '나의 벗 아브라함'이라는 말을 듣게 된다. 그리고 욕심 많은 야곱을 통해 이스라엘의 12지파가 탄생하게 되었다. 야곱이 자신만큼이나 욕심과 꾀가 많은 외삼촌 라반을 만나 많은 고생을 하게 되면서 그의 믿음은 더욱 깊어지는데, 편애하던 요셉을 잃고 사랑하던 베냐민마저 인질로 빼앗길 처지에 당도해서야, '잃으면 잃으리라'는 믿음의 경지에 도달했다. 형들의 시기로 이집트에 팔려간 요셉은 고난 중에서도 하나님이 항상 함께 하시는 축복을 받으면서 이집트의 총리가 되어, 30년 후 야곱의 가족을 이집트 고센지역에 살게 해주었다.

요셉이 죽고 400년의 세월이 흐르자, 요셉을 모르는 파라오가 등장하면서 이스라엘 민족의 고난이 시작된다. 이집트의 힘든 노예생활을 불쌍히 보신 하나님은 모세를 통해 그 민족을 구원할 계획을 가지셨다. 모세는 이집트 궁중에서 40년 살다 자기민족에 대한 애정과 자신의 기질로 인해 미디안 광야로 도망가게 되었다. 40년 동안 양을 치던 모세는 하나님의 부름에, 처음에는 거절하다 형 아론과 함께 이스라엘 백성을 이집트에서 탈출시켜 가나안으로 인도하는 역할을 하게 되었다. 강퍅한 이집트 파라오로부터 열 가지 재앙, 특히 장자의 죽음을 통해 이스라엘 민족을 탈출시키는 데 성공했다. 이집트 파라오와 그 민족의 장자는 모두 죽지만 문지방과 인방에 양의 피를 바른 이스라엘 민족은 그 재앙을 피하게 되었던 이 유월절은, 앞으로 다가 올 예수 그리스도의 십자가와 보혈에 대한 소중한 예표이다. 그리하여 약 60만 명의 성인 남자를 포함한 총 200만 명의 이스라엘 민족이 홍해를 건너 시내 산에 이르게 되었다. 이스라엘 민족은 시내 산에서 약 11개월간 머무르게 되는데, 여기서 그들은 우여곡절을 거치면서 십계명과 성막규례, 제사규례 등에 관한 말씀을 받게 된다. 이 성막 규례는 하나님께 예배하고 하나님과 동행하는 규례였는데, 이 성막은 가나안까지 불기둥과 구름기둥의 인도를 받으면서 이스라엘 민족과 함께 행진하게 되었다. 결국 가데스 바네아에서의 정탐사건에 이르기까지 이스라엘 민족은 그 많은 하나님의 이적을 목격하면서도, 수시로 불평과 불만, 불순종과 배신의 행위를 반복했다.

레위기가 시내 산에서 하나님께 받은 율법과 규례에 관한 것이라면, 민수기는 가데스 바네아에 이르기까지 반복한 이스라엘 민족의 악행과 하나님의 징계의 기록이라 할 수 있을 것이다. 모세의 단 한 번의 실수, 그리고 가데스 바네아 정탐사건의 불순종으로 인해, 모세와 광야 1세대는 가나안 땅을 지척에 두고 들어가지 못하게 되고, 광야 2세대와 여호수와 갈렙만이 가나안 땅에 들어가게 되었다. 가나안을 저 앞에 두고 모세는 광야 2세대를 대상으로 율법과 규례를 다시 한 번 설교하게 되는데, 이것이 신명기의 주요 내용이다. '하나님 여호와를 마음과 뜻과 힘을 다하여 사랑하고, 자녀에게도 가르치고 어디에 있던지 어디를 가든지 하나님 말씀을 써서 손에 매고 이마에 붙이고 문설주와 대문에도 붙여 항상 기억하고 생각하라.'

모세가 지명한 여호수아는 이스라엘 민족을 이끌고 요단강을 건너 하나님의 명령대로 7부족과 전쟁을 하여 31전 30승을 거둔다. 믿음으로 승리한 여리고 성 전투 이후 쉽게 본 아이 성 전투의 패배가 약이 되기도 했다. 마지막 여호수아는 자기와 자기 지파는 여호와 하나님께 절대 순종할 것이라고 고백하면서, 나머지 백성들의 선택을 묻는다. 그들은 하나같이 여호와의 언약에 순종할 것을 맹세했다.

여호수아서가 하나님 나라의 땅을 정복한 승리의 기록이라면, 사사기는 암울했던 시대의 기록이다. 타락하면 징계당하고, 회개하고 회복되면 또 다시 타락하여 징계 받는 악순환이 7번이나 반복된다. 이스라엘 민족이 여호와 앞에서 악을 행했는데, 이를 이스라엘에 왕이 없어 사람들이 각자 소견에 옳은 대로 행했다고 해석했다.

이후 이스라엘은 사사시대의 신권정치에서, 사울, 다윗, 솔로몬의 120년간의 통일왕국시대로, 그 이후 분열왕국시대로 이어졌다. 이스라엘 백성들이 하나님이 왕으로 계시는데도, 이웃나라의 왕정이 부러워서, 사무엘의 여러 가지 경고에도 불구하고 왕을 요구하자, 하나님은 사무엘에 대한 반감이 아니라 하나님을 거부하는 것이라면서 왕을 허락하라고 말씀하셨다. 초기에 겸손했던 사울을 기름부어 왕으로 세웠으나, 그의 불순종으로 인해 사울 가족은 비극적인 최후를 맞이했고, 그로부터 많은 고초를 당했던 다윗은 연단의 과정을 거쳐 통일 이스라엘의 왕으로 등극했다. 다윗은 왕이 된 이후에도 여호와에 대한 지극한 믿음과 사랑을 간직했고, 하나님의 성막이 초라함을 보고서 성전을 지으려 했으나, 하나님은 이를 허락하지 않으셨다. 밧세바 간음사건에도 하나님이 다윗을 받아주신 것은 다윗의 회개의 진정성과 하나님에 대한 극진한 사랑 때문이었다. 이스라엘 왕국의 전성기이기도 한 솔로몬 왕국은 여러 가지 측면에서 화려했다. 초기 솔로몬의 믿음과 지혜, 겸손함에다 위대한 성전건축, 군사와 부의 막강함까지 더해져 막강한 나라가 되었으나, 후기로 갈수록 솔로몬의 왕궁 건축과 이로 인한 백성의 과중한 강제 노역과 세금, 세속적 혼인정책으로 인한 우상숭배 등의 죄로 하나님은 솔로몬께 두 번이나 나타나셔서 견책했다. 하지만 솔로몬은 이를 듣지 않았다. 그럼에도 하나님은 다윗과의 약속 때문에 왕국의 분열은 다음대로 연기되었다. 이 과정에서 오랜 기간 사울로부터 도망 다녔던 다윗의 고난과 고통, 그 힘든 과정에서 만난 하나님에 대한 절절한 믿음과 자신의 상황에 대한 한탄의 정서가 150편 시편 중 절반을 쓰게 했다. 시편 중에는 모세의 시편에서부터 바빌론 포로시절의 시편에 이르기까지 다양하다. 솔로몬은 잠언과 전도서와 아가서를 남겼는데, 헛되고 헛된 이 세상에서 지혜의 근본이자 명철의 기초가 여호와 하나님임을 아는 것임을 선포하면서, 젊은 날부터 여호와 알기를 권면하고 있다. 아가서는 (아마도) 솔로몬의 여인들과의 경험을 통해, 하나님과 인간의 관계를 남녀 간의 애정에 비춰 생생하게 담고 있다.

솔로몬의 범죄로 이스라엘이 분열될 위험에 처해지는데, 솔로몬의 아들 르호보암은 선왕 사후 닥친 위기에 슬기롭게 대처하지 못했다. 솔로몬 시대의 과도한 노역과 세금을 감해달라는 백성들의 요구를 교만하게 거절함으로써 왕국은 분열되었다. 여로보암이 10지파를 데리고 북이스라엘을 세웠고, 르호보암은 유다 및 베냐민 지파로 남유다를 세웠다. 400년 동안의 분열왕국시대에 북이스라엘에는

19명의 왕이 있었고, 남유다에 20명의 왕이 있었지만, 북이스라엘에 선한 왕은 한명도 없었고, 남유다에는 그나마 몇 명의 선한 왕이 있었다. 북이스라엘에서는 아합, 이세벨과 엘리야의 대결이 이 시대 악함의 정도를 잘 보여주었다. 바알과 아세라를 신봉하는 거짓 선지자 850명과 엘리야의 이른바 갈멜산 대결은 의미심장했다. '누가 여호와인가라'는 신들의 전쟁에서 엘리야는 극적이고 완벽한 승리를 거둔다. 하지만 그는 이세벨의 패악으로 승리한 그 다음 날부터 쫓기는 신세가 되어 패배한 듯이 보였다. 하지만 하나님의 보호와 인도의 손길로 자신의 사역을 잘 마무리하고, 후계자 엘리사를 세웠다.

북이스라엘의 여로보암 2세 시대는 드물게 나라가 정치적·경제적으로는 번성하는 때였지만, 도덕적·영적으로는 더없이 타락한 시대였다. 하나님은 남유다의 아모스와 호세아를 보내 그들의 정치적·사회적 타락과 영적 간음과 우상숭배를 호되게 질책했다. 아모스는 사회적 약자를 괴롭히지 말고 오직 정의를 강물처럼 흐르게 하고 공의의 강이 마르지 않도록 하라고 선포했다. 호세아는 이스라엘 백성이 하나님을 알지 못해 망한다고 하면서 여호와를 진심으로 알고 여호와께 진정으로 돌아가기를 호소했다. 그리하여 그분께 돌아가면 그분은 그들을 낫게 해주시고 그 상처를 아물게 해 주실 것이라고 말했다. 이사야, 아모스, 호세아 선지자들과 비슷한 시기에 사역했던 미가 선지자 역시 가난한 자들을 억압하고 고통받게 하는 지도자들에 대한 심판, 동포의 죄에 무감각해져가는 동족들에 대한 심판, 그리고 이 모든 징계가 끝난 후 여호와 하나님이 선포하시는 회복과 구원의 메시지를 선포하는데, 그 구원은 메시아의 오심으로 온전히 이루어질 것이라고 말했다. 이러한 선지자들의 권면과 호소에도 불구하고, 북이스라엘은 주전 722년 앗시리아에 의해 멸망당했다.

이 당시 남유다는 히스기야 시대였는데, 북이스라엘을 멸망시킨 앗시리아는 남유다까지 넘보게 되었다. 히스기야 왕은 다른 왕들보다 선한 구석도 있었지만 연약하고 교만하기도 했다. 앗시리아의 침공을 받고 기도하자, 하나님은 하루저녁에 18만 5천 명을 몰살시켜 그 나라를 구해주고, 히스기야가 죽을병에 걸리자 생명을 15년 연장해주셨다. 하지만 병에서 낫고 사정이 나아지자 교만의 죄를 범하게 되었다. 그리하여 이사야가 그에게 성전 멸망의 예언을 전하지만, 그는 자기 시대가 아니어서 괜찮다고 응대할 정도로 한심했다. 북이스라엘 멸망 이후 남유다의 멸망과 성전 파괴에 대해 경고하는 많은 선지자들이 나타났다. 이사야는 남유다 백성의 타락과 불순종을 심히 슬퍼하고 안타까워했다. 그리고 북이스라엘이 망하기 전, 북이스라엘과 아람의 연합군의 침공과 앗시리아의 침공에 대해 염려하지 말 것을 수차례 권면했으나, 남유다의 왕과 백성은 너무나 두려워했다. 그래서 이사야는 임마누엘 징조의 예언을 통해서 결국에 하나님이 이웃나라들과 앗시리아를 심판할 것이라고 전했다. 이사야서 중반에는 앞서 언급한 히스기야 시대에 내린 성전 멸망에 대한 예언이 나오고, 후반부에는 망하게 될 남유다가 여호와의 종 고레스를 통해 해방되어 성전을 건축하고, 이새와 다윗의 줄기에서 나오는 한 의로운 가지인 메시아를 통해 구원받으며, 말일에는 새 하늘과 새 땅에서 모두 회복되리라는 원대한 약속의 말씀이 기록되었다. 이 이사야는 히스기야의 아들인 패악무도한 므낫세에 의해 톱질 당해 죽임을 당했다고 전해진다.

이러한 경고와 권면에도 불구하고 남유다도 패망을 향해 치닫고 있었다. 드물게 아주 선한 왕이었던 요시아 왕은 모세 시대 이후 처음으로 유월절을 지키고, 성전을 청결하게 하는 등 예레미아와 함께 과감한 종교개혁을 시도했는데, 이집트의 느고가 앗시리아에 대항하기 위해 므깃도로 가는 것을 막으려다 죽게 되었다. 그러자 요시아의 동생인 친이집트 성향의 여호아하스가 왕이 되었지만 앗시리아에 의해 폐위되고, 여호아김이 왕이 되었다. 이 여호아김은 예레미아를 많이 괴롭혔다. 여호와김은 바빌론으로 끌려가고, 남유다 마지막 왕인 시드기야는 비참한 최후를 맞이함으로써 남유다는 멸망했다. 예레미아는 남유다 멸망 전에 그 백성들에게 바빌론에게 저항하지 말고 투항하라는 하나님의 말씀을 전하면서, 온갖 고초와 고통과 미움을 받았다. 이방에 항복하라는 매국노이자 거짓 선지자로 매도된 예레미아는 그래서 눈물의 선지자로 불렸다. 예루살렘 멸망 당시를 애도한 애가는 성경 중에서 가중 슬픈 노래일 것이다.

예레미아와 비슷한 시기에 스바냐와 하박국 선지자가 사역했다. 남유다 요시아 왕의 개혁시기에 활동했던 스바냐의 예언은 남유다와 열방국가들에 대한 하나님의 심판, 그러나 마지막에 도래할 회복과 구원의 메시지였다. 스바냐는 전 우주적 심판이 있을 '여호와의 날'을 선포했다. 이 예언은 요엘, 이사야, 아모스 선지자들의 진노의 날 심판 메시지와 유사하다. 하박국은 이집트에 빌붙어 권력을 남용하는 부패한 지도자들을 강력하게 비난하면서, 폭정과 열강들의 패권다툼으로 혼탁한 상황 속에서 회개의 촉구를 무시하고 패악을 계속하는 남유다의 현실을 슬퍼했다. 하박국은 하나님이 바빌론을 남유다를 징계하는 막대기로 쓰시는 것에 대해 불평했지만, 결국 '의인은 믿음으로 살리라'라는 말씀을 깨닫고 회개하며 하나님을 찬양했다.

바빌론 1차 침공 때 포로로 끌려간 다니엘과 2차 침공 때 포로로 끌려간 에스겔은 예레미아의 예언에 따라 바빌론에서 정착하여 한사람은 바빌론 제국의 총리로서, 또 한사람은 이스라엘 민족의 종교지도자로서 커다란 영향을 미쳤다. 묵시적인 내용이 가득한 에스겔서는 예루살렘 성전의 종교적 간음과 우상숭배를 목격하면서, 처참한 포로생활이 하나님께 대한 불순종의 결과였음을 선포하고, 동시에 마른뼈 환상을 통해 언젠가는 하나님이 이스라엘 백성을 회복시킬 것이라는 희망의 메시지를 전했다. 바빌론의 느부갓네살로부터 페르시아의 고레스 왕까지 섬겼던 다니엘은 결국 여호와 하나님이 전 우주의 주권자이자 왕이심을 증명했다. 느부갓네살 왕이 꾼 5대 제국에 관한 꿈의 해몽을 통해 결국에는 그리스도라는 뜨인 돌이 모든 제국을 타파하고 승리할 것이라는 예언을 주었다.

바빌론 포로시대를 겪고 페르시아의 고레스 칙령으로 예루살렘 성전을 재건하게 된 이스라엘 민족은 험난한 고난의 세월을 경험하게 되었지만, 그만큼 연단과 고난의 교훈도 되새기게 되었다. 무엇보다. 포로시절 이후 우상숭배의 나쁜 관행은 사라지게 되었던 것이다. 험난한 포로생활을 지나면서, 여호와 하나님이 전 세계의 진정한 왕임을 깨닫게 됨으로써, 다른 왕은 없고 오직 여호와 하나님만이 통치자임을 절감하게 되었던 것이다. 그리고 포로기 이후의 역사서인 역대서, 에스라, 느헤미아의 역사서를 통해 순종하면 축복이요, 불순종하면 저주라는 신명기 사관에서, 여호와 하나님의 용서와 회복과 희망의 새로운 (역대기) 사관을 정립하게 된 것도 커다란 축복에 속한다. 즉 의인의 고난을 다룬 욥기에서처럼 고난과 고통이 곧바로 불순종의 결과는 아니며, 그러한 연단의 과정을 통해 하나님의 크신 은혜와 회복의 메시지를 더욱 깊이 깨달을 수 있다는 것이다. 예루살렘으로 돌아온 이 백성들은 또 금새 옛날의 악한 습관을 버리지 못하고 이방 아내를 얻는 등 다시 타락의 길로 접어들고, 성전 건축을 망각하게 되었다. 이때에 학개와 스가랴 선지자가 나타나서 성전 건축을 독려하고, 나중에 에스라와 느헤미아는 돌아와서 율법서와 무기를 들고서 성벽 건축을 완공함으로써, 시대의 과제는 완성되는 듯 했다. 바빌론으로부터 돌아온 지 100년 정도가 지났을 때, 성전과 성벽을 그대로 있었으나 절실한 믿음은 사라지고 다시 배역의 행태를 반복하기에 이르렀다. 구약 마지막 선지자인 말라기는 하나님께 불평하고 반문하는 유대민족의 불순종과 불경건을 엄히 꾸짖으면서, 크고 두려운 여호와의 날이 이르기전에 선지자 엘리야를 보내 그들의 마음을 돌이키려 할터인데, 만약 그들이 돌이키지 않으면 저주로 심판할 것이라는 말씀으로 구약 시대를 마감했다.

● 구약과 신약의 중간기 - 하나님, 4백 년 동안 침묵하시다

구약의 마지막 선지자 말라기가 "보라. 그 크고 무서운 여호와의 날이 오기 전에 내가 너희에게 예언자 엘리야를 보낼 것이다. 그가 부모의 마음을 자식에게 돌리고 자식의 마음을 부모에게 돌릴 것이다. 돌이키지 않으면 내가 가서 저주로 이 땅을 칠 것이다."(말라기 4장)라고 선포한 뒤, '때가 차매 하나님이 그 아들을 보내사 여자에게서 나게 하시고 율법 아래 나게 하신 것은 율법 아래 있는 자들을 속량하시고 우리로 아들의 명분을 얻게 하려 하심이라'(갈라디아서 4장) 할 때까지, 400년 동안 하나님께서는 침묵하셨다. 그 사이 페르시아가 바빌론을 멸망시키고 세계를 제패하자 이스라엘 백성은 페르시아의 초대 왕 고레스의 칙령으로 바빌론에서 돌아와서 성전을 지을 수 있게 되었다. 이 페르시아 제국은 주전 332년에 그리스의 알렉산더 왕에게 멸망당하고 또 이 그리스 제국도 그가 33세 나이에

급사하게 되자 네 왕조로 분할되었다. 이 네 왕조 중 프톨레미 왕조(이집트 통치)와 셀레우코스 왕조(시리아 통치)가 이스라엘의 팔레스타인 지역을 관할하게 되었다. 처음에는 팔레스타인이 셀레우코스 왕조에 속했다가 주전 301년에 프톨레미 왕조로 넘어가게 되었는데, 이 기간 동안 팔레스타인은 비교적 평온한 상태였다.

주전 198년에 팔레스타인은 셀레우코스 왕조의 안티오코스 4세(에피파네스)의 통치를 받게 되었다. 이 에피파네스는 유대민족을 잔인하게 학대하고 율법에 금해진 돼지피를 예루살렘 성전에 뿌리고 제우스 신상을 세우며 할례를 금하는 등 만행을 저질렀다. 이에 격분한 제사장 맛다디야와 그의 네 아들이 중심이 되어 주전 167년에 예루살렘을 탈환하고 독립을 쟁취했다. 이를 기념하기 위해 수전절(Feast of Hannukah)이 제정되었다. 이 '마카비'('망치'라는 별칭을 가진 맛다디야의 아들) 혁명'으로 유대는 독립을 쟁취하여 하스몬이라 불리는 맛다디아의 후손들에 의해 80년간 독립국가(하스모니안 왕조)를 유지하다, 주전 63년에 로마에 의해 점령되었다.

팔레스타인은 주전 63년에 로마의 통치를 받게 되었는데, 로마는 이 지역에 에돔의 헤롯왕조를 대리 통치자로 내세웠다. 예수님 탄생시의 헤롯(대)왕은 안티오코스 에피파네스의 손자였다. 헤롯왕은 유서에서 안티파스, 아켈라오, 빌립의 세 아들이 유대를 통치하게 했는데, 안티파스는 갈릴리와 베레아, 아켈라오는 사마리아와 이두메를 포함한 유대지방, 이들의 이복형제인 빌립은 갈릴리 호수 동쪽과 동북쪽 영토를 통치하게 되었다. 이런 상황에서 예수님이 유대 베들레헴의 마구간에서 탄생했다.

● 신약 스토리

예수는 세 번의 유월절을 지내면서 사역하시다 십자가에서 돌아가시고, 3일 만에 부활하셔서 40일 동안 이 땅에 계시다 승천하셨다. 공생애 준비기간 동안 예수는 세례 요한에게 세례를 받으시고, 성령에 이끌리어 사탄에게 시험을 받아 광야에서 세 차례 시험을 받으셨지만, 하나님의 말씀으로써 이를 극복하셨다. 세례 요한이 사람들에게 세례를 주는 곳에서 먼저 안드레와 요한을 만나고, 그들은 자신들의 형제인 베드로와 야고보, 그리고 나다니엘에게도 그리스도를 만났다고 전했다. 예수는 제자들과 함께 가나의 혼인잔치에 참석하여 물로 포도주를 만드는 첫 번째 이적을 행하시고는 가버나움에 머무셨다.

그해 4월 유월절에 예수는 제자들과 함께 예루살렘에 갔다. 그리고 더럽혀진 성전을 보시고 분노하시며 판을 뒤엎고 성전을 청결하게 하시고는 8개월가량 예루살렘에 머무시면서 많은 이적과 가르침을 행하셨다. 이 기간 동안 어느 날 밤에 찾아온 바리새인이자 산헤드린 의원인 니고데모에게 물과 성령으로 거듭나는 것과 영생에 관해 말씀하셨다.

예루살렘을 떠나 갈릴리로 가는 도중에 수가에서, 당시 유대사람들이 사람으로 대하지 않던 사마리아 여인과 만나 하나님께 대한 예배는 장소가 아니라 성령과 진리로 예배하는 것이 중요함을 가르치셨다. 고향에 돌아오는 길에 예전에 물로 포도주를 만드신 갈릴리 가나에서 분봉 왕 헤롯 안티파스 신하의 아들을 살리셨다. 예수는 고향 나사렛의 회당에서 이사야 61장, 즉 성령의 기름부음을 받을 메시아는 가난한 자, 갇힌 자, 눈먼 자, 눌린 자들에게 주의 은혜(본문에는 신원 혹은 심판에 관한 내용도 있음)를 선포하러 오시는데, 자신이 그임을 밝히셨다. 그러자 사람들은 불경스럽게 생각하며 예수를 죽이려 했으며, 예수는 이를 피해 가버나움으로 가셨다.

예수의 공생애 2년차 사역 역시 예루살렘 베데스다 연못에서 38년 된 병자를 고친 사건으로 시작되었다. 문제는 이 날이 안식일이었다는 점이다. 유대인들, 특히 바리새인들은 예수가 하나님을 자기 아버지라 한 것에 대해 분노하면서 죽이려 했다. 갈릴리로 올라가는 길에 제자들이 밀 이삭 먹는 것을 보고는 또 바리새인들은 안식일을 범했다고 비난했다. 예수는 12제자를 정하신 후에, 인도의 간디도 즐겨 읽었다는 산상 설교를 하셨다. 이 산상수훈은 모세의 율법을 새롭게 해석하면서 완성시킨 것으로 이해된다. 이후 예수는 백부장의 종을 고치고는 그의 믿음을 칭찬하시고, 나인 성 과부의 아들을 살리는 등 많은 이적을 행하셨다. 또한 예수는 당시의 농경 생활과 관련된 많은 비유를 통해 하나님 나라의 진리를 설명하셨다. 산상수훈 설교 후에 많은 사람들이 예수를 에워싸자, 예수는 사람들을 피해 호수 건너편으로 가는 중에 풍랑을 만나고 이를 잔잔케 하자 제자들은 놀랐다.

예수의 3년차 공생애 사역은 벳세다 들판에서 행한 오병이어의 이적으로 시작되었다. 남자 5천명, 총 2만 명 정도가 모인 들판에서 행한 이 이적으로 인해 사람들은 예수를, 모세가 예언했던 선지자이자 자신들이 받들고 싶은 왕으로 생각하게 되었지만, 예수는 그들 마음의 사악함을 보시고 한적한 곳으로 피하셨다. 새벽에 예수가 갈릴리 호수로 걸어가자 제자들은 놀라서 기절할 지경이었다. 예수가 가버나움에 도착하자 벳세다의 군중들이 예수를 또 쫓아오는데, 그들의 관심은 항시 육신을 배부르게 할 빵에 관한 것이었다. 예수가 자신은 영생을 얻게 하는 생명의 떡이니, 그들이 자신의 살과 피를 먹고 마셔야 한다고 하시자, 이를 이해하지 못한 많은 무리들이 예수를 떠났다. 예수가 제자들에게 그들도 따라 가려느냐고 묻자, 베드로는 영생의 말씀이 주께 있다고 대답하여 예수를 위로했다.

가이사랴 빌립보는 황제의 이름을 딴 도시로서 황제 숭배가 극심한 곳이었는데, 베드로는 자신을 누구냐고 하는 예수의 질문에, '그리스도시요 살아계신 하나님의 아들'이라 대답하여 예수를 기쁘게 했다. 베드로의 고백을 들은 예수는 자신의 죽음과 부활에 대해 처음으로 말씀하시고는, 이를 막는 베드로를 호되게 책망하셨다. 이후 베드로, 요한, 야고보를 데리고 올라간 변화 산에서 모세와 엘리야를 보게 된 베드로는 초막 셋을 짓고 싶다고 말했다. 이로부터 제자들은 아마도 예수가 곧 왕으로 등극할 것으로 예상하여, 자기들끼리 자리다툼을 하면서 갈릴리로 돌아왔다.

예수의 공생애 3년차는 6개월 동안은 갈릴리와 이방 땅에서, 나머지 6개월 동안은, 예루살렘 지역에서 3개월, 그리고 베레아 지역에서 3개월간 사역하시고, 마지막으로 에루살렘으로 돌아오셨다. 마지막 예루살렘 방문 전 예수는 초막절에 예루살렘을 방문하여 명절 중간에 '누구든 목마른 사람은 자기에게로 와서 생수를 마셔라'고 말씀하셨다. 그리고 또 수전절(12월 25일)에는 '자기 양은 자기 음성을 들으며, 그들에게 영생을 주니, 그들을 빼앗을 자가 없으며, 자기와 아버지는 하나'라는 양과 목자에 관한 설교를 하셨다. 예수의 행위를 신성모독으로 간주한 유대인들이 예수 수배령을 선포했기 때문에, 예수는 요단 강 건너편 베레아 지역으로 다시 숨으러 가셨다. 베레아 지역을 순회하는 도중 헤롯의 음모에 관해 듣고는 예루살렘을 향해 탄식하셨다. 예수는 마리아와 마르다로부터 나사로가 죽게 되었다는 소식을 들은 지 3일 후에야 나사로를 찾아가서 죽은 나사로를 살리셨다. 자신이 '부활이요 생명이어서 자신을 믿는 자는 영원히 죽지 않는다'는 말씀에 백성들은 놀라운 기대감으로, 예루살렘의 정치 종교지도자들은 분노감으로 가득 찼다. 유대지역에 수배령이 내리자 예수는 베레아에서 많은 사역을 행하고 여러 가지 비유 [잃어버린 양, 불의한 청지기, 잃어버린 아들 등]를 통해 말씀하시고 수많은 병자들을 치유하셨다. 예루살렘으로 들어오는 길에 예수는 당시 가장 경멸당하던 고리대금업자 삭개오를 만나 축복하셨다.

예수는 돌아가시기 전 일주일 전 주일에 예루살렘에 입성하셨다. 백성들은 어린 나귀를 타고 오시는 예수를 향해 종려나무가지를 흔들며 '호산나'를 외쳤다. 다음 날인 월요일에 두 번 째로 성전을 청결하게 하시고 무화과나무를, 영적 열매가 없는 사람들로 비유하면서 저주하셨다. 화요일에 예수는 사두개인들과 부활에 대해, 바리새인들과는 율법에 대해 논쟁하시고 예루살렘의 멸망과 자신의 재림에 대해 예언하시며, 감람 산에서 말씀하셨다. 수요일은 침묵의 날이고, 유월절 첫날인 목요일에 제자들의 발을 씻으시고 최후의 성만찬을 하셨다. 이후 제자들과 겟세마네 동산에 오르셔서 밤새워 기도하신 후, 베드로가 세 번 부인할 것을 예언하신 후, 체포당하시고 새벽까지 심문을 당하셨다, 금요일에는 빌라도의 재판을 받고 십자가에 못 박혀 '다 이루었다'고 말씀하시고는 죽으셨다. 예수가 운명하실 때 휘장이 찢어졌다. 예수는 주일에 부활하셔서 여인들에게 나타나신 후 베드로에게도 나타나셨다. 예수는 자신의 죽음 이후 갈릴리로 돌아가서 낙심한 일곱 제자들에게 나타나 많은 고기를 잡게 해주셨다. 예수는 제자들을 위해 손수 아침을 준비하시고, 베드로의 믿음과 사랑을 확인하신 후, 그에게 자신의 양을 먹이라는 사명을 주셨다. 예수는 제자들에게 예루살렘으로부터 시작하여 모든 민족에게 그리스도의 이름으로 죄를 용서받는 회개의 증인이 되기를 당부하고, 성령을 보내주실 것과 재림을 약속하시고 승천하셨다. 예수는 승천하시기 전 40일 동안 이 땅에 계시면서 하나님 나라의 회복에 대해 가르치셨는데, 그 때에도 제자들이 이스라엘을 회복시킬 때가 지금이냐고 묻자, 성령이 오시면 권능을 받아 예루살렘과 유대와 사마리아와 땅 끝까지 가서 증인이 되라고 당부하셨다.

오순절 절기에 예수를 따르던 120명의 사람이 다락방에 모여 기도하자, 성령이 임하고 사람들은 다른 말로 방언을 하기 시작했다. 오순절 성령 충만을 받은 베드로는 구약에서 예언하신 예수는 부활하시고 하나님께서 그를 존귀케 하셨으며, 그를 믿는 자는 죄를 용서받고 성령을 받게 될 것이라고 선포하자, 사람들은 마음이 찔려 회개하고 세례를 받게 되었다. 그 숫자가 3천명이나 되었으며, 이것이 예루살렘 교회의 시작이었다. 예루살렘에서 시작된 예수의 복음은 유대와 사마리아에까지 전파되었으며, 교회는 성장하면서 갖가지 박해를 받게 되었다. 예루살렘 교회가 빠르게 성장하면서 헬라파 유대인과 히브리파 유대인간의 갈등이 발생하자, 이를 조정하기 위해 7명의 집사를 세우게 되었다. 그 중의 한 명인 스데반은 이스라엘 백성이 하나님의 은혜를 깨닫지 못하고, 하나님의 사람들을 배반하고, 우상을 섬겼다고 비판하면서, 구약이 예언한 모든 것의 성취로서 예수를 받아 들여야 한다고 강조하자, 유대인들은 이를 갈면서 스데반을 살해했다. 이 현장에 있었던 유대 열성분자였던 사울은 혈기 왕성하여 다마스커스로 예수 추종자들을 잡으러 가는 도중에 예수를 만나서, 시력이 잃었다 되찾는 과정에서 예수를 믿게 되었다. 한편 베드로는 보자기에 싸인 더러운 짐승에 관한 환상을 본 후, 고

넬료 집에 가게 되었는데, '깨끗하다 한 것을 속되다고 하지 말라'는 말씀을 접하고는, 유대인이나 이방인이나 차이 없음을 깨닫게 되었다. 예루살렘 교회가 파견한 바나바는 다소의 바울을 데리고 안디옥으로 가서 이방인들을 주축으로 교회를 세웠는데, 여기서 처음으로 그리스도인이라는 이름이 사용되기 시작했다.

사도행전 후반부는 세 번에 걸친 바울의 전도여행과 로마로의 이송에 대한 기록이다. 1차 전도여행은 안디옥에서 출발하여 갈라디아의 더베를 돌아 안디옥으로 돌아오는 여정으로서 2년 정도 걸렸다. 바울 일행은 사이프러스에서 총독 서기오 바울을 개종시키고 밤빌리아의 수도 버가로 갔다. 바울 일행은 유대 사람들의 박해가 계속되어 한 곳에 오래 있지 못하다 더베를 돌아서 안디옥 교회로 돌아와 선교 보고를 했다. 이로써 1차 선교여행이 마무리되었다.

이 무렵 안디옥 교회에 큰 혼란이 야기되었는데, 그것은 (육체적) 할례로 인한 구원이냐 아니면 은혜로 인한 구원이냐의 문제였다. 바울과 바나바는 예루살렘 교회로 가서 이 문제를 해결하고자 했다. 예루살렘 교회 지도자들과 안디옥 교회 지도자들은 구원은 율법이나 할례가 아닌 믿음으로 얻는 것이지만, 이방의 관습인 우상에게 바친 더러운 음식, 음란한 행동, 목 졸라 죽인 짐승의 고기와 피는 금하는 것으로 결론지었다.

바울이 2차 전도여행을 시작하려 할 때, 바울과 바나바는 마가 동행문제로 갈등을 겪어, 바울은 실라와 함께 배를 타고 더베와 루스드라를 방문하고 디모데를 만났다. 바울은 드로아에서 마케도니인의 환상을 보고 유럽으로 향했다. 마케도니아의 중심 도시인 빌립보에서 바울 일행은 자주색 옷감 장사인 루디아를 만나게 되었다. 이후 바울과 실라는 마케도니아의 수도 데살로니가로 갔다. 바울은 그

곳에서 3주간 성경을 가르쳤으며, 유대인들의 시기와 박해로 인해 베뢰아로, 다시 아테네로 향했다. 바울은 아테네가 우상으로 가득 차 있고, 에피쿠로스 철학자나 스토아 철학자들이 활발하게 논쟁하고 있음을 보았다. 바울은 아레오바고에서 예수 복음을 설파했다.

고린도에 도착한 바울은 로마 글라우리오 황제의 유대인 추방령 때문에 로마를 떠나 이곳으로 오게 된 텐트 제조업자 부부인 아굴라와 브리스길라를 만나게 되었다. 그리고 실라와 디모데가 마케도니아에서 고린도로 와서 데살로니가 교회 소식을 전했다. 그들이 고린도로 온 이후, 바울은 그곳에서 1년 6개월 머물면서 예수가 그리스도임을 전했다. 여기서 바울이 데살로니가전후서를 집필했을 것으로 보인다. 그리고 바울은 아굴라와 브리스길라 부부 등과 함께 배를 타고 에베소로 갔다. 3차 전도여행을 위해 아굴라와 브리스길라 부부를 에베소에 남겨두고, 배를 타고 예루살렘을 거쳐 안디옥으로 내려갔다. 이로써 2차 전도여행이 마무리되었다.

바울의 3차 전도여행은 4년 정도 걸리는데, 에베소에 3년 정도 머물면서 복음을 전파했다. 나중에 아볼로라는 유대인이 에베소로 왔는데, 아굴라, 브리스길라 부부는 요한의 세례만 알고 있는 아볼로에게 예수의 고난과 부활, 성령강림으로 시작된 '하나님의 도'를 가르쳐서 고린도 교회로 파송했다. 그리고 얼마 후 고린도 교회 교인 몇 명이 에베소에 있는 바울에게 고린도 교회의 문제들을 알리려 왔다. 이 문제들에 대한 바울의 견해가 고린도전서에 담겨있다. 바울은 두란노 학원에서 2년 동안 하나님의 말씀을 가르쳤다. 그러다 에베소의 아데미 여신 우상 장사들이 소동을 일으켜, 바울 일행은 마게도니아로 피신했다. 마게도니아에 도착하기 전 드로아(트로이)에서 전도의 문이 열렸는데도, 바울은 마게도니아의 빌립보로 직행했다.

아마도 고린도 교회에 '눈물로 쓴 편지' 를 가져간 디도를 빨리 만나고 싶어서였을 것이다. 디도가 전해준 고린도 교회 소식을 들은 후에 바울은 기쁜 마음으로 고린도후서를 집필했을 것으로 보인다. 바울은 빌립보에서 고린도로 건너가서 3개월 정도 머물렀으며, 여기서 로마서를 집필한 것으로 전해진다. 바울은 유대인들의 음모 소식을 듣고는 빌립보로 갔다 밀레도에서 에베소의 장로들을 마지막으로 만났다.

바울은 그들의 간곡한 만류에도 불구하고 예루살렘으로 향했다. 바울은 예루살렘 교회에서 환대를 받으며, 이방 교회에서 가져온 연보를 전했다. 바울과 야고보가 함께 성전에 올라가 결례를 행했는데, 7일간의 결례의식이 끝날 무렵 아시아 지역에서 온 유대인들이 이방인인 그리스인들을 성전 안으로 데려왔다는 이유로 바울을 죽이려 했다. 바울이 연설을 하자 사람들이 더욱 흥분했기 때문에, 로마의 천부장은 바울을 보호하려 했다. 바울은 유대 공의회 앞에서 대제사장, 바리새인, 사두개인 등과 논쟁을 했으나 소동은 수그러들지 않았다. 바울을 죽이려는 음모가 계속되자 천부장은 바울을 가이사랴로 보냈다. 바울은 가이사랴 감옥에 2년 동안 있는 동안에 벨릭스 총독, 베스도 총독, 아그립바 왕(2세), 버네게 등에게도 복음을 전했다. 바울은 로마 시민으로서 로마 황제에게 상소하여 로마로까지 가게 되었는데, 그곳에서도 바울은 하나님 나라를 설명하고 예수 복음을 전했다.

갈라디아서는 바울서신 중에서 아마도 첫 번째 서신일 것이라고 짐작된다. 구원의 근거가 율법과 할례냐, 은혜로 인한 믿음이냐의 문제를 정리한 예루살렘 종교회의 이후에 집필된 것으로 추정되며, '그리스도인의 자유에 대한 대헌장'으로 불린다. 주요 메시지는 구원이란 행위나 율법이나 할례로 받는 것이 아니라, 믿음으로 받으므로 구원받은 백성은 생활도 거룩해야 한다는 것이다. 복음의 정당성을 변호하고, 율법의 속박과 은혜의 자유에 대해, 그리고 복음의 적용으로서 성령의 열매를 다루고 있다. 데살로니가서는 박해를 견디고 있는 성도들을 격려하고 왜곡된 종말사상을 가지고 있는 그들에게 그리스도의 재림에 관한 올바른 인식을 심어주기 위해 기록되었다.

앞에서 바울이 3차 전도여행 중 에베소에 머물고 있을 때, 고린도 교회 사람들이 교회문제들에 대해 질문한 것에 대해 바울이 답장 형식으로 기록한 것이 고린도전서다. 교회의 분쟁과 교회 내의 도덕적 문제, 결혼과 이혼문제, 우상 제물의 문제, 강자와 약자 문제, 우상숭배와 주의 만찬, 성령의 은사, 부활 등에 대해 다루었다. 바울은 고린도 교회의 분열과 문제들에 대해 고린도전서를 통해 답변을 보냈지만, 여의치 않다고 생각해 고린도 교회를 방문했던 것으로 보인다. 하지만 방문해서 바울은 오히려 모욕을 당하고 문제가 더 악화되었던 것 같다. 그래서 에베소로 돌아와서 '눈물로 쓴 편지'를 통해 고린도교회 신도들을 엄히 꾸짖었던 것 같다. 바울은 현재 전해지지 않는 이 '눈물로 쓴 편지'를 디도편에 보내고, 자신은 에베소를 떠나 마게도니아 빌립보에서 기쁜 소식을 가져온 디도를 만나 고린도후서를 썼다.

로마서는 바울이 3차 전도여행 때 에베소에 3년간 사역하다 마게도니아를 거쳐 고린도에 3개월 체류할 때 기록한 편지로서, 믿음으로 얻는 구원에 관한 가장 심오한 보물창고라고 일컬어진다. 로마서 본문은 7가지 질문을 제기하고 답변하는 형식을 띠는데, 전반부에서는 구원과 복음의 교리를 논리적으로 설명하고, 후반부에서는 구원받은 성도의 삶에 대해 변증하고 있다. 교리적 질문은 구원의 근거, 구원의 방법, 주안에서 즐거워하는 이유, 구원의 특징, 그리스도와 연합된 자의 특징, 유대인의 구원과 이방인의 구원의 관계에 대한 것이었다.

로마에 입성한 바울은 미결수의 신분이었지만 로마 시민권자로서 재판이 시작되기 전까지 비교적 자유롭게 활동할 수가 있었다. 그래서 바울은 약 2년간 이런 상태에서 복음을 전하면서 이방선교의 중요성을 인식하고 실천할 수 있었다. 그러면서 바울은 이 감옥에서 자신이 세웠던 네 개의 교회에 편지를 썼는데, 이것들이 네 편의 옥중서신이다.

에베소서의 전반부는 교회의 하나됨과 연합에 대한 것이고, 후반부는 구원받은 신도의 삶에 관한 것이다. 감사와 기쁨의 편지'인 빌립보서는 바울에게 헌금을 전달하고 로마에 머물다 건강이 크게 악화되었다가 회복된 에바브로디도를 통해 빌립보 교회에 감사를 전하고자 쓴 서신이다. 골로새서는 그리스도는 모든 만물의 창조주로서, 모든 만물이 그리스도로 말미암고 또, 그리스도를 통하여 그리스도를 위해 창조되었으며, 또한 그리스도는 교회의 머리로서 그 분 안에는 하나님의 모든 충만함이 거하고, 그 분을 통하여 하나님과 화목해질 수 있으며, 그 분은 영광의 소망으로서 성도 안에 거하심을 선포하고 있다. 동시에 바울은 이단사상과 율법주의와 신비주의와 금욕주의를 비판했다. 앞의 로마서, 에베소서에서 보았듯이, 바울의 복음은 먼저 원리를 설명하고, 그 다음에 그 원리에 따른 삶의 실천을 강조하는 특징을 보인다. 빌레몬서에서 바울이 중재하고자 하는 오네시모는 빌레몬의 종으로 도망친 것으로 보인다. 하지만 로마에서 바울을 만나 회심하여 바울을 돕는 중요한 인물이 되었다. 바울은 빌레몬에게, 그리스도 안에서 같은 믿음의 형제가 된 오네시

모에 대한 용서를 구하고 있다.

바울은 로마에서 2년간 연금 상태에서 복음을 전하다 주후 62년에 잠시 석방되어 아마도 서바나(스페인)와 마게도니아와 소아시아 지역 등에서 약 4년간 사역한 후 다시 체포되어 투옥되고 나서 처형된 것으로 추정된다. 이 지역 순회 중에 디도를 그레데의 목회자로 세웠고, 디모데를 에베소의 목회자로 세웠다. 디모데전서에서 바울은 영지주의 등 이단의 거짓된 교리를 배격하고 진정한 믿음을 고수하기 위해 거짓 선생들에 대해 경고하고, 감독과 집사 등 교회 직분자들을 세우는 기준, 예배의 지침, 경건한 신도의 자세 등을 제시했다.

바울은 2차로 투옥된 후 자신이 곧 처형될 것이라고 생각한 것 같다. 춥고 습한 로마의 저 악명높은 마메르틴 독방 감옥에서 바울의 마지막 편지인 디모데후서를 기록했는데, 자신의 죽음을 예견한 비망록이자 유서 같은 기록이다. 바울은 순교를 앞두고 삶의 마지막 고독한 순간에 에베소에 있던 아들과 같은 디모데에게 핍박에 굴하지 말고 이단을 경계하며 참 믿음을 지키도록 격려했다. 바울은 로마에 연금 상태로 있다 풀려났을 때, 여러 지역을 돌며 사역할 때(4차 전도여행이라고도 함), 지중해에서 네 번째로 큰 섬인 그레데에 들렀다가 그 지역 교회의 심각한 문제들을 알게 되어, 디도를 그곳에 남겨두었다. 디도서는 거짓 교사를 배격하고 교회질서를 바로 세우기 위해 디도에게 전한 격려의 서신이다.

히브리서는 일부에서는 바울의 저작으로 보기도 하나 분명치 않다. 하나 그 내용은 아주 중요한 교리를 담고 있다. 즉 예수 그리스도의 성육신과 대속의 죽음을 그의 제사장직과 연결하고, 새 약속과 옛 약속과의 연관성에 대한 해석을 제시한다. 예수 그리스도의 우월성, 예수 그리스도의 대제사장직, 성도의 새로운 삶에 대해 말하고 있다.

야고보서는 예수의 동생 야고보가 '행함으로 온전케 되는 믿음'을 설명한 글로서, '신약의 잠언'으로 불리기도 한다. 주요 내용은 시험의 목적과 유혹의 원인에 대해 말한 뒤, 말씀에 순종하고, 차별하지 않고 행함으로 증명하며, 혀를 다스리고 지혜롭고 겸손하게 하나님께 전적으로 의지하는 믿음에 대해 얘기한다.

베드로전서는 박해당하는 그리스도인들에게 천국의 약속을 상기시키며 소망을 잃지 말라고 위로하고, 하나님의 뜻에 순종하는 삶을 살도록 권면했다. 서두는 미래의 소망, 현재의 고난, 과거의 예언, 이후에는 신자의 성화, 신자의 순종, 신자의 고난을 다루고 있다. 베드로후서는 로마의 박해를 염두에 두고 믿음을 굳건히 하여 거짓 교사들을 대하고, 무엇보다도 그리스도의 재림에 대한 올바른 신앙 위에 설 것을 권면하고 있다.

'사랑의 편지'라고 일컫는 요한일서는 하나님의 사랑과 하나님과의 사귐, 그리스도를 통한 영생의 약속, 그리스도의 성육신을 부인하는 거짓 교사들에 대한 경고, 사랑의 실천에 대한 아름다운 서신이다. 예수의 승천 이후 로마의 박해는 심해지고 이단들이 들끓는 상황에서, 사도 요한은 요한이서에서 하나님의 말씀 안에서 진리와 사랑을 행하고, 거짓 교사들을 경계할 것을 권면하고 있다. 신약에서 가장 짧은 요한삼서 역시 진리 안에서 사랑을 강조하면서 이단을 경계하라고 당부한다.

유다서는 이단의 교리에 미혹되지 말고 그리스도의 복음을 위해 싸울 것을 권하고 있다.

요한계시록은 이 세상의 종말과 새 하늘과 새 땅, 그리고 그리스도의 재림으로 마무리된다. 요한계시록은 마지막 때의 중대한 사건들을 묵시적으로 선포하고 새 하늘과 새 땅을 그림으로 보여준다. 요한계시록의 요지는 일곱 교회에 보내는 편지와 네 개의 환상에 관한 것이다. 아시아의 일곱 교회들은 사도 요한 당시 실제로 존재했을 뿐 아니라, 세상에 존재하는 교회의 전형적인 모습이기도 하다. 각 교회에 대한 칭찬과 책망, 권면과 약속으로 전개된다. 네 개의 환상은 천국 예배와 어린 양에 관한 것, 일곱 인, 일곱 나팔, 일곱 대접 등 최후 심판에 관한 것, 음녀, 용, 바벨론 등 사탄세력의 심판과 멸망에 관한 것, 천년 왕국, 새 하늘과 새 땅, 새 예루살렘 성에 관한 것들이다.

● 구약의 예언과 신약의 성취

예수 그리스도와 연관된 구약의 예언이 신학에서 성취된 대표적인 사례들을 살펴 본 다음, 복음서에 나타난 예수님의 행적을 따라가려 한다.

○ **여자의 후손**

내가 너로 여자와 원수가 되게 하고 너의 후손도 여자의 후손과 원수가 되게 하리니 여자의 후손은 네 머리를 상하게 할 것이요 너는 그의 발꿈치를 상하게 할 것이니라 하시고...-창세기 3장 15절

때가 차매 하나님이 그 아들을 보내사 여자에게서 나게 하시고 율법 아래 나게 하신 것은 율법 아래 있는 자들을 속량하시고 우리로 아들의 명분을 얻게 하려 하심이라 -갈라디아서 4장 4-5절

○ **아브라함의 자손**

너를 축복하는 자에게는 내가 복을 내리고 너를 저주하는 자에게는 내가 저주하리니 땅의 모든 족속이 너를 인하여 복을 얻을 것이니라 하신지라 -창세기 12장 3절

아브라함과 다윗의 자손 예수 그리스도의 세계라 -마태복음 1장 1절

○ **야곱의 자손**

내가 그를 보아도 이 때의 일이 아니며 내가 그를 바라보아도 가까운 일이 아니로다 한 별이 야곱에게서 나오며 한 홀이 이스라엘에

게서 일어나서 모압을 이편에서 저편까지 쳐서 파하고 또 소동하는 자식들을 다 멸하리로다 - 민수기 24장 17절

아브라함이 이삭을 낳고 이삭은 야곱을 낳고 야곱은 유다와 그의 형제를 낳고 ...-마태복음 1장 2절

○ 유다지파의 자손

홀이 유다를 떠나지 아니하며 치리자의 지팡이가 그 발 사이에서 떠나지 아니하시기를 실로가 오시기까지 미치리니 그에게 모든 백성이 복종하리로다 -창세기 49장 10절

그 이상은 이새요 그 이상은 오벳이요 그 이상은 보아스요 그 이상은 살몬이요 그 이상은 나손이요 -누가복음 3장 32절

○ 다윗의 위

그 정사와 평강의 더함이 무궁하며 또 다윗의 위에 앉아서 그 나라를 굳게 세우고 자금 이후 영원토록 공평과 정의로 그것을 보존하실 것이라 만군의 여호와의 열심이 이를 이루시리라 -이사야 9장 7절

저가 큰 자가 되고 지극히 높으신 이의 아들이라 일컬을 것이요 주 하나님께서 그 조상 다윗의 위를 저에게 주시리니 -누가복음 1장:32절

○ 베들레헴에서 탄생하시다

베들레헴 에브라다야 너는 유다 족속 중에 작을지라도 이스라엘을 다스릴 자가 네게서 내게로 나올 것이라 그의 근본은 상고에 태초에니라 -미가 5장 2절

헤롯왕 때에 예수께서 유대 베들레헴에서 나시매 동방으로부터 박사들이 예루살렘에 이르러 말하되...-마태복음 2장 1절

○ 탄생의 때

그러므로 너는 깨달아 알지니라 예루살렘을 중건하라는 영이 날 때부터 기름부음을 받은 자 곧 왕이 일어나기까지 일곱 이레와 육십이 이레가 지날 것이요 그 때 곤란한 동안에 성이 중건되어 거리와 해자가 이룰 것이며...- 다니엘 9장 25절

이때에 가이사 아구스도가 영을 내려 천하로 다 호적하라 하였으니 이 호적은 구레뇨가 수리아 총독 되었을 때에 첫 번 한 것이라 - 누가복음 2장 1-2절

○ 동정녀에게서 나시다

그러므로 주께서 친히 징조로 너희에게 주실 것이라 보라 처녀가 잉태하여 아들을 낳을 것이요 그 이름을 임마누엘이라 하리라 -이사야 7장 14절

다윗의 자손 요셉이라 하는 사람과 정혼한 처녀에게 이르니 그 처녀의 이름은 마리아라... 보라 네가 수태하여 아들을 낳으리니 그 이름을 예수라 하라 누가복음 1장 27절, 31절

○ 헤롯왕의 학살 계획

나 여호와가 이같이 말하노라 라마에서 슬퍼하며 통곡하는 소리가 들리니 라헬이 그 자식을 위하여 애곡하는 것이라 그가 자식이 없으므로 위로 받기를 거절하는도다 -예레미아 31장 15절

이에 헤롯이 박사들에게 속은 줄을 알고 심히 노하여 사람을 보내어 베들레헴과 그 모든 지경 안에 있는 사내아이를 박사들에게 자세히 알아 본 그 때를 표준하여 두 살부터 그 아래로 다 죽이니, 이에 선지자 예레미야로 말씀하신바 라마에서 슬퍼하며 크게 통곡하는 소리가 들리니 라헬이 그 자식을 위하여 애곡하는 것이라 그가 자식이 없으므로 위로 받기를 거절하였도다 함이 이루어졌느니라
- 마태복음 2장 16-18절

○ 이집트로 피신하시다

이스라엘의 어렸을 때에 내가 사랑하여 내 아들을 애굽에서 불러내었거늘...- 호세아 11장 1절

요셉이 일어나서 밤에 아기와 그의 모친을 데리고 애굽으로 떠나가 헤롯이 죽기까지 거기 있었으니 이는 주께서 선지자로 말씀하신바 애굽에서 내 아들을 불렀다 함을 이루려 하심이니라
-마태복음 2장 14-15절

○ 세례 요한

외치는 자의 소리여 가로되 너희는 광야에서 여호와의 길을 예비하라 사막에서 우리 하나님의 대로를 평탄케 하라 골짜기마다 돋우어지며 산마다 작은 산마다 낮아지며 고르지 않은 곳이 평탄케 되며 험한 곳이 평지가 될 것이요 여호와의 영광이 나타나고 모든 육체가 그것을 함께 보리라 대저 여호와의 입이 말씀하셨느니라 -이사야 40장 3-5절

요한이 요단강 부근 각처에 와서 죄 사함을 얻게 하는 회개의 세례를 전파하니, 선지자 이사야의 책에 쓴바 광야에 외치는 자의 소리가 있어 가로되 너희는 주의 길을 예비하라 그의 첩경을 평탄케 하라 모든 골짜기가 메워지고 모든 산과 작은 산이 낮아지고 굽은 것이 곧아지고 험한 길이 평탄하여질 것이요 모든 육체가 하나님의 구원하심을 보리라 함과 같으니라 - 누가복음 3장 3-6절

○ 하나님의 아들

내가 영을 전하노라 여호와께서 내게 이르시되 너는 내 아들이라 오늘날 내가 너를 낳았도다 -시편 2편 7절

하늘로서 소리가 있어 말씀하시되 이는 내 사랑하는 아들이요 내 기뻐하는 자라 하시니라 -마태복음 3장 17절

○ 갈릴리에서 전도하시다

전에 고통하던 자에게는 흑암이 없으리로다 옛적에는 여호와께서 스불론 땅과 납달리 땅으로 멸시를 당하게 하셨더니 후에는 해변길과 요단 저편 이방의 갈릴리를 영화롭게 하셨느니라 -이사야 9장 1절

나사렛을 떠나 스불론과 납달리 지경 해변에 있는 가버나움에 가서 사시니 이는 선지자 이사야로 하신 말씀을 이루려 하심이라 일렀으되 스불론 땅과 납달리 땅과 요단강 저편 해변 길과 이방의 갈릴리여 흑암에 앉은 백성이 큰 빛을 보았고 사망의 땅과 그늘에 앉은 자들에게 빛이 비취었도다 하였느니라 -마태복음 4장 13-16절

○ 선지자로 오시다

네 하나님 여호와께서 너의 중 네 형제 중에서 나와 같은 선지자 하나를 너를 위하여 일으키시리니 너희는 그를 들을지니라
-신명기 18장 15절

또 주께서 너희를 위하여 예정하신 그리스도 곧 예수를 보내시리니 하나님이 영원 전부터 거룩한 선지자의 입을 의탁하여 말씀하신 바 만유를 회복하실 때까지는 하늘이 마땅히 그를 받아두리라. 모세가 말하되 주 하나님이 너희를 위하여 너희 형제 가운데서 나 같은 선지자 하나를 세울 것이니 너희가 무엇이든지 그 모든 말씀을 들을 것이라 -사도행전 3장 20-22절

○ 유대인에게 배척당하시다

그는 멸시를 받아서 사람에게 싫어버린 바 되었으며 간고를 많이 겪었으며 질고를 아는 자라 마치 사람들에게 얼굴을 가리우고 보지 않음을 받는 자 같아서 멸시를 당하였고 우리도 그를 귀히 여기지 아니하였도다 -이사야 53장 3절

자기 땅에 오매 자기 백성이 영접하지 아니하였으나 …
-요한복음 1장 11절

○ 예루살렘 입성

시온의 딸아 크게 기뻐할찌어다 예루살렘의 딸아 즐거이 부를찌어다 보라 네 왕이 네게 임하나니 그는 공의로우며 구원을 베풀며 겸손하여서 나귀를 타나니 나귀의 작은 것 곧 나귀새끼니라
-스가랴 9장 9절

예수께서 제자 중 둘을 보내시며 이르시되 너희는 맞은편 마을로 가라 그리로 들어가면 곧 아직 아무도 타 보지 않은 나귀 새끼가 매여 있는 것을 보리니 풀어 끌고 오라

만일 누가 너희에게 왜 이렇게 하느냐 묻거든 주가 쓰시겠다 하라 그리하면 즉시 이리로 보내리라 하시니 제자들이 가서 본즉 나귀 새끼가 문 앞 거리에 매여 있는지라 그것을 푸니 거기 서 있는 사람 중 어떤 이들이 이르되 나귀 새끼를 풀어 무엇 하려느냐 하매 제자들이 예수께서 이르신 대로 말한대 이에 허락하는지라

나귀 새끼를 예수께로 끌고 와서 자기들의 겉옷을 그 위에 얹어 놓으매 예수께서 타시니 많은 사람들은 자기들의 겉옷을, 또 다른 이들은 들에서 벤 나뭇가지를 길에 펴며 앞에서 가고 뒤에서 따르는 자들이 소리 지르되 호산나 찬송하리로다 주의 이름으로 오시는 이여 찬송하리로다 오는 우리 조상 다윗의 나라여 가장 높은 곳에서 호산나 하더라 -마가복음 11장 1-10절

○ 배반당하시다

나의 신뢰하는바 내 떡을 먹던 나의 가까운 친구도 나를 대적하여 그 발꿈치를 들었나이다 -시편 41편 9절

말씀하실 때에 한 무리가 오는데 열 둘 중에 하나인 유다라 하는 자가 그들의 앞에 서서 와서, 예수께 입을 맞추려고 가까이 하는지라 예수께서 이르시되 유다야 네가 입맞춤으로 인자를 파느냐 하시니...-누가복음 22장 47-48절

○ 침묵하시다

그가 곤욕을 당하여 괴로울 때에도 그 입을 열지 아니하였음이여 마치 도수장으로 끌려가는 어린 양과 털 깎는 자 앞에 잠잠한 양 같이 그 입을 열지 아니하였도다 -이사야 53장 7절

빌라도가 또 물어 가로되 아무 대답도 없느냐 저희가 얼마나 많은 것으로 너를 고소하는가 보라 하되 예수께서 다시 아무 말씀도 대답지 아니하시니 빌라도가 기이히 여기더라 -마가복음 15장 4-5절

○ 능욕을 당하시다

나를 때리는 자들에게 내 등을 맡기며 나의 수염을 뽑는 자들에게 나의 뺨을 맡기며 수욕과 침 뱉음을 피하려고 내 얼굴을 가리우지 아니하였느니라 -이사야 50장 6절

이에 예수의 얼굴에 침 뱉으며 주먹으로 치고 혹은 손바닥으로 때리며...-마태복음 26장 67절

○ 우리 대신 고난 받으시다

그가 찔림은 우리의 허물을 인함이요 그가 상함은 우리의 죄악을 인함이라 그가 징계를 받음으로 우리가 평화를 누리고 그가 채찍에 맞음으로 우리가 나음을 입었도다 -이사야 53장 5절

우리가 아직 죄인되었을 때에 그리스도께서 우리를 위하여 죽으심으로 하나님께서 우리에게 대한 자기의 사랑을 확증하셨느니라 -로마서 5장 8절

○ **죄인들과 함께 못박히시다**

이러므로 내가 그로 존귀한 자와 함께 분깃을 얻게 하며 강한 자와 함께 탈취한 것을 나누게 하리니 이는 그가 자기 영혼을 버려 사망에 이르게 하며 범죄자 중 하나로 헤아림을 입었음이라 그러나 실상은 그가 많은 사람의 죄를 지며 범죄자를 위하여 기도하였느니라 하시니라 -이사야 53장 12절

강도 둘을 예수와 함께 십자가에 못 박으니 하나는 그의 우편에 하나는 좌편에 있더라 -마가복음 15장 27절

○ **조롱당하고 모욕당하시다**

나를 보는 자는 다 비웃으며 입술을 비쭉이고 머리를 흔들며 말하되, 저가 여호와께 의탁하니 구원하실걸, 저를 기뻐하시니 건지실걸 하나이다 -시편 22편 7-8절

백성은 서서 구경하며 관원들도 비웃어 가로되 저가 남을 구원하였으니 만일 하나님의 택하신 자 그리스도여든 자기도 구원할찌어다 하고...-누가복음 23장 35절

○ **쓸개 탄 포도주를 마시다**

저희가 쓸개를 나의 식물로 주며 갈할 때에 초로 마시웠사오니...-시편 69편 21절

쓸개탄 포도주를 예수께 주어 마시게 하려 하였더니 예수께서 맛보시고 마시고자 아니하시더라 -마태복음 27장 34절

○ 뼈가 꺾이지 않으시다

그 모든 뼈를 보호하심이여 그 중에 하나도 꺾이지 아니하도다 -시편 34편 20절

군병들이 가서 예수와 함께 못박힌 첫째 사람과 또 그 다른 사람의 다리를 꺾고, 예수께 이르러는 이미 죽은 것을 보고 다리를 꺾지 아니하고...-요한복음 19장 32-33절

○ 부자의 무덤에 장사되시다

그는 강포를 행치 아니하였고 그 입에 궤사가 없었으나 그 무덤이 악인과 함께 되었으며 그 묘실이 부자와 함께 되었도다 -이사야 53장 9절

저물었을 때에 아리마대 부자 요셉이라 하는 사람이 왔으니 그도 예수의 제자라 빌라도에게 가서 예수의 시체를 달라 하니 이에 빌라도가 내어주라 분부하거늘 요셉이 시체를 가져다가 정한 세마포로 싸서 바위 속에 판 자기 새무덤에 넣어두고 큰 돌을 굴려 무덤 문에 놓고 가니... -마태복음 27장 57-60절

○ 부활하시다

이는 내 영혼을 음부에 버리지 아니하시며 주의 거룩한 자로 썩지 않게 하실 것임이니이다

하나님은 나를 영접하시리니 이러므로 내 영혼을 음부의 권세에서 구속하시리로다 (셀라) -시편 49편 15절

청년이 이르되 놀라지 말라 너희가 십자가에 못 박히신 나사렛 예수를 찾는구나 그가 살아나셨고 여기 계시지 아니하니라 보라 그를 두었던 곳이니라 가서 그의 제자들과 베드로에게 이르기를 예수께서 너희보다 먼저 갈릴리로 가시나니 전에 너희에게 말씀하신대로 너희가 거기서 뵈오리라 하라 하는지라 -마가복음 16장 6-7절

○ 승천하시다

주께서 높은 곳으로 오르시며 사로잡은 자를 끌고 선물을 인간에게서 또는 패역자 중에서 받으시니 여호와 하나님이 저희와 함께 거하려 하심이로다 -시편 68편 18절

주 예수께서 말씀을 마치신 후에 하늘로 올리우사 하나님 우편에 앉으시니라 -마가복음 16장 19절

1부.

한국에서 복음은 진리인가?

나더러 주여 주여 하는 자마다 다 천국에 들어갈 것이 아니요 다만 하늘에 계신 내 아버지의 뜻대로 행하는 자라야 들어가리라

그날에 많은 사람이 나더러 이르되 주여 주여 우리가 주의 이름으로 선지자 노릇하며 주의 이름으로 귀신을 쫓아내며 주의 이름으로 많은 권능을 행하지 아니하였나이까 하리니

그 때에 내가 그들에게 밝히 말하되 내가 너희를 도무지 알지 못하니 불법을 행하는 자들아 내게서 떠나가라 하리라

그러므로 누구든지 나의 이 말을 듣고 행하는 자는 그 집을 반석 위에 지은 지혜로운 사람 같으리니

마태복음 7장 21-24절

1장 한국 교회와 정치의 현실

진정한 구원과 진정한 믿음, 진정한 복음에 대한 갈증이 더욱 깊어지는 데는 여러 가지 원인들이 있을 것이다. 세상의 폭력과 현실이 비정상적으로 타락해가는 데서 먼저 영향을 받지 않을 수 없다. 우리의 일상이 이 세상에 그대로 노출되어 있어서 아무리 영적인 삶을 추구한다고 해도 순간순간 접하는 육신적·세상적인 것의 자장 磁場 으로부터 자유로울 수는 없기 때문이다. 하지만 이러한 세상의 모순과 문제는 역사 이래 존재해 왔으며, 이에 대한 인간의 대처 방식도 다양했으며 그러한 다양한 대응방식이 인류의 문명을 발현시키고 발전시켜 왔다.

프랑스 대혁명이 인간을 하층민 신분과 예속적 상태로부터 해방시켜 자유와 인권의 '근대적 인간'을 탄생시켰다면, 마르크스-레닌주의 공산주의 혁명은 근대 자본주의 체제가 초래한 자본주의의 착취로 인한 비인간적 종속적 상태로부터 인간해방을 선언했던 사건이다. 프랑스 대혁명의 자유·평등·박애라는 캐치프레이즈는 물론 다 실현되지 못했고 굴절되기도 했지만, 현대 자본주의 체제 속으로 일부 수용됨으로써 명맥을 유지할 뿐만 아니라, 실현되지 못했기에 더욱 높은 가치와 신념으로 각인되기도 했다. 프랑스 대혁명의 평등·박애정신과 일맥상통했던 공산주의 혁명의 운명은 더 가혹했다. 이기적이고 세속적 인간으로서 감당하기 너무 힘든 가치이기도 했지만, 무엇보다 자본주의 체제와 양립하기 힘든 평등·박애 사상의 실현은 애당초 무리였는지도 모른다. 뿐만 아니라 그러한 (고귀한?) 가치 신념을 제도화하고 그것을 위한 국가 권력을 편성하는 일에서부터 난관에 부딪혔다. 온갖 암투와 분파투쟁과 폭력투쟁이 공산주의 운동의 트레이드마크가 되어버렸다. 평등의 실현은 처음부터 이기적·자기중심적 인간의 본질과 맞지 않고, 더군다나 이러한 인간의 본성과 이 본성과 맞아 떨어진 자본주의 체제와는 모순된 것이었다. (인간의 본성을 제대로 파악하지 못한 점에서) '나이브'한 공산주의 사상이 현실 속에서 살아남지 못한 것은 결과론이지만, 자연스러워 보인다. 강조하건대, 인간의 본성과 본질을 잘못 파악한 것이었다. 북한의 서글픈 현실은 논외로 하고 싶은 것은 그간의 발전과정이 제대로 된(?) 사회주의·공산주의 건설의 궤도와도 아주 멀어 보이기 때문이다.

공산주의와 연관해서는 두 명의 걸출한 보주주의 사상가의 비판이 먼저 떠오른다. 다른 무엇보다, 그들의 사상 속에는 (그들 주장 액면 그대로 인정하고 싶지는 않지만) 인간의 본성과 욕망에 대한 성찰이 엿보이기 때문이다. 대표적으로 프란시스 후쿠야마 Francis Fukyuyam 와 프앙수와 르벨 François Revel 이 그들이다. 미국학계에서 저명해진 일본인 3세 후쿠야마 교수는 '역사의 종말'이라는 논문을 통해 가히 공산주의의 실패와 자유(민주)주의의 우월성을 특이한(?) 방식으로 설파했다. 동일한 제목의 저작을 통해서 후쿠야마 교수는 그러한 자신의 논리를 확장시켰다. 핵심은 이렇다. 인간은 복잡한 욕망의 동물인바, 궁극적으로 동등하고도 싶고 우월하고도 싶은 상충되는 욕망을 지니고 있다. 공산주의는 평등을 지향하면서 이러한, 동등욕망을 채워주는 듯했으나, 공산주의 체제의 실패는 이러한 욕망충족 체계의 실패를 보여준 사건으로 해석되었다. 이에 반해 자유민주주의, 곧 자본주의적 자유민주주의는 일차적으로, 법치주의와 대의제와 선거제도를 통해 형식적 동등욕망을 충족시켜주었고, 더 중추적인 자본주의체제 하에서 경제적 활동을 통해 우월할 수 있는 기제를 제공했기에, 이 이념체제는 그 어느 체제도 달성하지 못한 동등욕망과 우월욕망을 모두 충족시킬 수 있었다고 주장한다. 이제 더 이상의 진보는 있을 수 없는 최고봉을 자유민주주의가 성취했다는 의미에서 '역사의 종말'이라고 선언했던 것이다.

이 자유주의 이데올로기의 승리를 인간의 본성과 욕망의 차원에서 설명하려 했다는 것이 후쿠야마 교수의 탁월한 점으로 보인다. 이러한 특징은 유사한 계보의 보수주의자들로 계승되는데, 앞서 언급한 르벨도 이에 속한다. 르벨은 자유주의가 인간의 본성과 부합하고, 그 이기적 욕망을 추동하는 체제로서 발전해왔으며, 사회주의나 공산주의가 내세웠던 사회정의나 평등 역시 사적인 재화가 아닌 공적 재화를 추구함으로써 성취되기란 불가능하다고 주장한다. 르벨은 체제의 다양성과 관계없이 만연하는 부패의 가장 주요한 특징은 개인 기업이나 사적 자본이 아닌 국영 기업이나 공공부분에서 발견된다고 강조한다. 공산주의 체제에서와 마찬가지로

제 3세계 국가들의 국가주도정책도 이러한 부패가 온존하고 확대될 수 있는 터전으로 인식된다. 그리하여 르벨은 시장만이 그러한 부패를 방지할 수 있고 여기에 가세한 자유민주주의의 상호보완적 제도들 통해서만 그러한 부패가 견제될 수 있다고 주장한다.

우리의 현실은 어떠한가? 정말 복잡다단하다. 식민지 시절로부터 한국전쟁, 이승만 독재, 4·19 학생의거, 5·16 군사정변과 군사정권, 박정희정권의 독재와 탄압, 비극적 역사였던 5·18 광주민주화운동과 전두환 세력의 살상, 전두환의 불법적 집권과 줄은 이은 분신들, 6월 민주화항쟁과 노태우의 집권, 전두환의 백담사행, 김영삼의 민주적 집권과 전두환 노태우의 감옥행, 김대중의 마침내 권력집권, 역사적 남북정상의 만남과 국민 모두의 기쁨인 것 같지는 않았던 노벨 평화상 수상, 말년의 노욕과 노탐에 대한 실망, 노란 목도리의 노무현 집권, 이명박의 약속파기와 노무현의 비극적 최후, 이명박의 BBK, 다스 DAS 사기혐의 등, 이를 묻기 위한 전 재산 기부약속에 의한 집권, 온갖 부패 비리혐의들, 도곡동 사저사건, 이상득 관련 비리혐의들, 청계재단의 이해하기 힘든 장학사업 등, 국가적으로는 4대강 사업, 자원외교, 방산비리 의혹 등. 드디어 박근혜 정부의 집권, 양 정부 간의 끈끈한(?) 관계와 협약 때문인지, 이명박 정부 비리는 제대로 공론화되지도 못한 상황에서 박근혜 대통령의 오기 불통의 정치는 비상구 없는 열차처럼 달리다 탈선했다. 헌법재판소는 피청구인 박근혜를 파면했다.(강문구3) 그리고 2018년 3월에는, 스스로 '도덕적으로 완벽한 정권'이라고 평가해서 우리를 당황케 하고, 집권 이전부터 해서 십 수년간 온갖 (가족 연관) 범죄 혐의로 우리를 피곤케 하면서도 끈질기게 살아 버티던 이명박은 급기야 구속되었다. 한심하고 비굴하고 남루한 한국 정치!

이러한 부박한 정치현실 이면에는 해방 이후 배태된 기독교와 공산주의와의 대립 갈등이 도사리고 있는 것 같다. 북한의 신천사건에서부터 시작하여 제주도 4·3 사건, 5·18 광주사태, 심지어 현재까지 노정되는 극우 태극기 부대와 그 반대편의 '개혁의 딸' 간의 대립에 이르기까지…

자본주의 체제처럼 한국 정치의 부패와 타락도 이 체제와 연관된 측면도 있고 또 한국정치가 확대 재생산해온 다른 측면도 있을 것이다. 하지만 자본주의 체제의 문제는 약간의 굴곡은 있어왔지만, 그 항상성을 지속적으로 보여 왔기에 그것은 그 자본주의 체제의 본질로 인식해야 할 것 같고, 한국 정치의 고질적 부패와 문제는 한국 정치의 틀과 전통, 그 속의 정치지향 인간들의 문제로 볼 수 있는 여지가 많아 보인다. 정말 희귀한 예외가 있지만, 정치와 연루된 인간들 속에서 정상적인 인간을 찾기는 쉽지 않아 보인다. 교만과 저질과 얼토당토않은 애국심(?), 상식을 벗어난 행태들, 비리가 터지면 조폭 같은 자기편 감싸기 혹은 진영논리, 상대에 대한 배려 혹은 타인에 대한 관용과는 거리가 먼 자만과 콤플렉스로 뭉친 패거리 집단으로밖에 안 보인다.

이러한 상황에서, 정상적이라면 체제와 국가에서 찾지 못한 희망의 끈을 시민사회에서 찾으려 할 것이다. 그런데 한국의 상황에서 독재 및 권위주의 체제에서 민주주의를 지향하는 희망의 보루이던 시민사회는 민주화가 진행되면서 변질되어 갔다. 이를 필자는 '이중적 질곡'으로 이해했다. 즉 김영삼 정부하에서 시민사회는 훨씬 더 지지부진해졌다. 김영삼 정부 초기에 단행된 과감한 정치자금법 등의 정치개혁, 금융실명제, 공직자 재산공개 등의 경제개혁, 12·12 군부쿠테타와 5·18 광주민주화운동과 관련된 전두환 노태우 등 전직 대통령의 구속을 포함한 '역사바로세우기' 등의 추진 속에서 시민사회나 시민운동은 별반 주도적인 역할을 행사하지 못했다. 권위주의 정권하에서 민주화 운동을 주도하고 변혁적인 입장을 견지하던 시민사회와 시민사회운동은 민주화를 주도하는 막강한 대통령 중심의 리더십 하에서는 이러한 과감한 개혁정책에 견인되면서 새로운 형태의 허약한 상태 속에 빠지게 되었던 것이다. 곧 권위주의 정권의 강력한 탄압 국면 속에서 지향과 가치는 선명했지만 허약한 입장이었다면, 민주적 정부하에서는 과감한 개혁정책의 추진 속에서 위상은 나아졌지만 영향력은 약화되는 상태에 접어들게 되었다. 이를 필자는 시민사회 혹은 시민사회운동의 '이중적 질곡'이라 규정했다. (강문구1)

이 모든 문제에도 불구하고 한국의 경제는 제 3세계의 대표적 성공사례로 인정받기에 이르렀다. 전쟁과 독재와 '광주의 비극'과 줄지은 '분신사태'로 기억되던 나라가 세계 10위권의 경제력을 갖게 된 것은, 우리가 보기에도 대단하고 가히 기적에 가까워 보인다. 이러한 경제성장의 상승곡선과 더불어 한국 교회의 성장도 눈부셨다.

어떤 이들은 가난에서 탈피하는 과정에 종교의 영향이 크고 그 연관성도 높다고 얘기한다. 하지만 이러한 이론적 논의를 넘어 한국교회의 괄목할 만한 성장과 세계선교에의 후원 등은 우리의 경제적·세상적 성공의 정신적 기초와 종교적 후견이 견고함을 보여주는 것 같아 뿌듯했다.

'가난한 자, 슬퍼하는 자, 의에 주리고 의를 위해 박해받는 자 복이 있나니'[원문-"마음이 가난한 사람은 복이 있다. 하늘 나라가 그들의 것이다. 슬퍼하는 사람은 복이 있다. 그들이 위로를 받을 것이다. 온유한 사람은 복이 있다. 그들이 땅을 차지할 것이다. 의에 주리고 목마른 사람은 복이 있다. 그들이 배부를 것이다. 자비한 사람은 복이 있다. 그들이 자비함을 입을 것이다. 마음이 깨끗한 사람은 복이 있다. 그들이 하나님을 볼 것이다. 평화를 이루는 사람은 복이 있다. 그들이 하나님의 자녀라고 불릴 것이다. 의를 위하여 박해를 받은 사람은 복이 있다. 하늘 나라가 그들의 것이다. 너희가 나 때문에 모욕을 당하고, 박해를 받고, 터무니없는 말로 온갖 비난을 받으면, 너희에게 복이 있다. 너희는 기뻐하고 즐거워하여라. 하늘에서 받을 너희의 상이 크기 때문이다. 너희보다 먼저 온 예언자들도 이와 같이 박해를 받았다."-마태복음 5장, 표준새번역]의 구절구절은 그 가난한 시절 신자, 불신자를 가리지 않고 우리 모두의 메마른 영혼을 얼마나 촉촉이, 얼마나 풍성히 적셔주었던가?

2장 한국 교회, 길을 잃다

화려해 보였던 한국 경제와 한국 교회의 성장 발전사는, 이제 하향 길에 접어든 것으로 보인다. 그것도 급속한 경사로 보인다. 특히 개신교의 위기가 심각해 보인다. 세계 10대 교회에 한국 교회가 몇 개가 있으며, 몇백만, 몇십만 교회의 위용을 자랑할 때 위기는 시작되었다고 보아야 한다. 고난과 핍박 속에 피어난 신앙의 꽃이 풍족과 번영 속에 시드는 것은 기독교 역사의 엄청난 역설이다. 아니 기독교의 진리다.

이는 로마시대에 경험했던 기독교의 부침과도 맥을 같이한다. 로마는 예수가 이 땅에 왔을 때 세계를 지배하고 특히 이스라엘 땅을 통치했던 당대의 제국이었다. 그 통치방식은 헤롯 일가 중심의 분봉왕 임명과 빌라도로 대표되는 총독의 파견 등 시대마다 달랐다. 하지만 예수의 초림은 로마제국의 세계통치와 밀접하게 연관되었고, 또 빌라도 총독에 의한 예수의 십자가형은 기독교의 역사에 깊이 각인된 사건이었다. 예수의 십자가 사형 이후 기독교에 대한 박해와 사도를 위시한 그리스도인들의 처형과 희생은 성령으로 시작된 교회의 새로운 길을 개척한 것임에 틀림없다. 하지만 로마의 기독교 박해와 이를 극복하고 종국에 세계 제국 로마마저 정복(?)했다는 높은 평가와 자긍심은 적지 않은 경우 오해를 불러일으킬 소지가 크다. 왜냐하면 로마에 의해 기독교가 승인되고 국교로 등극하면서 누리게 되는 세상 권력과 부가 결국에는 교회의 부패와 타락의 직접적인 원인이 되었기 때문이다.

주후 313년 밀라노에서 콘스탄티누스와 그의 동료인 리키니우스 황제는 각 지역의 통치자들에게 기독교 역사에서 획기적인 서신을 보냈다. 이 편지에서 콘스타티누스와 리키니우스는 기독교인들뿐만 아니라 그 어떤 종교를 믿는 사람들에게도 '완전한 관용'을 베풀 것이라고 천명했던 것이다.(폴 존슨, 135쪽) 이 두 통치자의 천명으로 이전에 존재했던 반기독교 칙령들은 철회되었고 그때까지 몰수당했던 교회 재산은 되돌려졌으며, 그 외에도 법률적으로 적절한 보상이 이루어졌다. 콘스탄티우스의 개종에 대해서도 여러 가지 설이 분분하지만, 그는 개종 이전에 다양한 미신에 빠져있었고 심각한 과대망상증 증상을 보였다고 알려져 있다. 전혀 어울리지 않는 교회와 국가의 결합에서 어느 쪽이 이익을 보았는지, 즉 제국이 기독교에 굴복했던 것인지 아니면 기독교가 제국과 음행했던 것인지는 불분명하다.(폴 존슨, 140-41쪽)

여하간 로마제국은 황제숭배만 한다면 개별 종교에 대해서는 관용의 정책을 폈으며, 최소한 2세기 후반까지 기독교인을 조직적으로 박해하지는 않았다.(폴 존슨, 146쪽) 3세기 중엽 이후 기독교는 세상 문화와 제국 정책 속으로 깊숙이 들어갔으며 영향력 또한 막대한 종교집단으로 성장했다. 이런 상황에서 250년 데키우스 황제 이후부터 콘스탄티누스의 기독교 공인 선포 시기까지 잔인하고 살

벌한 기독교 박해 말살 정책이 이어졌다. 디오클레티아누스 황제는 기독교를 박해했지만 급속도로 성장하고 있던 기독교 공동체를 제압하는 데는 실패했다.(허버트 웰스, 272-73쪽) 앞에서 언급했듯이, 밀라노 칙령 이후 기독교에 호의적이었던 콘스탄티누스 황제가 324년에 로마 제국의 단독 통치자로 등극하면서 기독교는 전성시대를 구가하게 되었다. 몇년 후 기독교는 로마 제국의 국교가 되었으며 여타 종교들은 사라지거나 기독교에 흡수되었다. 테오도시우스 황제는 이교 의식을 모두 금하는 칙명을 발표했다.(허버트 웰스, 273쪽) 5세기 이후 로마 제국 안에서 기독교가 아닌 다른 종교의 사제나 사원은 전무했다.

다시 앞의 질문으로 돌아가서 답변해보면, 제국과 결탁한 기독교 조직의 성장과 번영이 기독교의 영적 발전에 미친 영향은 결과적으로 부정적이라고 보아야 할 것이다. 물론 그렇다고 가난하고 부흥하지 못하는 것이 정상이라는 의미는 아니며, 또 하나님 뜻에 반드시 부합한다는 의미도 아니다. 정상적으로(?) 부유하거나 부유해지는 것은 아무 문제가 되지 않는다. 교회가 세상과 같은 방식으로 성공(?)하고 번영하는 것은 교회 자체에도, 세상에게도 전혀 유익하지 못하다는 점을 강조하고 싶은 것이다. 이제 교회가 세상을 걱정하는 것이 아니라, 세상이 교회를 걱정한 지도 한참 오래되었다.

교회와 교회 목사들의 비리를 세상 언론이 파헤치면, 신도들이 그 앞에서 피켓 들고 반대시위를 험악하게 하고, 이단의 문제를 파헤치면 이단 골수파들이 방송국 앞에서 험악한 시위를 벌이는 이러한 세태 속에서, 세상에 비치는 신도나 교회의 모습은 어떠한지? 물론 그들의 비판이 편파적일 수도 있지만, 신도들의 대응이 세상의 그들보다 나아 보이지 않는다. 성도가 마땅히 지켜야 할 구별과 성별이라고는 찾아볼 수 없고, 오히려 가끔은 한술 더 뜨는 상황에서 어떻게 우리가 그들 세상에 대해 걱정하고 조언할 수 있는가? 특히 대형교회 성직자들의 연이은 세상적 비리는 이제 뉴스거리도 되지 않는다. 물론 우리 자신 진정한 회개의 무게와 어려움을 잘 알지만, 그들이 진심으로 회개하려는 마음이 있는지조차 의아스럽다. 세례 요한은 바리새파 사람과 사두개파 사람이 세례를 받으러 오는 것을 보고, 그들에게 말하였다.

> "독사의 자식들아, 누가 너희에게 닥쳐올 징벌을 피하라고 일러 주더냐?
>
> 회개에 알맞은 열매를 맺어라.
>
> 그리고 너희는 속으로 주제넘게 '아브라함이 우리 조상이다' 하고 말할 생각을 하지 말아라. 내가 너희에게 말한다. 하나님께서는 이 돌들로도 아브라함의 자손을 만드실 수 있다.
>
> 도끼가 이미 나무 뿌리에 놓였으니, 좋은 열매를 맺지 않는 나무는 다 찍혀서, 불 속에 던져진다.
>
> 나는, 너희를 회개시키려고 너희에게 물로 세례를 준다. 내 뒤에 오시는 이는, 나보다 더 큰 능력을 가지신 분이다. 나는 그의 신을 들고 다닐 자격조차 없다. 그는 너희에게 성령과 불로 세례를 주실 것이다.
>
> 그는 손에 키를 들었으니, 자기의 타작 마당을 깨끗이 하여, 알곡은 곳간에 모아들이고, 쭉정이는 꺼지지 않는 불에 태우실 것이다."(마태복음 3장 7-12절, 표준새번역)

세례 요한의 목소리가 요단강에서, 광야에서, 지금 여기에서 쩌렁쩌렁 울리는 듯하다. 이들 교회나 성직자가 주장하거나 지향하는 성공 및 번영의 신학은 너무나 세상적인 것과 닮아있다. 세상적 본질과 육신적 신조가 믿음의 옷으로 치장하고, 나아가서 세상적인 것과 육신적인 것은 서로의 부족한 부분을 메워주고 보완해주는 역할까지 할 때, 그들의 성공·번영의 확률은 더 높아지지만, 그것들의 상호보완 담합 관계 속에서 세상적인 것은 육신적 것의 사회적 현현 顯現 에 불과하며, 여기에 종교적 형식이 가세하는 형국이다.

오래전부터 건전한 사회를 뒷받침하는 최후의 보루로 세 제도를 꼽았다. 세상이 아무리 혼탁하고 부패하고 타락하더라도 그 세 제도가 제대로 작동한다면 최악의 사태는 방지할 수 있다고 믿었다. 대학과 법원, 그리고 교회가 바로 그러한 제도이다. 중세로부터 대학은 '진리의 상아탑'으로 불리면서, 근대 들어서도 국가로부터도 독립된 고유의 독자적 영역으로 인정되어 왔다. 박정희 독재정권도 초기에는 대학 캠퍼스에 경찰을 상주시키지 못했다. 정권 말기에 가서는 경찰을 캠퍼스에 상주시키거나, 시위가 발발하면 곧바로 경찰을 투입하기 시작했다. 어느 시점부터인가 대학이 진리와 정의의 실현을 위한 아성이기보다는, 어용교수로부터 '폴리페서'(polifesor-정치와 교수의 합성어)에 이르기까지 정치입문의 발판으로 변질되거나 폴리페서들의 집합소가 되어버렸다.(강문구4 참조) 대학과 정치에 이중으로 걸쳐 있으면서 그 어디에도 별로 기여하지 못하고 어디에도 정착하지 못하는 현상은 우려스럽다. 대학이 '상아탑'으로 자처

하면서 세상과 너무 떨어져 자체의 아성만을 고집한 것도 다소 문제였지만, 오늘날 드러나는 너무나 세속적인, 너무나 정치적인 정체불명의 교수들이 포진한 오늘날의 대학도 사회의 희망의 보루가 되기 힘들어진 건 아닌가 싶다. 이제 대학의 자율성이나 고유의 본문은 아득한 옛날얘기가 되어버렸다.

검찰이 권력의 시녀가 된 연혁은 권위주의부터 시작되지만 민주화 이후에도 별 변화가 없는 듯 보인다. 출세지향, 입신양명의 인간이 존재하는 한 검찰이 쉽게 변할 것 같지 않고 법원의 처지도 그리 나아보이지 않는다. 그나마 조금이라도 신뢰받던 판사집단의 오만과 거드름의 정체는 변호사로 변신한 뒤, '전관예우' 등의 악질적 관행에서 적나라하게 드러난다. 법원 역시 정의의 최후 보루로서, 삼권 분립에 입각하여 국가권력이나 어떤 권력으로부터도 독립된 영역으로서 갈등과 분쟁의 최후 판결자 혹은 조정자로서의 역할을 기대하기란 어려워졌다.

사정이 이러하다 보니, 한국 사회는 경제적 번영에도 불구하고 숱한 문제점을 잉태하게 되었고, 날이 갈수록 타락의 지경을 넓히고 있다. 부패의 연결고리가 어디까지인지 모를 지경이 되었고, 폭력 범죄의 잔인화와 광역화는 사회 전체를 불안에 떨게 하기에 이르렀다. 사회적 윤리와 도덕적 규범을 논하는 것 자체가 공허하게 보인다. 마지막 남은 양심과 도덕, 진리와 공의의 보루인 교회마저 앞서 논했듯이 이러한 세상을 염려하는 것은 차치하고 오히려 문제의 온상이 되는 처지가 되었으니, 가히 총체적 파국 국면이 아닌가 싶다!

3장 거대한 교회, 값싼 구원, 초라한 복음

한 사람의 평신도로서 그래도 희망은 교회와 믿음과 복음에 있다고 믿고 싶다. 대학과 법원이 양심과 진실의 최후의 보루로서 역할을 하지 못하고 타락의 길을 걷는다 하더라고, 교회라도 제 역할과 사명을 다한다면 그래도 희망은 있지 않느냐고 말하고 싶다. 문제는 이러한 교회마저 지극히 세상적이 되어 가는데 이 땅의 비극이 있다. 세상과 별로 구별되지 않고 성별되지 않는 교회는 맛을 잃은 소금에 불과하다. 많은 신도 수와 화려한 건물을 자랑하는 교회가 어떻게 진정한 복음을 선포할 수 있으며, 그러한 세상적인 교회에서 울려 퍼지는 복음이 어떻게 진정한 복음일 수 있겠는가?

실제로 우리 사회에 널리 퍼져있는 구원과 믿음, 복음의 메시지는 그야말로 천박하고 초라하다. '불신지옥 예수천당'이라는 피켓에 무슨 은혜롭고 부요한 메시지가 담길 수 있는가? 한 발짝 더 나아가서 믿음을 갖게 된 후, '부끄럽고 값싼 구원', '초라한 복음', '무례한 기독교' 등의 차원에 머물게 된다면, 씁쓸하지 않을 수 없다. 쉽지 않은 결단을 하고 일생일대의 중대한 회심을 통해 전혀 새로운 '세계'로 옮겨왔는데도 불구하고, 여전히 육신적이고 (악한) 세상적인 것에 머문다면 분명 심각한 문제가 있는 것이다. 세상에서 부대끼고 실망하고 환멸을 느껴 교회로 왔는데, 여기도 세상과 별반 다르지 않고 오히려 속과 겉이 너무 다른, 종교로 위장한 위선의 다양한 양태만을 보는 심정은 쓰라리다. 뿐만 아니라 '두렵고 떨리는' 마음으로 받아들이고 싶던 신앙이 죽고 난 다음에 천당 가는 것에 머문다면…? 영혼 깊숙한 곳에서 느껴지는 떨림, 나의 어쩔 수 없는 죄를 회개하면서 터져 나오는 '전율의 기쁨'을 기대하면서 하루하루를 살고 싶은 상태에서 비치는 한국 교회의 모습과 복음의 메시지는 너무 초라하고 빈약해 보인다. 이러한 복음의 메시지는 하나님께 마음으로 순종하고 이웃과 함께 하는 성숙한 인간의 길을 가기보다, '자기의'를 내세우고 자기구원만 배타적으로 확신함으로써 타 종교나 타인을 질시하고 정죄하려고만 하는 미성숙 크리스챤만을 양산하는 것은 아닌지? 이는 나중에 살펴보게 될 바리새파의 비뚤어진 복음관과도 무관치 않아 보인다.

많은 신자나 교회가 벗어나야 할 구태의 육신의 상태가 그대로 있고, 그러한 '육신들'이 적당히 타협하고 담합해 있는 곳, 그러한 세상과 타합한 종교, 그러한 교회 안에 만연한 세상적인 '성공과 번영'의 신학의 결과가 '싸구려(값싼, 초라한, 부끄러운)' 구원과 믿음일진대 어떻게 온전한 복음에 이를 수 있겠는가? 이런 상황에서 자기희생과 십자가는 간데없고 자기식의 구원관만을 배타적으로 주장한 결과는 아이러니하게도 갈등과 분쟁으로 치닫게 되어 있다. 이런 견지에서 볼 때, 기독교의 역사는 서로 다른 구원 이야기들로 인한 종교 전쟁과 이단 재판으로 점철된 피의 역사였으며, 여기에는 사랑과 관용이 들어설 여지가 없었다. 영원한 생명의 이름으로, 구원의 이름으로 잔혹한 일들이 정당화되었다.(김세종, 205쪽) 십자가 죽음을 통해 사랑을 보여주려 한 예수 드라마가 구원을 둘러싼 분쟁과 전쟁과 처단으로 귀결된 것은 엄청난 비극적 아이러니라 할 수밖에 없다. 어떻게 할 것인가? 다시 초심으로 돌아가서 신앙인으로서 근본적인 성찰과 회개가 요구된다고 생각한다. 마틴 루터의 종교개혁이 일어난 지 500년의 세월이 흘렀지만 과연 무엇이 개혁되고 무엇이 여전히 타성으로 남아있는지 성찰해야 할 것이다. 늦은 감이 있지만 지금이라도 기독교의 역사를 반추하면서 오늘 이 땅의 종교의 일탈과 타락을 직시해야 할 것이다.

교회 내에서는 로마의 압제하에서 명맥을 유지하다 마침내 로마의 국교로까지 승인된 기독교의 역사를 자랑스럽게 얘기한다. 예수님을 못 박고 처형한 장본인으로서 빌라도 총독과 로마의 권력은 적그리스도의 전형으로 이해되고 이는 사도 요한이 밧모 섬에서 본 바빌론과 동급의 사탄의 세력이기도 했다. 하지만 국교로 등극한 이후의 기독교의 역사가 걸어온 길은 그리스도인이 진정으로 자랑스러워할 수 있는 것이 아님은 새삼 각인해야 한다. 권력과 부를 성취함과 동시에 기독교의 타락, 곧 진짜 비극이 시작되었음을 인정하지 않을 수 없다. 유럽 각지에서 현실 정치와 결탁하고 경쟁하는 가톨릭의 행적은 정치권력의 적나라한 모습을 그대로 답습했다. 이후 성지탈환의 명분하에 온갖 추악한 행태를 서슴지 않았던 3세기 걸친 십자군 전쟁은 말할 것도 없고, 유럽 제국주의 국가들의 식민지 침탈과정에서 이루어진 기독교의 만행과 폭력에 대해선 거듭 성찰되어야 할 대목이다. 이에 대해 교황 베네딕토 16세가 사과한 것은 최후의 마지노선은 지킨 것 같아 그나마 다행이다.[1]

여러 가지 모습을 보여준 우리 기독교의 역사에서 권력과 부가 치명적인 독이 된 것은 비단 과거에 그치지 않는다. 오늘날 길을 잃은 한국 교회의 타락도 이와 무관치 않아 보인다. 한 가지 덧붙이고 싶은 것은 비판에 대한 기독교의 대처 방식과 사고가 더 문제라고 생각한다. 기독교의 타락과 부패에 대한 문제를 걸핏하면 종교탄압으로 치부하고, 그간 교회와 성직자들의 온갖 타락에 대한 비난에 대해서도 문을 안에서 잠그고 자기들끼리만 정당하다고 외치는 모습은 과연 이 종교가 근대 혹은 종교 개혁의 산물인가조차 의심스럽게 만든다. 최근 불거진 교회 세습, 종교인 과세 등의 쟁점에서 특히 개신교가 취한 대응과 행동은 부끄럽고 초라하게 느껴진다. 정말 억울할 일이 있을지라도 하나님을 의뢰하고 충심으로 기도하면서 자아가 죽어야 한다고 가르치면서 어찌 보면 양보해야 할 일과 문제까지 정욕과 탐심을 숨기지 않고 악(?)을 써대는 모습을 대하는 평신도의 마음은 어떻겠는가? 그리스도인으로서의 멋과 여

---

1. 베네딕토 16세는 2011년 10월 27일 이탈리아 아시시 성프란체스코성당에서 열린 세계 종교 간 모임에서 기독교가 장구한 역사에 걸쳐 때때로 폭력을 사용한 데 대해 사과했다. 교황은 "역사가 이뤄지는 동안 기독교가 신앙이라는 이름으로 폭력을 자행한 것이 사실"이라고 밝히며 "우리는 이를 '큰 수치심'과 함께 시인한다"고 했다. 이는 기독교신앙의 남용이며, 기독교의 본질에 명백하게 반하는 것"이라며 "폭력과 전쟁, 테러가 반복돼서는 안 된다"고 강조했다.

   교황이 십자군전쟁이나 기독교전파를 목적으로 남미 등 신대륙에 폭력을 행사한 데 대해 사과하는 것은 흔치 않은 일이다. 전임 교황인 고(故) 요한 바오로 2세가 2000년 기독교의 역사적 과오에 대해 사과한 적이 있을 뿐이다.

   [출처] 54호 가톨릭: 전북

유는 차치하고 상식적인 것마저 기대하기 어렵다는 한숨이 나올 때 평신도는 어떻게 해야 하는가? 어려운 상황과 시절에 기대하는 '그리스도의 향기'는 찾아보기 힘들고 세상만큼, 혹은 더 심한 악취를 접하고 있는 평신도의 마음은 어떻겠는가? 그 위대하고 장엄하다고 하는 기독교 복음에서 사랑과 소망의 향기는 찾아보기 힘들고 세상적인 구태의 정욕과 탐심이 기승을 부리고 압도하는 상황은 우리 모두에게 아픔이자 좌절이다.

필자는 이러한 기성 교단의 타락과 부패가 최근 기승을 부리는 이단종파들의 약진과 무관치 않다고 생각한다. 인간의 정신세계와 신념을 대상으로 하는 분야에서 이단 혹은 종파 투쟁, 마르크스주의에서는 수정주의 논쟁은 그야말로 비일비재했다. 관건은 그 '이단'이나 '수정주의' 세력의 본질과 이에 대한 '정통' 혹은 본류의 대응방식의 문제로 보인다. 이단이나 수정주의의 본연의 역할은 고착화되거나 변질되거나 타락하는 그 정통 본류가 본래의 길을 찾을 수 있도록 자기희생적 비판을 하는 것이고, 이에 대한 정통세력 역시 그러한 비난을 수용해 그 본류의 방향과 건강성을 회복하는 방향으로 나아가야 한다. 공산주의 투쟁이나 유럽의 종교 갈등에서 역시 그러한 건강한 모습을 찾아보기 힘든 것은 인간의 권력욕으로 치부되지만, 종교 분야가 조금은 나아야 등불과 소금의 역할을 할 수 있을 것 아닌가? 이런 맥락에서 부침을 경험했던 헝가리 공산주의자 게오르크 루카치 Georgy Lukács 가 정통이란 정신과 형식에만 적용된다는 지적은 사상과 신념에 관한 중요한 진수의 일부라고 생각된다. 즉 루카치는 마르크스주의에서 오소독시란 어떤 주장에 대한 '믿음'이나 '신성한 해석'이 아니라 오로지 방법, 마르크스와 엥겔스의 정신에 따라서만 확장되고 심화될 수 있다는 과학적 확신이라고 주장했다.(강문구2, 380쪽에서 재인용)

한국 교회에도 이러한 폐해의 습속은 심각해 보인다. 이른바 한국 교회 전반에 깔려있는 번영의 신학이 양성하고 있는 세속주의와 승리주의의 폐해와 악영향은 너무 심대해 보인다. 게다가 자기의로 충만한 교만과 위선의 모습까지 덧붙여지면 사태는 심각해진다. 한국 교회가 너무 세상적으로 보이고 그 신도들도 너무 육신적으로 보인다. 진정한 교회, 진정한 복음, 진정한 성도의 모습을 찾아보기 힘들다는 말이다. 우리의 혼과 영과 골수를 쪼개어(그러면 당연히 육신은 죽게 될 것이다) 우리 인간 전체를 전율케 하는 그런 복음을 알고 싶은 것이다. 은혜의 깊은 맛을 잃어버린 복음은 진정한 복음과 구원과는 거리가 먼 율법적, 종교적 차원에 머물 수밖에 없다.(손기철, 34쪽)

2부.

진정한 복음을 찾아서

좁은 문으로 들어가라 멸망으로 인도하는 문은 크고 그 길이 넓어 그리로 들어가는 자가 많고

생명으로 인도하는 문은 좁고 길이 협착하여 찾는 자가 적음이라

거짓 선지자들을 삼가라 양의 옷을 입고 너희에게 나아오나 속에는 노략질하는 이리라

그들의 열매로 그들을 알지니 가시나무에서 포도를, 또는 엉겅퀴에서 무화과를 따겠느냐

이와 같이 좋은 나무마다 아름다운 열매를 맺고 못된 나무가 나쁜 열매를 맺나니

좋은 나무가 나쁜 열매를 맺을 수 없고 못된 나무가 아름다운 열매를 맺을 수 없느니라

아름다운 열매를 맺지 아니하는 나무마다 찍혀 불에 던져지느니라

이러므로 그들의 열매로 그들을 알리라

마태복음 7장 13-20절

4장 육신, 세상, 종교의 차원

교회 속에서도 영혼의 진정한 구원과 안식을 찾기 힘들어진 현실 속의 우리는 속이 맛있는 커다란 배추 앞에서 매일 매일 바깥 언저리의 시들고 맛없는 배추 껍데기만 쪼아대다가 포기하고 또 시도하다 포기하고야 마는 병아리 신세와 얼마나 닮았는지?

병아리와 배추

배가 고픈 샛노란 병아리 앞에
커다란 배추 한 통 놓아주고
조용히 숨죽인 채 관찰해보라
콕콕콕콕 콕콕콕콕
진저리치듯이 삼켜보지만
알맹이는 좀처럼 삼켜지지 않는다
또 쪼아보고 또 쪼아보아도
쫀 자리만 짓무를 뿐
먹을 수 없는 이 거대한 배추는 난공불락 메뉴
먹으라고 준 대로 먹을 수 없고
맛있는 줄 아는데도 먹지 못하고

서 있자니 안타깝고
떠나자니 아쉽고
이 거대한 배추 앞을 떠나지 못한 채
지치듯이 조용히 날개를 접고
핑 도는 눈물 속으로 머금은 채
쪼르륵 소리 내는 새까만 눈빛이여!
(이애실)

세월이 흐를수록 더욱 비인간화되어 가는 세상과 그곳에서 교회마저 빛과 소금의 맛을 잃어가는 상황에서, 진정한 구원과 믿음과 복음은 어디서, 어떻게 구해야 할지 망연자실한 상태다. 물론 전부 다 그렇지는 않겠지만, 많은 경우 한국 교회들이 전하는 복음의 메시지는 세상의 처세 논리와 너무 닮아있고, 그래서 영혼의 울림이 없어 공허하고 초라하게 느껴진다. 더군다나 세상의 또 다른 조직이나 제도로 전락해가는 듯한 교회의 모습은 안타까움의 경지를 넘어섰다. 앞서 언급했듯이, 무엇이 진정한 구원이고 믿음이며, 무엇이 진정한 복음의 메시지인가라는 질문으로 다시 돌아가서, 늦깎이 평신도로서 뭔가 풍성하고 부요케 하고 전율케 하는 복음의 본체를 잡고 싶은 것이다. 진정한 복음에 대한 무지 때문에 구원은 받았지만 그 구원이 진실로 무엇을 의미하는지, 구원받은 자의 삶이 어떠해야 하는지를 잘 알지 못하고 있는 것은 참으로 가슴 아픈 현실이 아닐 수 없다.(손기철, 31쪽) 우리나라 전통적 개혁 복음주의에서 신앙생활을 해온 그리스도인들은 자신의 영적 성숙과 교회의 부흥 그리고 선교의 열정에도 불구하고 이 사회에 만연한 타락과 죄악의 현실을 기존의 교회 활동과 선교만으로는 바꿀 수 없다는 것에 자괴감을 느끼고 있는 실정이다.(손기철, 20쪽)

손기철 장로는 이러한 한국적 현실에서도 희망을 전하려고 한다. 즉 이제 하나님의 때가 이르매, 교회는 성령님의 도우심으로 복음을 단지 인간의 관점에서 하나님의 구속사적 사건으로만 이해하지 않게 되었다는 것이다.(손기철, 21쪽) 여기서 한걸음 나아가, 삼위일체 하나님의 관점에서 하나님 나라가 회복되어 감을 깨닫게 된 결과, 많은 그리스도인들이 영혼 구원과 동시에 자신의 사회적 책임과 사회 변혁의 필요성에 대해 공감하게 되었다는 것이다.(손기철, 23쪽) 이러한 각성이야말로 신앙인에게 절실히 요구되는 균형 감각의 회복으로 이해된다. 양 날개로 날아오르고, 삼각대로 중심을 잡는 이 세상 이치와도 통하는 것이다. 복음이 꿈꾸는 것은 하나님의 통치가 임한 사회이고, 성령과 말씀이 중심이 되는 사회이며, 표적(말씀의 실체)을 통하여 살아 계신 예수님과 그분이 하신 말씀을 증거하는 사회다.(손기철, 22쪽) 이 새로운 사회는 제도나 체제가 이데올로기 등의 변화가 아니라 인간의 내부, 영혼의 거듭남과 변화를 통해서만 가능하고 또 지속될 수 있다. 지금까지 한국 교회는 복음의 현재적 차원과 미래적 차원, 그리스도인의 내적 차원과 외적 차원, 개인적 차원과 사회적 차원, 영적 차원과 세속적 차원의 한쪽 혹은 한 부문만을 강조함으로써 창조적 균형을 잃어 왔으며, 이제는 예수가 전하신 복음, 곧 하나님 나라의 복음으로 돌아가는 것이 요구된다. 왜냐하면 하나님 나라와 통치만이 모든 것을 하나로 결집하고, 각 차원에 구속, 통일, 목적, 목표를 제공해주기 때문이다. (손기철, 24쪽)

구원은 예수가 하나님께 대적했던 우리 죄의 삯을 십자가 죽음으로 대신 치러주신 사건임과 동시에 예수 자신이 온전한 신뢰와 순종의 삶을 사심으로 불신과 불순종을 그 특징으로 하는 아담적 죄를 반전시킨 사건이다. (손희영, 27쪽) 그 결과 하나님은 예수가 우리를 품고 그렇게 사셨기 때문에 예수가 이루신 온전한 순종의 삶을 우리 인간(강조 필자)이 그렇게 산 것으로 '여겨 주시는' 것이다. (손기철, 27쪽) 그러면 왜 우리에게 구원은 그렇게 절실한 것이 되었는가? 이는 우리 **인간의** 불순종의 죄를 지음으로 인해 하나님과의 관계가 끊어지고 하나님 나라에서 추방되었기 때문이다.

또다시 악마는 예수를 매우 높은 산으로 데리고 가서, 세상의 모든 나라와 그 영광을 보여주며,

그에게 말하였다. "네가 나에게 엎드려서 절을 하면, 이 모든 것을 네게 주겠다."

그 때에 예수께서 그에게 말씀하셨다. "사탄아, 물러가라. 성경에 기록하기를 '주 너의 하나님께 경배하고, 그분만을 섬겨라' 하였다."

이 때에 악마는 떠나가고, 천사들이 와서, 예수의 시중을 들었다. (마태복음 4장 8-11절, 표준새번역)

여기서 사탄은 예수에게 세상의 모든 나라와 그 영광을 보여주며 자기에게 절하고 순종하면 그 모든 것을 주겠다고 유혹한다. 이 대목에서 우리는 세상 모든 나라와 권세가 사탄의 소유임을 알 수 있는데, 이는 선악과 사건 이후 세상의 소유권이 인간에게서 사탄으로 넘어갔음을 보여주는 것이다. 원래 천하만국의 권세는 하나님께서 아담에게 주셨던 것인데, 아담은 하나님을 배반하고 하나님의 원수인 사탄의 사주에 빠져 그 권세를 사탄에게 넘겼고, 사탄은 하나님의 창조세계 안에 반역적인 왕국을 만들고 땅을 통치하는 권세를 불법적으로 행사하면서, 하나님의 보물인 인간을 사주하여 죄를 짓게 하고 그 삯으로 사망을 지불하는 악을 자행해왔던 것이다.(손희영1, 30쪽) 본래 하나님은 에덴동산에서 인간이 하나님과의 올바른 관계 속에서 허용하신 모든 복을 누리며 살도록 계획하셨다. 여기서 복이란 인간에게 없어서는 안 될, 그것이 없으면 살아 있다고 말할 수 없는 생명의 근원적인 힘, 인간 존재에게 부으시는 하나님의 생명력으로 본다.(손희영1, 32쪽) 하나님으로부터 나오는 복의 공급이 중단된 상태, 하나님을 떠난 인간의 실존을, 성경에서는 '죽었다'고 표현했다. 반면에 하나님께로 돌아가서 다시 하나님으로부터 복을 받게 되었을 때 그것을 '살았다'라고 한다. 에베소서 2장은 이러한 상태를 잘 표현하고 있다.

여러분도 전에는 범죄와 죄로 죽었던 사람들입니다.

그 때에 여러분은 범죄와 죄 가운데서 이 세상의 풍조를 따라 살고, 공중의 권세를 잡은 통치자, 곧 지금 불순종의 자식들 가운데서 역사하는 영을 따라 살았습니다.

우리도 전에는 그들 가운데서 모두 육신의 정욕대로 살고, 육신과 마음이 바라는 대로 행하여, 다른 사람들과 마찬가지로 날 때로부터 진노의 자식이었습니다.

그러나 하나님은 자비가 넘치는 분이셔서, 우리를 사랑하신 그 큰 사랑으로, 범죄로 죽었던 우리를 그리스도와 함께 살려 주셨습니다. 여러분은 은혜로 구원을 받았습니다.

하나님께서 그리스도 예수 안에서 우리를 그분과 함께 살리시고, 하늘에 함께 앉게 하셨습니다.

그것은, 하나님께서 그리스도 예수 안에서 우리에게 자비로 베푸신 그 은혜가 얼마나 풍성한지를, 앞으로 올 모든 세대에게 드러내 보이시려는 것입니다.(에베소서 2장 1-7절, 표준새번역)

인간이 처한 이러한 사망의 현실에서 생명으로 옮겨가는 것의 의미는 실로 중차대하고 소중한 것이다.

내가 진정으로 진정으로 너희에게 말한다. 나의 말을 듣고 또 나를 보내신 분을 믿는 사람은 영생을 얻고, 심판을 받지 않는다. 그는 죽음에서 생명으로 옮겨 갔다.

내가 진정으로 진정으로 너희에게 말한다. 죽은 사람들이 하나님의 아들의 음성을 들을 때가 온다. 지금이 바로 그 때이다. 그리고 그 음성을 듣는 사람은 살 것이다.

그것은, 아버지께서 자기 안에 생명이 있는 것처럼, 아들에게도 생명을 주셔서, 그 안에 생명이 있게 하여 주셨기 때문이다.(요한복음 5장 24-26절, 표준새번역)

아버지께서 우리를 암흑의 권세에서 건져 내셔서, 자기의 사랑하는 아들의 나라로 옮기셨습니다.

우리는 그 아들 안에서 구속, 곧 죄 사함을 받았습니다.(골로새서 1장 13-14절, 표준새번역)

따라서 복음의 가치와 기쁨을 제대로 느끼고 누리기 위해서는 우리가 행한 것과 처한 현실을 정확하게 인식하고 인정하는 것이 전제되어야 할 것이다. 인간의 죄는 앞서 보았듯이, 불순종과 대적의 형태로 나타나는데, 그 본질은 하나님을 버리고 배신함과 동시에 스스로의 그릇된 방식으로 살아가려는 태도이다. 목은 마른데 생수를 주실 수 있는 하나님을 외면하고 스스로 웅덩이를 파서 구정물을 먹고 있는 것이 인간의 모습일 것이다.(손희영1, 128-29쪽)

참으로 나의 백성이 두 가지 악을 저질렀다. 하나는, 그들이 생수의 근원인 나를 버린 것이고, 또 하나는, 그들이 전혀 물이 고이지 않는, 물이 새는 웅덩이를 파서, 그들의 샘으로 삼은 것이다.(예레미야 2장 13절, 표준새번역)

그리하여 인간은, 죽음을 통하여 죽음의 세력을 잡은 자에게 예속당하여, 죽기를 두려워하여 평생 동안 죄의 노예로 살아가는 가련한 존재인 것이다. 여기서 말하는 죽음은 죽음의 그림자, '죽음병', '작은 죽음', '죽음에 이르는 병' 등을 다 포함하는 것으로, 하나님을 떠난 인간이 하나님으로부터 공급받아야 할 무한한 삶의 에너지가 결핍되어 겪는 고난까지 포함한다. 하나님께서는 아담에게 생명을 주셨는데, 인간은 이 생명을 상실하여 여러 가지 결핍과 고난을 겪게 되었으며, 이 고난들도 죽음의 그림자라고 볼 수 있다는 것이다. (손희영1, 182쪽)

사탄의 개입과 사주로 인한 하나님께 대한 반역, 불순종의 죄로 인한 하나님의 저주와 진노, 하나님 나라로부터의 추방, 이후 사탄의 죄와 죽음의 권세 하에 굴종적인 삶을 살아가는 것이 우리 인간이 처한 적나라한 모습인 것이다. 그러면 인간이 지은 죄와 그 결과물인 악을 어떻게 해결할 것인가? 핵심은 인간 스스로 해결할 수 없다는 사실이다. 이 인식은 앞서 거론한 '세상적(육신적) 메시아주의'의 인식과 구별된다. 공산주의를 위시한 세상적 메시아주의의 실패는 죄로 인한 세상의 악과 고통을 해결하기 위해 싸워 온 인류의 문명과 역사의 실패의 한 단면을 보여준다. 손희영 목사는 죄와 악은 인간의 아무리 고상한 사상과 치열한 노력으로도 해결할 수 없는 영적이고 초월적인 것이기 때문이라고 진단하고 있다. (손희영1, 237-38쪽) 죄가 빚어내는 갖가지 비참하고 비극적인 결과물인 악도 인간 스스로 감당할 수 없다. 성경은, 죄의 대가는 죽음이며, 살기 위해서는 용서받아야 하고 용서는 생명을 대가로 치름으로써 얻을 수 있다는 것이다. (손희영1, 238쪽)

이런 상황에서 하나님의 저주와 진노로 인해 발생한 초인격적이고 강력한 악의 힘이 예수 그리스도의 갈보리 십자가 사건에서 소멸되었다는 것이 바로 복음의 시작이고 핵심이다. (손희영1, 67쪽) 그래서 우리는 십자가는 악에 대한 경이로운 승리이며 영원히 찬양

받으실 하나님의 위대한 역사라고 말한다.(손희영1, 67쪽) 십자가의 그리스도를 힘입는(덕입는, 덧입는) 사람마다 구원을 받고, 십자가의 성취를 의지하여 예수 그리스도의 이름으로 모든 죄가 완전히 지워졌으며, 하나님은 그리스도 예수 안에서 인간을 완전한 자로 간주하신다. 이것이 바로 십자가의 메시지요 기독교 복음의 핵심이며, 이 책에서는 복음의 원리에 해당되는 것이다.(손희영1, 244쪽)

그러므로 이제 우리는 우리의 죄가 완전하게 사함받았다는 사실을 깨달아 믿고, 십자가 보혈이 담당하신 그 죄를 다시 짓지 않고 그 분을 다시 십자가에 못 박지 않도록 거룩하게 살려고 해야 한다.(손희영1, 245쪽) 우리는 예수 십자가 보혈에 대한 믿음으로, 죄와 사망의 그늘에서 멸망할 수밖에 없는 처지에서 구원받았으며, 또한 예수 그리스도 안에 들어온 우리는 결코 정죄되지 않게 된 것이다. 이것이 바로 위대한 은혜의 복음(의 1막)인 것이다. 예수님의 죽음과 부활의 복음은 그분을 믿는 자들에게 죄를 용서하는 대속의 은혜를 베푸는 사건이요 종말의 새로운 하나님 나라 백성으로 창조하시는 사건이다. 그래서 이 십자가와 부활을 '대속과 새언약의 제사'라고도 부른다.(손희영1, 286쪽) 이 제사가 복음 즉 기쁜 소식인 것은 인류가 타락함으로 잃었던 생명 곧 영생을 회복하게 된다는 하나님의 오랜 언약이 성취되었기 때문이다.(손희영1, 286쪽) 인간의 불순종을 빌미로 사탄이 죄와 사망으로 통치하던 세상 속에 예수 그리스도께서 오셔서 하나님의 생명과 사랑의 통치를 펼치기 시작한 것이 하나님 나라의 시작이고 복음의 핵심이다.(손희영1, 69쪽)

하나님 나라는 예수의 (이 땅에서 가장 작다고 여겨지는) 겨자씨, 혹은 누룩의 비유처럼, 예수 초림 시부터 아주 작게, 아주 서서히 성장해왔다. 하나님의 의와 사랑의 통치에 영향을 받는 하나님 나라는 서서히 확장하고 있는 것으로 이해되지만, 종말에 가서는 순식간에 새 하늘과 새 땅으로 바뀔 것이다. 지금까지 하나님은 참고 인내하며 기다리셨지만, 언젠가(아마도 예수의 재림시) 전격적으로 개입해서 세상의 모든 악의 세력을 한꺼번에 진멸하실 것이며, 그 날이 오면 인간의 죄로 망가진 피조세계와 자연계가 모든 회복되고 인간도 첫 창조의 연약한 몸에서 부활이 몸으로 바꿔 입게 될 것이다. 새 하늘과 새 땅, 새 몸을 가진 새 시대, 다른 세상이 열릴 것인바, 그것이 완성된 하나님 나라일 것이다.(손희영1, 69-70쪽) 모든 인간은 하나님을 등지고 반역한 죄 가운데 있으며 그래서 하나님의 심판과 죽음의 그림자 아래 놓인 존재이지만, 하나님은 그 분의 아들 예수 그리스도를 사람으로 세상에 보내어 사람들이 지은 죄악의 형벌을 감당하게 하셔서 십자가에 못 박혀 죽게 하시고 그를 죽은 자 가운데서 부활하게 함으로 죄와 사망의 그늘에 있는 인간들을 구원하기로 작정하셨던 것이다.(손희영1, 288쪽)

복음의 진리가 선포하는 하나님의 신비로운 '결정'은 예수를 믿는 우리 모두를 그리스도 안에서 그리스도와 함께 죽게 하시고(그렇게 함으로써 예수가 우리 죄의 형벌을 대신 받으시고 우리는 그분의 십자가 안에서 우리 죄의 형벌을 다 받은 것이 된다), 동시에 그분의 부활에도 함께 연합한 자가 되게 하셔서 죄와 죽음과 사탄에 대한 최후 승리를 함께 누리게 하신 것이다.(손희영1, 291쪽) 우리가 그리스도를 믿으면 그 때부터 우리는 거듭나게 되는 동시에 그리스도는 우리와 함께 하신다. 세례는 우리를 예수 그리스도와 한 몸이 되는 것을 상징하는 그림언어이다. 세례를 통해 우리(옛사람, 옛 자아)는 예수와 함께 죽게 된다, 예수 그리스도가 부활한 것은 우리로 하여금 새로운 생명(거듭난 새 사람, 새 자아)으로 살게 하는 것이고, 이는 곧 죄에 대해서는 죽은 사람으로, 하나님과 하나님의 의에 대해서는 산 사람으로 살게 하는 것이다. 앞에서도 강조했듯이, 이러한 과정을 영속적이게 하여 이 일차적 승리를 영원한 확고한 승리로 만들어야 우리가 말하는 복음은 완성된다.

여러분은, 그리스도 예수와 연합하는 세례를 받은 우리 모두가, 그분의 죽으심과 연합하는 세례를 받았다는 것을 알지 못합니까?

그러므로 우리는 그분의 죽으심과 연합하는 세례를 받음으로써, 그분과 함께 묻혔습니다. 이것은, 그리스도께서 죽은 사람들 가운데서 아버지의 영광으로 살리심을 받은 것과 같이, 우리도 새로운 생명 가운데서 살아가게 하려는 것입니다.

우리가 그의 죽으심과 같은 죽음으로 그와 연합하는 사람이 되었으면, 또한 분명히, 그의 부활하심과 같은 부활로 그와 연합하는 사람이 될 것입니다.

우리는, 우리의 옛사람이 그리스도와 함께 십자가에 달려서 죽은 것이, 죄의 몸을 멸하여서, 우리가 다시는 죄의 노예가 되지 않게 하려는 것임을 압니다.

죽은 사람은 이미 죄의 세력에서 해방되었습니다.

우리가 그리스도와 함께 죽었으면, 그와 함께 우리도 또한 살아날 것임을 믿습니다.

우리는, 그리스도께서 죽은 사람들 가운데서 살아나셔서, 다시는 죽지 않으시며, 다시는 죽음이 그를 지배하지 못한다는 것을 압니다.
그리스도께서 죽으신 것은, 죄에 대하여 단 한 번만 죽으신 것이요, 그가 지금 살아 계시는 것은, 하나님께 대하여 사시는 것입니다.
이와 같이 여러분도, 여러분 스스로가 죄에 대하여는 죽은 사람이요, 하나님께 대하여는 그리스도 예수 안에서 살아 있는 사람이라는 것을 알아야 합니다.
그러므로 죄가 여러분의 죽을 몸을 지배하지 못하게 해서, 여러분이 몸의 정욕에 굴복하는 일이 없도록 하십시오.
그러므로 여러분은 여러분의 지체를 죄에 내맡겨서 불의의 연장이 되게 하지 마십시오. 오히려 여러분은 죽은 사람들 가운데서 살아난 사람답게, 여러분을 하나님께 바치고, 여러분의 지체를 의의 연장으로 하나님께 바치십시오.
여러분은 율법 아래 있지 않고, 은혜 아래 있으므로, 죄가 여러분을 다스릴 수 없을 것입니다.(로마서 6장 3-14절, 표준새번역)

이렇게 예수 그리스도와 함께 죽고 다시 살아난 우리는 이제는 우리 자신(옛 자아)을 위해서가 아니라 그리스도와 함께, 또 그리스도 안에서 새 사람으로 새로운 삶을 살 수 있고 또 그래야 한다.

그리스도의 사랑이 우리를 휘어잡습니다. 우리가 확신하기로는, 한 사람이 모든 사람을 대신하여 죽으셨으니, 모든 사람이 죽은 셈입니다.
그런데 그리스도께서 모든 사람을 대신하여 죽으신 것은, 살아 있는 사람들이 이제부터는 자기들 스스로를 위하여 살지 않고, 자기들을 대신하여 죽으셨다가 살아나신 그를 위하여 살게 하려는 것입니다.(고린도후서 5장 14-15절, 표준새번역)

예수 그리스도는 죄에 사로잡혀 있던 우리를 구원하실 때 우리를 그분과 함께 십자가에 못 박혀 죽게 하셔서, 죽을 때 사람의 영이 떠나듯 우리에게서 악한 영이 떠나고, 그리스도와 함께 부활할 때 그리스도의 영인 성령께서 우리 안에 들어오셔서 임재하시어 영원토록 함께 하실 것이다.(손희영1, 294-95쪽) 이는 하나님의 최초 창조 계획대로 우리가 하나님을 우리 속에 모시고 그 분을 드러내고 그 분의 영광(쉐키나)을 비추는 존재로 회복시킨다는 의미다. 그리하여 우리 안에서 그리스도께서 우리와 함께 사시게 되는 것이다. 진정한 복음은 내 안에 계시는 그리스도이다. 복음이란 이제 '내 안에 예수 그리스도가 계신다'는 기쁘고 놀라운 소식인 것이다. 우리는 우리 안에 계신 그리스도께서 하나님을 인식하고 사랑한다는 것을 알게 되는데, 이것이 바로 믿음이다. 곧 우리 안에 들어오신 성령님 또는 예수 그리스도께서 성부 하나님을 인식하도록 도우심으로 우리는 한 번도 가져보지 못했던 믿음을 갖게 되는 신비를 체험하는 것이다.(손희영1, 296쪽) 이 이중적인 과정에서 우리는 불가능한 일을 하게 되는데, 그것은 우리가 새로(거듭) 태어나서 가능해진 것인 동시에, 성령과 함께 해서, 즉 성령의 도우심으로 가능해진 것이다.

내가 아버지께 구하겠다. 그러면 아버지께서 다른 보혜사를 너희에게 보내셔서, 영원히 너희와 함께 있게 하실 것이다.

그분은 진리의 영이시다. 세상은 그분을 보지도 못하고 알지도 못하므로, 그분을 맞아들일 수가 없다. 그러나 너희는 그분을 안다. 그것은 그분이 너희와 함께 계시고 또 너희 안에 계시기 때문이다.

나는 너희를 고아처럼 버려두지 않고, 너희에게 다시 오겠다.

조금 있으면, 세상이 나를 보지 못할 것이다. 그러나 너희는 나를 보게 될 것이다. 그것은 내가 살아 있고, 너희도 살아 있을 것이기 때문이다.

그 날에 너희는, 내가 내 아버지 안에 있고, 너희가 내 안에 있고, 또 내가 너희 안에 있음을 알게 될 것이다.(요한복음 14장 16-20절, 표준새번역)

언제나 내 안에 머물러 있어라. 그러면 나도 너희 안에 머물러 있겠다. 가지가 포도나무에 붙어 있지 않으면, 스스로 열매를 맺을 수 없는 것과 같이, 너희도 내 안에 머물러 있지 않으면, 열매를 맺을 수 없다.

나는 포도나무요, 너희는 가지다. 사람이 내 안에 머물러 있고, 내가 그 사람 안에 머물러 있으면, 그는 많은 열매를 맺는다. 너희는 나를 떠나서는 아무것도 할 수 없다.

사람이 내 안에 머물러 있지 않으면, 그는 쓸모없는 가지처럼, 버림을 받아서 말라 버린다.

너희가 내 안에 머물러 있고 나의 말이 너희 안에 머물러 있으면, 너희가 무엇을 구하든지 다 그대로 이루어질 것이다.

너희가 열매를 많이 맺어서 나의 제자가 되면, 이것으로 나의 아버지께서 영광을 받으실 것이다.

아버지께서 나를 사랑하신 것과 같이, 나도 너희를 사랑하였다. 너희는 내 사랑 안에 머물러 있어라.

너희가 나의 계명을 지키면, 나의 사랑 안에 머물러 있을 것이다. 그것은 마치 내가 나의 아버지의 계명을 지켜서 그 사랑 안에 머물러 있는 것과 같다.(요한복음 15장 4-10절, 표준새번역)

우리 안에 예수 그리스도가 들어오심으로 우리 존재의 주인이 죄와 죽음으로 우리를 예속시키던 사탄의 영에서 그리스도로 바뀐 것이다. 하지만 옛 습관(사탄의 통치를 따르던 옛 육신의 상태)을 버리지 못하여 옛날 모습 그래도 살아가기 쉽다. 우리의 인간성이 의롭게 바뀐 것이 아니라 의와 거룩과 사랑 자체이신 주 예수 그리스도가 우리와 함께 하여 우리를 주관하게 된 것이다. 내 자아, 곧 내 육신이 약해지고 죽게 될 때 예수가 살고 나의 새로운 자아, 즉 거듭난 영이 살게 될 것이다. 육신으로 살고 있는 동안 우리는 숱한 죽음의 증상들, 죽음병들을 경험하게 될 것이지만, 성령의 도우심으로 예수 그리스도와 연합하여, 죽고 다시 삶으로써 이를 극복할 수 있게 될 것이다.

> 그러나 주께서는 "내 은혜가 네게 족하다. 내 능력은 약한 데에서 완전하게 된다" 하고 말씀하셨습니다. 그러므로 그리스도의 능력이 내게 머무르게 하려고, 나는 더욱더 기쁜 마음으로 내 약점들을 자랑하려고 합니다.
>
> 그러므로 나는 그리스도를 위하여 병약함과 모욕과 궁핍과 박해와 곤란을 겪는 것을 기뻐합니다. 그것은 내가 약할 그 때에, 오히려 내가 강하기 때문입니다.(고린도후서 12장 9-10절, 표준새번역)

5장 인간이 처한 현실:
육신을 입고 죽음이 두려워 죄의 종으로 삶

우리가 처해있는 죄와 죽음과 사탄이 지배하는 현실과 여기로부터 구원받아 새로운 세계, 곧 생명과 성령의 세계로 구출되는 과정을 제대로 이해하기 위해서는, 인간이 처한 현실을 직시할 필요가 있다. 그리고 이러한 현실을 직시하기 위해서는 '육신적인 것'에서부터 논하는 것이 순서일 것 같다. 왜냐하면 육신으로부터 모든 죄의 문제가 발생하기 때문이다. 육신 안에 자아와 욕망이 자리 잡고 있다. 인본주의에 익숙한 우리는 자아와 욕망이 왜 문제인가라고 되물을 것이다. 중세로부터 해방된 근대 사회의 역사는 자아와 욕망을 건전한 것(?)으로 인식해온 역사로 보인다. 자본주의와 자유주의로 무장한 근대는 인간의 자의식과 욕망을 합리적으로 관리하여 사상 유례 없는 물질적 번영을 성취해왔다. 물신화 物神化 경지까지 발전해온 자본주의 체제와 이를 이론적으로 뒷받침하는 자유주의, 이를 정치적으로 엮어주는 민주주의로 이루어진 삼두마차는 견고했고 현재도 막강하다. 이러한 자본주의·자유주의·민주주의의 삼각체제는 공동의 운명 하에 대립하면서 공생하고, 갈등하면서 상호보완해주는 짝들이다. 물론 가장 큰 패키지는 이질적이고 다양한 분화와 구성원을 포괄하는 자본주의 세계체제이며 이 속에서 구성

인자로서의 체제내 제도들은 포섭된 채 자신의 역할을 수행해나가게 된다.(강문구2 참조)

이러한 자본주의 체제하에 물질과 경제는 육신의 정욕과 아주 잘 어울린다. 자본주의 발전사는 이러한 인간의 (육신과 밀접한) 욕망과 탐욕이 자본주의 구조하에서 그 발전의 동력으로 화하여 이루어낸 영욕 榮辱 의 과정이었다. 하지만 성경에서는 이 육신적인 것을 옛사람의 본성이자 죄의 온상으로 본다. 창세기에서는 하나님이 유일하게 금기시한 선악과가 하와가 보니, "먹음직도 하고, 보암직도 하였다. 그뿐만 아니라, 사람을 슬기롭게 할 만큼 탐스럽기도 한 나무"로 보였다. 이러한 인간의 욕망은 요한일서의 내용과 일치한다.

여러분은 세상이나 세상에 있는 것들을 사랑하지 마십시오. 세상을 사랑하는 사람에게는, 그 안에 아버지의 사랑이 없습니다.
세상에 있는 모든 것, 곧 육신의 욕망과 눈의 욕망과 살림살이의 자랑거리는, 아버지께로부터 나온 것이 아니라, 세상으로부터 나온 것이기 때문입니다.
이 세상도 사라지고, 이 세상의 욕망도 사라지지만, 하나님의 뜻을 행하는 사람은 영원히 남습니다.(요한일서 2장 15-17절, 표준새번역)

성경은 이러한 우리의 옛사람, 옛 자아인 육신을 극복하고 넘어서야 한다고 말한다. 그러한 육신이 나타나는 양태는 다양하고 적나라하다.

내가 또 말합니다. 여러분은 성령께서 인도하여 주시는 대로 살아가십시오. 그러면 육체의 욕망을 따라 살아가지 않게 될 것입니다.

육체의 욕망은 성령을 거스르고, 성령이 바라시는 것은 육체를 거스릅니다. 이 둘이 서로 적대 관계에 있으므로, 여러분은 자기가 원하는 일을 할 수 없게 됩니다.

그런데 여러분이, 성령께서 인도해 주시는 것을 따르면, 율법 아래 있는 것이 아닙니다.

육체의 행실은 분명합니다. 곧 음행과 더러움과 방탕과 우상 숭배와 마술과 원수맺음과 다툼과 시기와 분노와 이기심과 분열과 분파와 질투와 술취함과 흥청거리는 연회와, 또 이와 비슷한 것들입니다.(갈라디아서 5장 16-21절, 표준새번역)

어떻게 극복할 것인가? 육신을 곧바로 벗어 던져버릴 수 없는 현실에서, 우리 인간의 힘으로 스스로는 극복할 수 없다. 여기서 성경의 메시지는 실존주의나 인본주의와도 대립한다. 여기서 우리는 우리 힘으로 할 수 있느냐, 없느냐의 갈림길에 당도한 것이다. 실존주의, 인본주의뿐만 아니라 대부분의 종교도 인간의 의지와 결단력을 중시한다. 여기서 길은 다시 갈라진다. 예수의 십자가와 성령의 도우심 말고는 극복할 길이 없다고 한다면, 인본주의적 입장에서는 다소 자존심(?) 상하는 것이겠지만 필자로서는 진정한 복음이 더욱 절실해지는 조건으로 이해된다.

육신적인 것에 대한 논의는 곧바로 세상적인 것에 대한 논의로 이어지게 된다. 여기서 세상은 이중적인 성격을 가진 것으로 파악된다. 자기 중심의 육신적 존재들로 이루어진 세상은 홉스가 말한 '만인에 대한 만인의 투쟁'의 장이다. 이전투구 泥田鬪狗 로 점철된

이 세상의 주인은, 성경에 의하면, 공중의 권세 잡은 자, 곧 사탄이다. 선악과 문제에서 발생한 인간의 불순종으로 인해서 세상의 소유권이 사탄에게로 이전된 것이다. 이 세상은 육신적 자아로 구성된 사회적 차원으로 이해된다. 반면 근대에 들어 이성의 재발견으로 인해 근대사회는 합리적인 구조도 갖추게 되었다. 이는 막스 베버가 강조하는 자본주의 체제의 합리적 관료제로, 또는 세상의 타당성 구조로도 볼 수 있을 것이다. 근대사회에서 발전해온 합리성과 교양의 기초, 역사적 진보에 대한 낙관적 비전 등으로 근대사회는 어느 정도의 윤리 도덕과 관용·타협의 문화를 이루게 되고, 인간의 욕망과 욕구를 합리적으로 관리하려는 자본주의 체제는 사상 유례 없는 물질적 번영을 성취하기에 이르렀다. 이런 토대 위에서 물신주의, 황금만능주의, 성공 지상주의와 같은 자본주의적 부박한 처세와 지향이 만개하게 되었던 것이다.

성경은 세상의 이중적 성격에 대해 말하고 있다. 즉 세상을 사랑하지 말라고 하기도 하지만, 하나님은 세상을 사랑하셔서 예수 그리스도를 이 세상에 보내셨다라고도 말씀하신다. 또 하나님 나라의 이중 구조도 이러한 세상의 이중적 성격으로부터 연유하기도 한다. 하나님이 에덴동산에서 계획하셨던 하나님 나라 건설 계획은, 앞에서 살펴보았듯이, 사탄의 간계로 인한 아담의 불순종으로 실패하게 된 이래, 세상은 사탄의 통치하에 들어간 것으로 이해된다. 세상이 "하나님을 알지 못했으며"(고린도전서 1장 21절), "그리스도를 미워했으며"(요한복음 15장 18절), "진리의 영을 받지 못했고"(요한복음

14장 17절) "세상의 행사는 악하며"(요한복음 7장 7절), "세상과 벗된 것이 하나님의 원수"(야고보서 4장 절)라고 표현했다. 예수도 자신의 나라는 이 세상에 속한 것이 아니며(요한복음 18장 26절), 세상이 악하다고 여러 번 강조했다. 그리고 이 세상 주관자인 사탄에 대한 언급과 이 악한 영, 귀신과의 전쟁은 신약 전체를 관통하고 있다. 요한은 이 세상 임금에 관해 여러 번 언급하였고(요한복음 12장 31절, 14장 30절, 16장 11절), 사도 바울도 '어둠의 세상 주관자', '공중의 권세 잡은 자'인 사탄에 대해 자주 언급했다.

아담의 불순종과 타락과 더불어 사탄은 이 땅 위에 자기가 고안했던 질서를 가지고 들어 왔으며 그것을 가지고 세상을 조직하기 시작했다고 워치만 니는 말한다.(15쪽) 워치만 니는 그때부터 이 땅과 인간이 '(사탄이 주관하는)세상'안에 있게 되었다고 본다. 그래서 그에 의하면, 인간의 타락 전에는 '땅' earth 이 있었고, 타락 후에는 '세상' world 이 있었고, 주님 재림 때에는 '왕국' Kingdom 이 있을 것이라고 해석한다.(워치만 니, 15쪽) 워치만 니의 세상은 세상 나라에 해당하고, 그가 말하는 왕국은 하나님 나라를 의미한다고 보면 될 것이다.

이 세상의 주관자, 공중의 권세 잡은 자인 사탄이 통치하는 이 세상(나라)에서 우리는 세상과 접하고 세상 속에서 살지 않을 수 없다. 이러한 상황에서 사탄은 세상에 있는 것들, 물질적, 문화적, 예술적, 철학적, 종교적인 모든 것들을 수단으로 삼아 사람들을 그의 조직 속으로 결박하려 할 것이다. 따라서 이러한 세상과의 접촉, 세상에 대한 경계심을 갖는 것은 단지 죄를 짓지 않는 차원뿐만 아니라 이 세상 통치자인 사탄에게 항거하는 것이며, 곧 영적 전쟁인 것이다. 사탄은 그리스도의 영적 원수로서, 자신이 사주한 인간을 불순종의 대적으로 접수하여 통치하게 된 이 세상에서 인간의 육신을 통해서 하나님께 대항한다. 따라서 육신, 세상은 모두 사탄의 통치하에서 사탄의 조종에 따라 움직이면서 사탄의 목적에 순응한다. 이 세 개의 어두움의 세력은 성삼위와 대적하고 있는바. 육신은 성령과, 사탄은 예수 그리스도와, 이 세상(나라)은 하나님(나라)과 대항하게 되었다.(윗치만 니, 41쪽) 이런 맥락에서 워치만 니는 구원을 관점을 다소 달리해서 설명하고 있다.

> 즉 구원은 죄사함을 받거나 지옥을 모면하게 되는 개인적인 문제에 커다란 비중을 두는 것이 아니라 우리가 빠져 나가야 할 어떤 조직의 관점에서 이해되어야만 한다. 인간이 구원을 받으면 하나의 전체적인 세상에서 튀어나와서 이젠 다른 하나의 세계로 들어간 것이다. 사탄이 하나님을 반항하고 무시할 목적으로 구성해 놓은 모든 제도적인(번역에는 '기구적인'이라 되어있지만 이 표현이 더 적절할 것 같다-필자) 영역에서 벗어나와 현재 구원을 받은 것이다.(윗치만 니, 42쪽)

다소 표현은 강하지만, 윗치만 니의 구원관은 세례와 연관되어 사탄의 세상에서 적극적으로 빠져 나오는 것을 강조함을 알 수 있다. 윗치만 니도 앞서 논했듯이, 우리 인간이 두 개의 영역에 존재함을 전제로 하고 있다. 하나는 아담 안에 있는 세계로서 사탄에게 굳게 매여 있는 세상이요, 다른 하나는 그리스도 안에 있는 새로운 창조인데, 여기는 하나님의 성령이 활동하는 세계다.(윗치만 니, 50쪽)

그러면 어떻게 사탄의 영역에서 나와서 그리스도에게 속한 영역으로 들어갈 수 있는가? 사탄의 영역에서 나오는 것은 죽음을 통해서이고, 또한 그리스도 영역으로 들어가는 것은 다시 태어남을 통해서이다. 하나님 나라로 들어가는 것, 곧 하나님 나라의 백성이 되고 하나님의 자녀가 되는 길은 죽은 자 가운데서 예수 그리스도의 부활로 말미암아 살아있는 소망을 향하여 새로 출생하는 것이다.(베드로전서 1장 3절)(윗치만 니, 51쪽에서 재인용) 예수 그리스도의 죽으심을 본받아 그와 연합한 자가 되었으므로, 이제 우리는 그의 부활을 본받아 또한 그와 연합한 자가 되는 것이다.(로마서 6장 5절) 죽음이 우리의 옛 세상 혹은 옛 사람(자아)과의 관계를 끊어 버린 것이라면, 이제 부활은 우리로 하여금 이 새로운 세상과 산 교제를 갖게 한다.(윗치만 니, 51쪽)

앞에서 보았듯이, 세례는 우리에게 이중적 의미를 선포한다. 예수 그리스도의 죽으심과 합하여 세례를 받는 것은 이 세상과 옛 사람 관계의 종말을 의미하며, 동시에 그리스도 예수와 합하여 받는 세례는 우리에게 새로운 세계로 옮겨감을 의미한다. 죽음에서 생명의 세계로 우리의 국적이 바뀌는 소식, 이것이 바로 복음의 요체다. 바울은 갈라디아서에서 이를 "그리스도로 말미암아 세상이 나를 대하여 십자가에 못 박히고 내가 또한 세상을 대하여 그러하니라"(갈라디아서 6장 14절)라고 설명했다. 사탄과의 영적 전쟁에서 우리가

(사탄이 통치하는) 세상에 결박당하는 것은 영적 무지의 결과요, 그로부터 구원을 얻는 것은 영적 깨달음의 결과다. 우리가 세상 속에서 세상과 접해 살더라도 세상의 본질을 알면 그 세상으로부터 해방될 수 있다. 그 세상은 이제는 (인간의 불순종과 타락 이후) 사탄의 소유이며 이는 하나님과 원수인 것이다. 하지만 사람이 사는 동안에는 세상의 이러한 이중적 성격 때문에 우리는 세상을 완전히 포기할 수는 없다.

그러나 인간의 힘으로 할 수 없는 기적같은 일이 일어나는데, 그것은 은혜의 성령을 통해 주어지는 중생의 삶이다. 그것은 사탄의 세상 나라에서 하나님 나라로 옮겨가는 것을 말한다. 그리스도 안에서 그리스도와 함께 죽고, 그리스도 안에서 그리스도와 함께 살아나는 것이다. 그래서 이제 우리에게는 오직 그리스도만 살아있는 것이다. 거듭난 사람의 마음 속에는 하나님의 은혜의 선물인 그리스도의 생명이 내주하게 되는데, 이는 하나님께서 친히 우리를 그리스도 안에 있게 하시고, 또한 그리스도는 "하나님께로서 나와서 우리에게 지혜와 의로움과 거룩함과 구속함이 되셨던 것"이다.(고린도전서 1장 30절)(웟치만 니, 68쪽) 하나님께서는 이미 우리를 십자가에 못 박으시고 부활하신 그리스도 안에 넣어 두셨다는 사실에 근거하여, 하나님의 아들 예수 그리스도를 우리의 의로움과 거룩함과 우리의 모든 결핍을 채우는 것이 되게 하신 것이다.(웟치만 니, 69쪽) 성령을 통합 거듭난 새 사람은 그리스도의 영을 가진 자로서, 이는 세상과 원수가 된다. 왜냐하면 우리는 세상이 미워하는 하나님의 영을 가지게 되었기 때문이다. "너희가 세상에 속하였으면 세상이 자기의 것을 사랑할 터이나 너희는 세상에 속한 자가 아니요 도리어 세상에서 나의 택함을 입은 자인 고로 세상이 너희를 미워하느니라."(워치만 니, 71쪽)

예수는 마지막 중보기도에서 세상에 대해 이렇게 말씀하셨다.

> 나는 그들에게 아버지의 말씀을 주었는데, 세상은 그들을 미워하였습니다. 그것은, 내가 세상에 속하여 있지 않은 것과 같이, 그들도 세상에 속하여 있지 않기 때문입니다.
>
> 내가 아버지께 비는 것은, 그들을 세상에서 데려가시는 것이 아니라, 악한 자에게서 그들을 지켜 주시는 것입니다.
>
> 내가 세상에 속하지 않은 것과 같이, 그들도 세상에 속해 있지 않습니다.(요한복음 17장 14-16절, 표준새번역)

그리스도인은 사탄의 영역에서 이미 구원은 받았지만, 아직 그의 통치 하에 살고 있다. 그러한 이중적 성격을 가진 이 세상에서 우리는 이중국적자로서 경계에 서성이며 자기중심(옛 사람, 옛자아, 육신 중심)으로 행동하기 때문이 그들이 추구한 선한 행실마저도 결국에 가서는 사탄의 도구로 사용되어질 가능성이 크다. 따라서 이 세상에서 선을 추구하고자하는 많은 운동들, 인본주의 운동뿐만 아니라 종교운동도 옛 자아, 육신 중심으로 흘러갈 가능성이 높은 것이다. 예수는 그 분이 우리에게 주는 것은 세상이 주는 것과 같지 않다고 말했다.

나는 평화를 너희에게 남겨 준다. 나는 내 평화를 너희에게 준다. 내가 주는 평화는, 세상이 주는 평화와 같은 것이 아니다. 너희는 마음에 근심하지 말고, 두려워하지도 말아라.(요한복음 14장 27절, 표준새번역)

따라서 우리의 생명이 인간의 생명이라면, 우리는 세상에 의해 좌우될 것이지만, 만약 그것이 성령이 주는 생명이라면, 그것은 세상적인 압력에 따라 움직이지 않는다.(윗치만 니, 82쪽) 여기서 세상과 접해있고 또 종종 세상과 벗하는 종교적 차원이 존재한다. 이 책에서 강조하게 될 진정한 복음 혹은 온전한 복음과 대비되는 종교는 다소 합리적으로 보이는 세상과 타협하는 인간 중심의 교리로서의 세상적·세속적 윤리를 대폭 수용함으로써 육신적 자아를 인정하는 동시에 자아 중심적 추진력을 사회적 동력으로 수용하고 활용하는 경향이 있다. 이른바 '번영의 신학,' '성공의 신학' 등이 여기에 속할 것이다. 이러한 신학은 성공·성장 위주의 종교 활동과 잘 부합한다. 그래서 많은 신자들은 교회 생활을 열심히 하고 종교적 언어를 쓰면서도 세상 속에서 사는 동안 이 세대의 풍조에 저항 없이 따르기도 할 수 있는 것이다.(손희영2, 17쪽)

이러한 종교 활동의 정체가 잘 드러나지 않는 것은 앞서 논한 세상의 이중적 구조뿐만 아니라, 이 세대와 오는 세대의 병존으로 인해 혼돈이 더 커지기 때문이다. 또한 이 세상은 하나님이 세상을 이처럼 사랑하사 독생자를 주신 세상인 동시에, 너희는 세상을 사랑하지 말라고 하고 또 이 악한 세대에 우리를 건지시려고 한(갈라디아서 1장 4절) 그 세상이기도 한 것이다. 그리고 우리는 공간적으로 역사적으로는 아직 '이 세대'에 살고 있지만 믿는 자들은 예수 그리스도의 죽음과 부활에 연합해 있기 때문에 '오는 세대'에도 들어와 있는 시공 상 이중적 존재 상태인 것이다.(손희영2, 18쪽) 이는 하나님께서 종말의 영인 성령을 통해 미래를 이 시대 안으로 부분적이지만 미리 앞당겨주셔서 가능하게 된 것이다.(손희영2, 18쪽) 이러한 세상과 겹쳐있는 이 종교적 특징은 이중적 구조 속에서 정체, 즉 세상적 욕망과 번영 지향적이라는 성공지상주의의 속성을 감추면서, 애매하게 양다리로 걸쳐있는 모습이다. 그래서 본질과 내용은 육신적, 세상적이면서도, 무늬와 외양은 거룩한 종교의 모습이 될 수 있는 것이다.

이러한 이중적 세상에서 번영지향의 종교와 대비되는 온전한 진정한 복음은 하나님 중심으로 은혜와 성령을 본질로 삼는다. 따라서 거듭남이 필수적인 과정이다. 물론 거듭남을 경험하고도 다시 세상적 종교로 퇴보할 가능성은 늘 존재한다. 온전한 복음은 이 이중구조의 세상 속에서 먼저 그리스도인의 신분, 소속, 시민권의 변화를 분명하게 인식해야 한다. 중생(거듭남)의 과정으로 통하고 성령의 도우심으로 얻게 된 하늘 나라 시민권을 얻은 다음, 이를 유지하게 위해서는 두렵고 떨리는 마음으로, 십자가의 보혈로 은혜로 얻은 구원을 지속적으로 완성해가야 하는 것이다.

여러분이 언제나 순종한 대로, 내가 함께 있을 때뿐만 아니라, 지금과 같이 내가 없을 때에도 더욱더 순종하여서, 두렵고 떨리는 마음으로 자기의 구원을 이루어 나가십시오.(빌립보서 2장 12절, 표준새번역)

나는 내 몸을 쳐서 굴복시킵니다. 그것은, 내가 남에게 복음을 전하고 나서, 도리어 나 스스로가 버림을 받지 않도록 하려는 것입니다.(고린도전서 9장 27절, 표준새번역)

하나님 나라의 신분을 유지하게 위해서는 항상 성령에 접속되어 있지 않으면 안된다. 달리 표현하면, 성령의 도우심으로 육신을 이기고, 성령이 지배하는 영적 상태를 유지해야 하는 것이다. 예수 안에서 영의 새로운 방식으로 죄와 육신과 싸우고, 하나님과 말씀에 순종하여 십자가의 은혜와 부활의 승리를 믿어야 하는 것이다. 이러한 영적 상태를 유지하기 위해서는 영적 기초체력을 닦고 이를 유지하기 위해 피나는 노력을 해야 하는데, 이것이 복음의 2막인 것이다. 이러한 복음은 개인 구원을 포함하는 하나님 나라의 복음으로 스며들어 밀접하게 연관되어 있다.

인간의 죄는 사단의 속임수에 넘어가 하나님의 통치를 거부한 것이다. 아담은 선악과를 먹지 말라는 하나님의 말씀을 거부함으로써 사단의 꼬임처럼 하나님이 된 것이 아니라, 하나님의 통치에서 벗어나 오히려 사단의 통치 아래로 굴러 떨어지게 되었던 것이다.(김세윤1, 32쪽) 하나님께 순종하지 않고 자력으로 독립적으로 자신의 삶을 설계하고 실천하는 것이 죄라는 대목에서 근대 사상조류는 의아해할 것이다. 인간이 이성적으로 사유해서 자신의 행동을 합리적으로 영위해나가는 것은 근대적 인간의 기본적 특징이기 때문이다. 여기서 근대 실존주의 및 합리주의와 기독교 복음과의 충돌이 발생하게 된다. 무엇보다 먼저 기독교 복음은 하나님께 등을 돌리고 하나님과의 관계를 단절함으로써 스스로 자신의 내재적 자원으로 살아가려는 행위 전반을 '죄'로 규정한다. 하나님께 대항하고 사단의 약속에 넘어가 스스로 하나님같이 되려는 욕망으로 스스로 하나님이라고 주장하고 싶어 하는 것이 죄의 본질인 것이다. 그 결과 인간은 자기 스스로 삶에 필요한 자원들을 마련하고 만들어가기 위해 온갖 노력을 다하지 않을 수 없게 된다. 이 특징 또한 근대 사상조류는 인간의 건전한 경제활동으로 치부한다.

하지만 하나님과 관계를 단절한 상태에서 혼자 스스로 삶을 영위하려는 인간은 여러 가지 한계에 부딪힐 수밖에 없게 된다. 지혜와 능력, 그리고 사랑 등 모든 자원에서 제한된 존재로서 살게 된 인간은 결핍성에 직면하게 되는데, 이로부터 모든 형태의 고난이 뒤따르게 된다.(김세윤1, 33쪽) 하나님의 말씀에 불순종하여 하나님의 통치를 거부한 인간은 결국 사단의 통치를 받게 되어 죄와 죽음의 종으로 살게 되었는데, 그 결과 하나님이 본래 설계하신 영생을 누리는 것으로부터 멀어져 죽음의 증상인 온갖 고난과 고통을 맞이하게 되었던 것이다. 대지로부터 뽑혀진 나무처럼, 스스로 하나님으로부터 단절되고 멀어진 인간은 그의 무한한 자원을 공급받지 못하여 고난과 고통을 받게 되는데, 이는 죽음의 권세 아래 놓여있음

('죽음병')을 나타내는 증상들인 것이다.(김세윤1 37쪽) 이 죽음의 권세 아래서의 삶, 곧 죽음병 걸린 삶이 하나님의 나라(통치)로부터 벗어난 사단의 나라(통치) 아래 떨어진 '이 세대(세상)'에서의 삶인 것이다.(김세윤1, 37쪽)

6장 복음의 원리와 본질

(1) 육신을 벗고 죽음을 두려워하지 않고 죄의 종에서 해방됨

복음의 본질 중의 하나는 육신을 벗어 이러한 죄와 죽음의 권세로부터 해방되는 구원을 선포하는 것이다. 이는 또한 죽음의 권세 혹은 그림자에서 생명 혹은 영생의 영역으로 이전하는 것을 의미한다. 하나님의 말씀에 불순종하여 하나님의 통치를 거부한 인간에게 죄의 삯인 죽음으로써 인간을 장악한 사단의 통치는 인간 스스로는 벗어날 수 없는 굴레다. 예수의 십자가 보혈을 통해 그 삯을 대속함으로써 인간이 사단의 통치와 죽음의 권세에서 해방되어 하나님 나라로 이적함으로써 생명, 곧 영생의 복을 누리게 된다는 것이 바로 복음의 기본 메시지인 것이다.

예수는 세례 요한으로부터 세례를 받고 또 몇 명의 제자를 거두어 나사렛으로 돌아와서 본격적으로 가버나움에서 사역을 시작하려 하면서, '때가 찼고 하나님 나라가 가까이 왔으니 회개하고 복음을 믿으라'고 선포했다. 예수는 사단의 죄와 죽음의 통치를 꺾고 생명의 충만함을 가져올 하나님의 통치를 선포했는데, 이 하나님 나라(통치)가 임박했다고 선포하고, 자신의 사역에서 그것이(첨부 필자) 벌써 실현되고 있다고 선포했다.(김세윤1, 86쪽) 예수는 그 증거로 사단의 통치가 초래한 죽음의 증상인 병고를 제거하여 생명을 회복하는 것, 곧 치유를 들었던 것이다.(김세윤1, 87쪽) 예수는 안식일에 병자를 치유함으로써 이제 사단의 죄와 죽음의 통치가 극복되고 하나님의 구원의 통치가 회복되어 드디어 진정한 안식이 도래했음을 극적으로 보여주었다.(김세윤1, 87쪽) 곧 종말에 진정한 안식을 가져올 하나님의 나라(통치)가 벌써 시작되어 (질병으로 그 증상을 나타내는) 죽음이 극복되고 생명이 일으켜지게 되었다는 것을 시위하고자 했던 것이다.(김세윤2, 87쪽)

여기서 이러한 치유와 안식과 생명은 인간 스스로는 성취할 수 없고, 예수의 십자가 보혈과 성령을 통해서만 가능해지는 것이다. 요컨대, 예수 그리스도를 통해 이미 임한 하나님의 통치가 성령의 힘으로 우리의 삶의 모든 영역에서 죽음의 세력을 몰아내고 생명을 일으키게 (우리의 삶을 '치유'하게는) 되는 것을 믿는 것이 복음이다.(김세윤2, 73쪽) 하나님 말씀은 사랑의 이중 계명, 곧 하나님 사랑과 이웃사랑으로 요약되는데, 이 역시 오직 성령의 역사를 통해서만 가능하며, 그럼으로써 우리는 하나님 나라의 통치를 수용하고 순종할 수 있게 된다.

예수는 사람들에게 그들이 지금 사단의 나라에서 죄와 죽음의 아담적 실존에 처에 있음을 주지시키고, 하나님 나라에서의 구원(곧 영생)을 약속하면서, 인간들에게 죄를 '회개함'(곧 사단의 통치에 등을 돌림)으로 사단의 나라에서 빠져나와서 믿음으로 하나님의 나라 속으로 들어오라고 부르러 왔다는 것이다.(김세윤1, 118쪽) 예수의 하나님 나라 복음 선포는 죄와 죽음으로 다스리는 사단의 나라에서 우리를 해방하여 의와 사랑으로 다스리는 하나님의 나라로 옮기시기 위함이었던 것이다.(김세윤2, 118쪽) 예수는 죄를 짓게 하여 그 대가로 죽음을 선사하는 사단의 통치 하에 예속되어 살아가는 인간들에게 하나님 나라의 복음을 선포했는데, 이를 통해 하나님이 그들의 하나님이 되어 그들을 하나님 나라 국민으로 회복시켜 죽음과 연관된 결핍과 고난에서 해방되어 하나님과 함께하는 영생을 얻게 해주심을 선포했던 것이다. 예수는 이러한 하나님 나라 복음을 선포함으로써 인간들로 하여금 열매 맺는 회개를 하게 하여 사단의 나라에서 벗어나 믿음으로, 성령을 통해서 하나님 나라에 들어오라고 초대하신 것이다. 그리고는 예수는 이러한 하나님 나라 복음의 선포로 약속하신 바를 자신의 십자가 죽음으로 성취하려 했다.(김세윤2, 134쪽) 하나님 나라 복음 선포가 우리를 하나님의 백성으로 만들어 상속자가 되게 하고 하나님 나라로 초대한 것이었다면, 예수의 십자가 죽음은 실제로 우리를 죄기 씻긴(또는 의롭다함을 받은, 즉 하나님과의 올바른 관계로 회복된-필자) 하나님의 백성으로 창조하기 위하여 자신의 목숨을 대속과 새 언약의 제사로 바친 사건으로 해석할 수 있겠다.(김세윤2, 147-48쪽)

(2) 성령의 도우심으로 중생하여 순종적 성화의 삶을 살아감

육신의 상태에서 죽음이 두려워 죄를 짓고 또 그 삯인 죽음을 지불받는 인간의 운명에서 어떻게 복음으로 나아갈 것인가? 또한 동시에 그러한 진정한 복음을 기쁘게 맞아들이는 차원에서 어떻게 하면 더 나아가서 구원과 복음의 삶을 살아갈 수 있는가? 먼저, 복음이란 인간의 가장 비극적이고 불행한 운명의 근원인 죄와 죽음(병), 그리고 이를 관장하는 사탄의 세력과 권세로부터 해방되고 구원된다는 소식이다. 그래서 기쁘긴 하지만 해방되고 구원되었다고 종결되는 사건이 아니라 지속적인 긴장상태에서 그 구원을 완성시켜야 하는 과제가 아직 남아있다. 구원의 기쁨만큼, 혹은 더 중요한 것은 그 해방과 구원이 예수의 십자가 사건을 통해서 이루어진 점이다. 이 십자가 사건이란 예수의 보혈, 대속, 속량을 의미하는 것으로 예수가 우리의 죄에 대한 대가를 대신 값을 주고 속량함으로써 죄의 삯인 죽음을 이기게 된 것이다. 사탄은 인간의 죄를 볼모로 죽음의 카드를 보이면서 평생 인간을 종처럼 부린다. 곧 사망이 무서워 평생 죄의 노예로 산다는 것이다.(히브리서 2장 참조) 이런 현실에서 예수의 십자가 보혈 사건으로 우리는 죄와 죽음과 사탄의 권세로부터 해방되어 구원된 것이다. 이 얼마나 기쁜 소식인가? 하지만 어디까지나 우리는 그 예수의 십자가 사건이 나를 위한, 나의 죄와 죽음을 위한 대속의 사건임을 믿어야 한다. 이 믿음에도 하나님의 은혜가 절실하고 또 역사해야 한다.

만약 여기서 구원의 사건이 모두 종결되는 것이라면 얼마나 간단하고 좋을까마는 그렇지 않다. 아직 완수되지 못한 프로젝트가 있는 것이다. 앞서 언급했듯이, 세상의 이중적 성격, 세상 나라와 하나님 나라의 이중구조, 이 세대와 오는 세대의 중첩된 구조, 영적 전투의 복합적 성격 등의 난제들이 우리 앞에 산적해 있는 것이다. 구원은 받고 구원의 감격은 누렸지만, 구원의 삶이란 과제가 우리 앞에 놓여있는 것이다. 이를 어떻게 살 것인가? 오직 성령을 통해서, 그리고 성령을 통한 중생을 통해서만 구원의 삶을 살 수 있는 것이다. 이 중생(거듭남)의 삶이란 내가 죽고 예수가 살고, 나의 의가 죽고 하나님의 의가 사는 그런 삶이다. 내가 예수 안에서 죽음으로써 예수의 생명이 내 안에서 살아가는 것이다. 이 승리와 은혜(은혜를 통해서 성령이 역사하고 성령의 역사를 통해서 거듭나는 중생의 삶이 가능하기에)의 삶을 살아가는 과정은, 그러나 만만치 않은 장기전이다. 그래서 십자가 사건을 통해, 곧 십자가 보혈의 대속·속량을 통한 구원의 성취가 일어난 것에 일차 패배를 당한 사탄은 이 구원의 삶의 과정에 개입하여 총력전을 펼친다. 그리하여 순간순간, 일상 속에서 구원의 감격을 맛본 신자라할지라도 수시로 쓰라린 패배의식에 젖곤 하는데, 사도 바울도 다음과 같이 고백했다.

> 나는 내가 원하는 선한 일은 하지 않고, 도리어 원하지 않는 악한 일을 합니다.
> 내가 해서는 안 되는 것을 하면, 그것을 하는 것은 내가 아니라, 내 속에 자리를 잡고 있는 죄입니다.

여기에서 나는 법칙 하나를 발견하였습니다. 곧 나는 선을 행하려고 하는데, 그러한 나에게 악이 붙어 있다는 것입니다.

나는 속사람으로는 하나님의 법을 즐거워하나,

내 지체 속에는 다른 법이 있어서 내 마음의 법과 맞서서 싸우고, 내 지체 속에 있는 죄의 법에다 나를 사로잡는 것을 봅니다.

아, 나는 비참한 사람입니다. 누가 이 죽음의 몸에서 나를 건져주겠습니까?(로마서 7장 19-24절, 표준새번역)

나는 내 몸을 쳐서 굴복시킵니다. 그것은, 내가 남에게 복음을 전하고 나서, 도리어 나 스스로가 버림을 받지 않도록 하려는 것입니다.(고린도전서 9장 27절, 표준새번역)

그리고 우리는 또 무엇 때문에, 시시각각으로 위험을 무릅쓰고 있습니까?

형제자매 여러분, 내가 우리 주 예수 그리스도 안에서 여러분에게 거는 나의 자랑을 두고 단언합니다만, 나는 날마다 죽습니다.(고린도전서 15장 30-31절, 표준새번역)

구원의 감격에서 벗어나지 못하고 진정한 변화나 중생의 삶을 살지 못하고 성령의 열매를 맺지 못하고 결코 새로운 피조물이 되지 못하는 상황에서 혼돈과 좌절과 패배의 삶을 살게 되는데 여기에 사탄의 공세는 무지막지하여 신자의 삶은 더욱 초토화되는 것이다. 여기서 관건은 성령에의 간구와 성령의 역사, 여기에 근거한 중생의 삶인데도 자기중심의 옛사람의 습관이 수시로 살아나고 뻣뻣해지고 강퍅해지는 경험을 수시로 하게 되는 것이다. 이런 맥락에서 성경의 많은 부분은 구원을 성취한 그리스도인들이 삶에서 실패하는 경우를 숱하고 증거하고 있음을 보게 된다. 홍해를 건너고 세례를 경험하고 감격해한 이스라엘인들이 보여주는 광야에서의 삶이 바로 그러한 사례이다.

구원은 '영원하지만 단 한번의 사건' once, forever/once for all 으로 이해되지만, 구원의 삶은 그렇지 않다. 믿음으로 구원을 얻었다면, 구원의 삶이란 평생에 걸친 순종, 곧 주되심에의 순종과 성령에의 간구, 이로 가능해진 중생의 십자가 영성으로, 자아가 죽고 예수가 살고, 죄에 대해 죽고 하나님의 의에 대해 살 때, 이러한 구원의 삶은 살아지지만, 그 평생의 과정이 얼마나 험난하고 지난한 것인지에 대한 절절한 고백과 간증은 성경과 세상 도처에 즐비하다. 바울의 경험도 여기에 속한다. 곧 바울이 다메섹 도상에서 빛을 받고 시력을 잃고 난 다음 빛을 보는 것이 구원의 사건이라면 그 이후 곧 눈뜸 이후의 과정이 바울이 걸어간 삶의 여정이자 동시에 그의 구원의 삶이었다. 하나님께서 임마누엘하셔서 우리 속에 들어오시는 것이 구원의 감격이라면, 그 임마누엘하신 하나님을 평생토록 모시고, 그 분의 주되심을 인정하고 순종하면서 살아가는 것이 그 이후 인간의 막중한 삶인 것이다. 계속 함께 하시고 계속 은혜를 주시고 계속 우리를 인도해주시기를 간구하는 것이 바로 신자가 걸어야 할 삶의 도정인 것이다.

내가 아버지께 구하겠다. 그러면 아버지께서 다른 보혜사를 너희에게 보내셔서, 영원히 너희와 함께 있게 하실 것이다.

그분은 진리의 영이시다. 세상은 그분을 보지도 못하고 알지도 못하므로, 그분을 맞아들일 수가 없다. 그러나 너희는 그분을 안다. 그것은 그분이 너희와 함께 계시고 또 너희 안에 계시기 때문이다.

나는 너희를 고아처럼 버려 두지 않고, 너희에게 다시 오겠다.

조금 있으면, 세상이 나를 보지 못할 것이다. 그러나 너희는 나를 보게 될 것이다. 그것은 내가 살아 있고, 너희도 살아 있을 것이기 때문이다.

그 날에 너희는, 내가 내 아버지 안에 있고, 너희가 내 안에 있고, 또 내가 너희 안에 있음을 알게 될 것이다.

내 계명을 받아서 지키는 사람은 나를 사랑하는 사람이요, 나를 사랑하는 사람은 내 아버지의 사랑을 받을 것이다. 그리고 나도 그 사람을 사랑하여, 그에게 나를 드러낼 것이다.(요한복음 14장 16-21절, 표준새번역)

그렇게 순종하기로 결심한 우리는 깊이 뿌리내리신 예수님에 매달려 온갖 것을 공급받는 행복한 '포도나무 가지의 삶'을 살 수 있게 된다.

언제나 내 안에 머물러 있어라. 그러면 나도 너희 안에 머물러 있겠다. 가지가 포도나무에 붙어 있지 않으면, 스스로 열매를 맺을 수 없는 것과 같이, 너희도 내 안에 머물러 있지 않으면, 열매를 맺을 수 없다.

나는 포도나무요, 너희는 가지다. 사람이 내 안에 머물러 있고, 내가 그 사람 안에 머물러 있으면, 그는 많은 열매를 맺는다. 너희는 나를 떠나서는 아무것도 할 수 없다.

사람이 내 안에 머물러 있지 않으면, 그는 쓸모 없는 가지처럼, 버림을 받아서 말라 버린다. 사람들이 그것을 모아다가, 불에 던져서 태워 버린다.

너희가 내 안에 머물러 있고 나의 말이 너희 안에 머물러 있으면, 너희가 무엇을 구하든지 다 그대로 이루어질 것이다.(요한복음 15장 4-7절, 표준새번역)

그리하여 우리를 선택하신 하나님은 이미 오랜전부터 우리를 알고 계셨고 불러내시며 결코 포기하지 않으시겠다고 약속하셨다.

그러나 나의 종 너 이스라엘아, 내가 선택한 야곱아, 나의 친구 아브라함의 자손아!

내가 땅 끝에서부터 너를 데리고 왔으며, 세상의 가장 먼 곳으로부터 너를 불러냈다. 그리고 내가 너에게 말하였다. 너는 나의 종이니, 내가 너를 선택하였고, 버리지 않았다고 하였다.

내가 너와 함께 있으니, 두려워하지 말아라. 내가 너의 하나님이니, 떨지 말아라. 내가 너를 강하게 하겠다. 내가 너를 도와주고, 내 승리의 오른팔로 너를 붙들어 주겠다.

너에게 화를 낸 모든 자들이 수치를 당하며 당황할 것이다. 너와 다투는 자들이 아무것도 아닌 자들처럼 되어서 멸망할 것이다.

네가 아무리 찾아보아도 너에게 대적하는 자들은 만나지 못할 것이며, 너와 싸우는 자들이 아무것도 아닌 것 같이, 허무한 것 같이 될 것이다.

나는 주 너의 하나님이다. 내가 너의 오른손을 붙잡고 있다. 내가 너에게 말한다. 두려워하지 말아라. 내가 너를 돕겠다.

너 지렁이 같은 야곱아, 벌레 같은 이스라엘아, 두려워하지 말아라. 주께서 말씀하시기를 '내가 너를 돕겠다. 나 이스라엘의 거룩한 하나님이 너를 속량한다'고 하셨다.

내가 너를 날이 날카로운 새 타작기로 만들 터이니, 네가 산을 쳐서 부스러기를 만들 것이며 언덕을 겨로 만들 것이다.

네가 산들을 까불면, 바람이 그 가루를 날려 버릴 것이며, 회오리바람이 그것들을 흩을 것이다. 그러나 너만은 나 주와 더불어 기뻐할 것이며, 나 이스라엘의 거룩한 하나님을 찬양할 것이다.

가련하고 빈궁한 사람들이 물을 찾지 못하여 갈증으로 그들의 혀가 탈 때에, 나 주가 그들의 기도에 응답하겠고, 나 이스라엘의 하나님이 그들을 버리지 않겠다.

내가 메마른 산에서 강물이 터져 나오게 하며, 골짜기 가운데서 샘물이 솟아나게 하겠다. 내가 광야를 못으로 바꿀 것이며, 마른 땅을 샘 근원으로 만들겠다.(이사야 41장 8-18절, 표준새번역)

앞으로 살펴보게 되겠지만, 육신의 상태에서 벗어나 죄와 죽음과 사탄의 권세에서 해방되는 과정에서도 사탄은 역사하고 있다. 올바른 길이 아닌 거짓된, 빗나간 길을 우리에게 보여줌으로써 우리 인간은 도중에도 다른 길로 미혹되고 혼돈되어 예전의 삶으로 너무나 허무하게 아무렇지도 않게 되돌아가곤 한다.(지난한 공력을 쌓다 한 순간의 실수로 망쳐버리는 '도로아미타불의 경지'와 너무나 닮았다!) 세상과 벗하는 종교적 길도 그러한 미혹 중의 하나다. 이것이 다음 장의 주요 주제다. 요컨대, 종교적·율법주의적 길은 진정한 복음으로 가는 것을 가로막고 방해하는 가장 위험한 길인 것이다. 그래서 우리는 다음 장에서 다룰 바리새파의 종교적·율법주의적 믿음과 의를 '빗나간 복음'으로 규정하고자 한다.

3부.

빗나간 복음- 육신, 세상, 종교의 결합

사람에게 보이려고 그들 앞에서 너희 의를 행하지 않도록 주의하라 그리하지 아니하면 하늘에 계신 너희 아버지께 상을 받지 못하느니라

그러므로 구제할 때에 외식하는 자가 사람에게서 영광을 받으려고 회당과 거리에서 하는 것 같이 너희 앞에 나팔을 불지 말라 진실로 너희에게 이르노니 그들은 자기 상을 이미 받았느니라

너는 구제할 때에 오른손이 하는 것을 왼손이 모르게 하여

네 구제함을 은밀하게 하라 은밀한 중에 보시는 너의 아버지께서 갚으시리라

또 너희는 기도할 때에 외식하는 자와 같이 하지 말라 그들은 사람에게 보이려고 회당과 큰 거리 어귀에 서서 기도하기를 좋아하느니라 내가 진실로 너희에게 이르노니 그들은 자기 상을 이미 받았느니라.

너는 기도할 때에 네 골방에 들어가 문을 닫고 은밀한 중에 계신 네 아버지께 기도하라 은밀한 중에 보시는 네 아버지께서 갚으시리라

또 기도할 때에 이방인과 같이 중언부언하지 말라 그들은 말을 많이 하여야 들으실 줄 생각하느니라

그러므로 그들을 본받지 말라 구하기 전에 너희에게 있어야 할 것을 하나님 너희 아버지께서 아시느니라

마태복음 6장 1-8절

내가 너희에게 이르노니 너희 의가 서기관과 바리새인보다 더 낫지 못하면 결코 천국에 들어가지 못하리라

마태복음 5장 20절

7장 바리새파의 율법주의와 자기의

진정한 온전한 복음을 탐색해가는 과정에는, 앞에서 살펴보았듯이, 여러 가지 (한국 교회와 연관되는) 현실적, (세상과 타협하는 종교와 연관되는) 종교적 문제와 장애물이 널려 있음을 알 수 있다. 이 과정에서 우리는 세상적 차원과 종교적 차원에 걸쳐있는 중대한 걸림돌을 발견하게 되었는데, 이러한 것이 가장 적나라하게 드러난 것이 바리새파 사람들의 율법주의 믿음이다. 당시 바리새파는 그 사회에서 대중에게 막강한 영향력을 미치는 중요한 진보적 종교집단이었다. 그런데 예수는 로마의 식민지 권력, 제사장과 사두개파 등 종교적 기득권층 등 이들에 대한 것과는 비교되지 않을 정도로 신랄하게 바리새파를 비판 아니 저주를 퍼부었다는 것이 더 적절할 것이다. 그들은 전승된 많은(613가지) 율법을 지키기 위해 최선을 다하고, 당시 로마 식민지 지배하에 고통받는 대중들의 정신적 멘토들이기도 했다. 그런데 왜 예수는 유독 그들을 그렇게 가혹하게 비난했는가? 아마도 우리가 추구하는 진정한 복음에 걸림돌이 되는 율법주의 종교와 연관된 심각한 문제들이 있다고 생각된다. 다른 어떤 종교적 문제들보다 이들 바리새파가 주장하는 율법주의적 믿음, 종교적 위선과 가식이 예수가 입증하려는 복음과 믿음에 가장 심각한 해악을 끼친다고 보았던 것이리라.

교만한 자기의로 무장한 바리새파의 율법주의에 대해 예수는 돈과 권력으로 무장한 제사장 그룹이나 사두개파 보다 훨씬 심하게 비난했다. 예수가 보기에, 바리새파는 하나님의 말씀을 유대교의 틀로 종교화시켰고, 하나님에 대한 참된 믿음의 삶(하나님 나라로 돌아가는 것)을 타락한 인간이 가지는 근원적인 질문과 일상적인 갈망의 해결을 위한 종교로 대치해 버렸다. 그들은 하나님께 잘 보이고(예배행위) 그 분의 노여움을 사지 않도록 노력함으로써(율법준수) 하나님께 보상을 받아 자신들의 갈망과 욕구를 채우고자 했던 것이다. (손기철, 147쪽)

예수는 새 나라, 새 질서, 새 시대, 곧 하나님의 나라(통치)가 시작되었음을 선포했다. 하나님께서 역사에 개입하셨고 그로 인해 예전 것들을 완전히 뒤집어엎는 놀라운 일들이 발생했다고 보았던 것이다. (도널드 크레이빌, 219쪽) 예수가 전한 하나님 나라의 메시지는 기득권 집단의 권력에 위협이 되었다. 로마인들은 예수가 자기들이 이룬 거짓된 정치적 평화에 위협이 된다고 보았으며 우파에 속하는 사두개파 사람들은 예수가 돈벌이가 되는 자신들의 성전 경영을 비판한 일로 그를 미워했으며, 진보적인 바리새파 사람들은 예수가 자신들의 제의 정결법을 무시한 데 대해 분노했으며, 폭력지향적인 정치적 자유의 투사들은 예수가 내세운 고난을 통한 사랑의 메시지를 결코 용납할 수 없었던 것이다. (도널드 크레이빌, 85쪽)

세리, 창기 등 사회 밑바닥층 사람들은 진심으로 회개하고 눈물 흘리며 회심하고 예수께로 절실한 마음으로 돌아왔지만, 교만한 자기의로 무장한 바리새파 사람들은 진정으로 회개하지도, 하나님께 진정으로 순종하지도 않는 집단으로 간주되었다. 즉 바리새파의 제도화되고 형식화된 종교의식에의 집착이 정치권력이나 경제권력보다 하나님 나라의 복음을 더 훼손시킨다고 본 것이다. 평범한 사람들 편에서 거룩함의 옹호자로 활동했던 바리새파 사람들은 오늘날 입장에서 보면, 아주 진보적인 집단이었다. 로마의 식민지 통치에도 반대하고 부유한 엘리트 그룹인 사두개파 사람들과도 대립각을 세우기도 했던 바리새파의 비전은 거룩한 백성, 제사장 나라를 세우는 것으로 대중의 전폭적인 지지를 받았던 것이다.

하지만 예수가 이 땅에 와서 사역을 시작하게 되자 그들의 정체는 적나라하게 드러나게 되었다. 오늘날, 바리새파라는 말은 위선과 독선주의라는 부정적인 의미를 지니지만, 바리새파는 진지한 진보주의자들로서, 모세의 비전이 유대 공동체의 삶 속에서 꽃피기를 진심으로 원했던 집단이었다.(도널드 크레이빌, 224-25쪽) 그 당시 팔레스타인에는 네 개의 종교적 당파가 활동한 것으로 전해지는데, 사해 근처의 동굴에서 분리파 공동체를 세우고 훗날을 기약했던 에세네파, 저항운동과 폭력을 통해 로마 지배를 종식시키고자 했던 열혈당 세력, 로마와 결탁하여 그 체제를 유지하면서 경제적 이익을 도모했던 사두개파 세력에 비해, 바리새파는 거룩함이라는 유대인의 과제를 이루기 위해 노력하면서, 은둔과 혁명과 야합 사이에서 절묘한 균형을 유지하면서 거룩한 제사장 나라라는 자기들의 비전에 굳게 매달렸다.(도널드 크레이빌, 225쪽) 따라서 당시 대중들은 바리새파의 적극적인 후원자들이었다. 또한 여기에 바리새파와 예수와의 긴장과 갈등의 원천이 놓여있다고 보기도 한다. 예수는 로마 제국이나 사두개파 제사장 등 기득권층에 대해서는 다소 은유적으로 비난하고, 바리새파에 대해서는 가혹할 정도로 비난했으며, 대부분의 사역은 헐벗은 대중들로 향했다.

하지만 이러한 해석은 어느 정도 일리는 있지만, 전체적인 진실을 보여주지는 못하는 것 같다. 왜냐하면 바리새파의 종교적 율법주의를 비난하는 데는 이러한 차원을 넘어서는 보다 본질적인 문제가 있기 때문이다. 당시 상황에서, 혹은 오늘의 상황이라 하더라도, 신자가 최선을 다해 신앙생활을 한 결과가 바리새파가 보여준 율법주의 종교 생활로 귀결될 수 있는 가능성은 아주 높아 보인다. 사도 바울이 로마서 등에서 강조했듯이, 율법 그 자체는 나쁜 것도 해로운 것도 아니다. 문제는 율법주의다. 율법은 하나님의 성품을 반영하는 것으로, 인간으로 하여금 죄를 깨닫게 해주는 중요한 역할을 한다. 예수도 자신이 율법을 폐지하러 온 것이 아니라 완성하러 왔으며 율법의 일점일획도 훼손되어서는 안 된다고 했다. 사도 바울이 갈라디아서나 로마서 등 여러 곳에서 율법주의의 문제를 강조하고 비난한 것도 특히 바리새파의 율법주의 신앙에 관한 것임을 알 수 있다.

무엇이 문제인가? 율법을 준수하고 실행하는 과정에서 인간의 한계와 죄성을 깨달아 회개를 통해 은혜의 복음으로 나아가지 못하는데 문제가 있는 것이다. 즉, 자신의 행위로 율법을 지킬 수 있다고 믿으며 자기 행위로 율법을 준수해가는 과정에서 자기의가 더욱 강화되어가는 과정이 율법주의의 악순환인 셈이다. 왜냐하면 이러한 과정에서 교만과 다른 사람에 대한 정죄감은 더욱 두드러지며 동시에 사회적 영예와 물질에 대한 탐심은 심화되고 위선과 가식은 한층 더 악화되어갈 것이기 때문이다.

바리새파 사람들에게 예수는 자주 안식일 규정이나 정결법을 무시하는 것처럼 보였고 당시 바리새파 사람들이 벌레 보듯 하는 사람들, 곧 세리나 창기와 자주 어울리고, 성전 청결 사건 등을 통해 제도적 종교의 틀을 깨뜨리려는 이해할 수 없는 사람으로 비춰졌다. 이 과정에서 처음에는 제사장이나 사두개파와 갈등을 일으키긴 했지만 심각한 영적 전쟁은 바리새파를 향한 것이었다. 바리새파에 대한 예수의 영적 전쟁은 다양한 주제에 걸쳐있지만, 그 핵심은 유전으로 내려오던 종교적 제의와 형식, 율법주의와 행위 중심의 자기의에 대한 강조, 또 이와 관련된 다른 사람들, 특히 사회적 약자들에 대한 경멸과 연관된 교만 등에 관한 것이었다. 예수는 그러한 율법주의에 대한 형식적 집착을 비판함으로써 바리새파들과 안식일, 정결법, 시민법 문제 등에서 대립했고, 그러한 그들의 사회적 영예에 대한 탐심, 스스로 의롭게 여기는 교만과 위선을 질책했으며, 다른 사람들에 대한 그들의 경멸감은 그들의 잘못된 종교적 위선과 가식과 함께 가장 심각한 것으로 간주했던 것이다.

사복음서를 통해 예수와 바리새파 사람들과의 관계와 대화를 살펴보는 과정에서 흥미롭고 중요한 사실을 발견하게 된다. 예수가 강조한 많은 내용들은 우리 신자들도 자칫 빠지기 쉬운 잘못된 믿음에 대한 경고가 대부분이며, 이러한 함정은 많은 경우, 바리새파 사람들의 율법주의 종교생활과 연관되어 있다. 다른 복음서에 비해 마태복음은 특별히 바리새파 사람들의 율법주의에 초점을 맞추고 있다.

복음서에서 가장 먼저 눈길을 끄는 것은 세례 요한에게 세례를 받으러 오는 사람들에 대한 설명에 관한 것이다. 그 장면에 관해, 마가복음은 "세례자 요한이 광야에 나타나서 죄 용서를 위한 회개의 세례를 선포하자, 온 유대 지방 사람들과 예루살렘 사람들이 요한에게 나아가 자신들의 죄를 고백하고 요단강에서 세례를 받았다"라고 묘사하고 있다.(1장 4-5절, 쉬운성경) 누가복음에서는 "요한은 자기에게 세례를 받으려고 온, 많은 사람들에게 '너희 독사의 자식들아! 누가 너희에게 다가오는 하나님의 진노를 피하라고 경고해 주었느냐? 너희는 회개에 알맞은 열매를 맺어라"고 말했다.(3장 7-8절, 쉬운성경) 요한복음에서는 이러한 장면에 대한 언급 없이, 자기에게 오시는 예수를 보고 세상 죄를 지고 가시는 하나님의 어린 양이라고만 말했다.(1장 29절, 쉬운성경) 이에 비해 마태복음은 예루살렘과 유대 지방과 요단 강 주변에 사는 사람들이 모두 요한에게 나아와 자신이 지은 죄를 고백하고 요한에게 세례를 받았다고 말하면서, 바로 그 다음에, "수많은 바리새파 사람과 사두개파 사람들이 세례를 받으러 오자, 요한은 독사의 자식들아! 누가 너희에게 다가올 하나님의 벌을 피하라고 일러주더냐? 너희는 회개의 열매를 맺어라, 속으로 아브라함이 너희 조상이라고 생각하지도 마라, 하나님께서는 이 돌들로도 아브라함의 자손이 되게 하실 수 있으며, 도끼가 이미 나무뿌리에 놓여 있으며 좋은 열매를 맺지 못하는 나무들은 모두 찍혀 불에 던져질 것"이라고 비난했던 것이다.(3장 5-10절, 쉬운성경)

이와 같이, 마태복음은 시작부터 바리새파에게 초점을 맞추고 있다. 아마도 저자 마태가 자신의 동족 유대인을 염두에 두고 기록한 것이기도 하겠지만, 또한 예수가 그들의 비뚤어진 복음이 미래에 가져올 왜곡과 곡해의 파장을 미리 아셨기 때문이기도 할 것이다. [이는 예수의 승천 이후 사도들, 특히 사도 바울이 동족 유대인들에 의해 겪는 박해와 고난의 과정에서 선명하게 드러난다.]

예수는 여러가지 비유를 통해 바리새파들의 위선과 가식, 교만과 자기의를 비판했는데, 이는 마음의 진정한 회개 없이 형식과 제도에 얽매인 그들의 전통과 행위를 향한 것이었다. 포도원 비유에서는 자신들의 노력에 대한 요구가 자신에게 그치지 않고 이웃이나 다른 사람들의 노력까지 평가하려는 그들의 행태를 비판한 것으로 보인다. 하나님의 주권에 대한 절대 순종을 가르치면서 '나중 된 자로서 먼저 되고 먼저 된 자로서 나중될 것'이라고 강조했던 것이다.(마태복음 20장 1-16절)(강하룡외, 127쪽 참조) 또한 예수는 혼인잔치 비유를 통해서 천국의 특성을 가르치고 있는데, 여기서도 혼인잔치에 많은 사람을 초청했지만 거절한 사람들을 바리새파 사람들로 비유한 것으로 해석된다. 여기서는 거룩한 행실을 의미하는 '예복'을 입지 않은 사람들과 거절한 사람들을 염두에 두면서, '청함을 받은 자는 많되 택함을 입은 사람은 적다'고 강조했다.(마태복음 22장 1-14절)(강하룡외, 129쪽 참조) 탕자의 비유를 통해서도 예수는 자기 행위를 자랑스러워하고 동생의 일탈을 정죄하려는 큰 아들의 모습에서 바리새파 사람들의 습속을 연관시키려는 것 같다. 탕자인 둘째 아들의 그릇된 행위에도 불구하고 환대하는 아버지에 대해 불만을 갖는 큰 아들은 자신의 정당한 행위에 대한 자긍심으로 동생을 정죄하려는 마음을 갖고 있었다. 이에 반해 아버지는 '죽었다가 살아난 것처럼, 잃었다가 다시 얻은' 탕자 아들에 대해 더없이 기뻐하고 있다.(누가복음 15장 참조)

이러한 비유들은 공통적으로 자신의 행동과 자기의에 근거한 자긍심이 다른 사람에 대한 우월한 정죄감으로 바뀌며 심지어 육신의 아버지뿐만 아니라 하나님 아버지께도 불순종하는 바리새파 같은 사람들에 대한 경종의 의미를 담고 있다고 보인다. 동시에 예수가 이러한 바리새파에 대해 엄격하고 신랄하게 비판한 또 다른 이유는, 필자가 보건대, 인간이 자기의를 기초로 자기의 행위를 통해 노력한 결과가 이런 식의 율법주의적 종교 행위로 귀결될 수 있기 때문이 아닌가 한다. 이런 맥락에서 유대인, 그 중에서도 열심이 특심 特甚 했던 바리새파 사람들이 범할 수 있는 (율법주의와 연관되는) 종교적 관행과 교만이 예수가 선포하고자 했던 복음에 가장 해로운 것으로 인식되었다고 생각된다.

8장 예수와 바리새파(1)
- 산상설교를 통한 바리새파 비판

일반적으로 산상설교는 예수 가르침의 꽃이고, 팔복선언은 그 백미에 속한다. 간디도 이 산상설교를 높이 평가하여 자주 암송했던 것으로 알려져 있다. 특이하게 존 맥아더는 이 산상설교가 주로 바리새파 사람들의 종교를 비판하는 데 초점을 맞춘 것이라고 강조한다.(존 맥아더, 189쪽) 예수가 활동한 당시에 유대 종교조직의 정점에는 대제사장이 있었는데, 이 대제사장은 종교적인 제의의 우두머리였을 뿐만 아니라 종교문제와 민사문제를 모두 따르는 산헤드린 회의의 의장이기도 했다. 이 회의는 제사장들과 율법학자들(주로 바리새파 출신들)과 귀족들로 구성되었으며 임기의 제한 없이 막강한 힘을 행사했다.(도널드 크레이빌, 95쪽)

하지만 로마 식민지 시절을 살아가는 일반 서민의 입장에서 볼 때 이들은 그리 존경스러운 무리들은 아니었다. 종파적으로 가장 커다란 영향을 행사하는 집단으론 사두개파와 바리새파를 들 수 있는데, 지배계급과 귀족들로 구성된 사두개파 역시 서민들의 입장에서는 탐탁치 못한 기득권층이었다. 그러나 율법학자와 중복되기도 하는 바리새파에 대한 평가는 아주 달랐다. 율법에 해박할 뿐만 아니라 바빌론 포로생활, 로마의 압제 하에서도 타협하지 않고 율법을 철저히 준수함으로써 일반 서민의 존경의 대상이 되었던 것이다. 바리새파 사람들 가운데는 평민출신들도 있었으며 주로 시골에서 활동하면서 지역 회당에서 자신들의 교리를 전파했다. 평범한 사람들 편에서 거룩함의 옹호자로 활동했던 바리새파 사람들은 부유한 엘리트인 사두개파 사람들을 포함해서 예루살렘의 지배계급과 대립하기도 하는 한편, 정결의식과 십일조 납부를 가볍게 여기는 일반 백성을 경멸하기도 했다.(도널드 크레이빌, 101-02쪽) 이렇게 일반 백성들의 존경과 지지를 받는 바리새파 사람들은 거룩함을 유지하고 과시했던 반면에, 현실적 이해관계에도 밝은 이중적 위선적 특징도 드러내었다.

특히 팔복의 특성은 세상의 가치와 정면으로 충돌하는데, 세상은 겸손보다는 자부심을 더 강조하고, 애통해하는 것보다는 쾌락을 더 사랑하며, 온유함보다는 강한 고집에서 비롯되는 공격적인 태도를 더 선호하고, 의의 갈망보다는 육신의 쾌락을 만족시키는 것을 더 좋아한다. 또한 세상은 마음의 거룩함과 정결함을 경시하고, 하나님과 화평을 누리게 하는 권고를 비웃으며, 의로운 사람을 끈질기게 핍박한다.(존 맥아더, 193쪽) 여기서 강조되는 세상의 길은 주로 바리새파가 걸어간 길로 이해된다. 그래서 바리새파는 예수의 가르침과 완전히 반대되는 길을 걸어갔던 것으로 보인다. 그들의 종교 체계는 영적 자기만족을 추구하고, 자신의 죄를 애통하기는커녕 인정조차 하지 않았으며, 온유하기는커녕 강퍅하고 거만한 태도로 자기를 주장했다.(존 맥아더, 194쪽) 그들은 의에 주리고 목말라 하지 않고 자신들의 온전한 의를 이루었다고 믿었으며, 긍휼은 조금도 없었을 뿐 아니라 오히려 무거운 짐을 묶어 사람의 어깨에 지우되 자기는 이것을 한 손가락으로도 움직이려 하지 않았다.(마태복음 23장 27절) 그들은 화평케 하기보다는 갈등과 대립을 조장했고 스스로 자기애와 자기의로 똘똘 뭉쳐있었다. 팔복을 중심으로 한 산상설교는 자기의를 추구하는 바리새파의 위선에 대한 신랄한 비판이었다.

예수는 마태복음 5장에서 자기의를 목표로 하는 바리새파의 분리주의를 지적하는 것으로 끝을 맺는다.(존 맥아더, 201쪽) 율법은 완전무결을 요구한다. 어느 누구도 율법의 요구를 충족시킬 수 없다. 그래서 우리는 십자가의 보혈과 하나님의 무한하신 은혜가 필요한 것이다. 우리는 오직 하나님이 믿는 자에게 전가하시는 믿음을 통한 의만이 우리에게 요구되는 것인데도, 바리새파는 정반대의 자기의에만 의존했던 것이다. 바리새파는 모든 인간 종교의 근본 오류를 여실히 드러낸다. 하나님의 의를 모르고 자기 의를 세우려고 힘써 하나님의 의에 복종하지 않은 것이다.(로마서 10장 3절) 그들은 선행, 특히 가능한 한 주의를 기울여 세세한 의식과 법칙을 만들고 그것을 이행하면 하나님을 만족시킬 수 있다고 믿었다.(존 맥아더, 202쪽) 그들은 자신의 불완전함을 애써 축소시키고 겉으로 경건한 듯한 태도를 위함으로써 그 사실을 은폐했으며, 자신들이 다른 사람들보다 낫다고 생각했기 때문에 하나님께 인정받을 수 있으리라고 확신했다.(존 맥아더, 202쪽) 예수는 계속해서 바리새파 사람들의 종교적 위선과 팔복에서 증거되는 참 믿음을 대비시켰다. 그들이 온갖 모양으로 자신의 경건을 드러냈다고 하더라도 정작 그들에게 중요한 것은 의가 아니라 세상의 행복이었다. 원수를 사랑하라는 말씀도 이웃에 대한 자비와 사랑 없이 율법주의 행태만을 강조하는 바리새파에 대한 권고로 해석될 수 있다.

특히 마태복음 6장과 7장에 나오는 위선에 대한 비판은 바리새파를 향한 것임이 분명해 보인다. 남들에게 보이려고 의를 행하고 자선을 베풀 때 나팔을 불며, 남들에게 보이기 위해 선을 행하는 바리새파들, 사람들에게 보이려고 회당이나 길모퉁이에서 기도하기를 좋아하고 이방사람들처럼 중언부언하는 그들을 닮지 않도록 하기 위해 예수는 주기도문을 가르쳤던 것이다. 그래서 하나님 나라와 그 의를 먼저 구하라는 주기도문도 바리새파의 위선과 가식을 염두에 둘 때 그 의미가 더욱 선명해질 것이다. 바리새파는 금식할 때도 초췌한 모습을 드러내며 재물을 탐하고 상대에 대해 가혹하게 비판하며, 양의 옷을 입고 다가오지만 그 속은 굶주린 늑대라는 것이다. 바리새파 사람들은 세리 마태의 집에서 식사를 하는 예수에게 정결치 못한 사람들과 식사를 하며, 요한의 제자들이나 바리새파 사람들처럼 금식을 하지 않는다고 힐란했다. 그러자 예수는 '건강한 사람은 의사가 필요 없으나, 환자들은 의사가 필요하고 희생 제물보다 자비가 나으며 또 결혼식에서 금식할 수 없고 신랑을 빼앗길 날에 금식할 것이며, 새 포도주는 새 가죽 부대에 넣어야 둘 다 보존될 수 있다'는 비유로 응답했다.

요컨대, 진정한 믿음과 복음의 길은 바리새파들이 걸어간 길과

정반대된다. 곧 이 좁은 길을 가기 위해서는 거짓 맹세를 하지 않고 남들에게 보이려고 의를 행하지 않아야 한다. 기도할 때는 골방에 들어가서 먼저 "하나님 아버지의 나라가 이루어지고, 아버지의 뜻이 하늘에서처럼 이 세상에서도 이루어지게 하소서"라고 간략하게 기도하며, 금식할 때도 초췌한 모습을 드러내지 않고 다른 사람들에게 보이기 위해서가 아니라 오직 숨어 계시는 아버지께만 보이도록 해야 한다. 또 남을 비판하지 않고 형제의 작은 잘못을 일부러 들추지 않으며 다른 사람의 입장을 자기의 것처럼 헤아려 주려고 노력해야 한다. 바리새파의 오류의 핵심은 이기심, 곧 세상적·종교적 이기심으로부터 연유한다.

겉으로 드러나는 행위는 율법을 따르는 경건하고 정의로운 것이었을지라도 드러나지 않는 마음속에는 복 받고 구원받겠다는 이기적 욕심이 도사리고 있었다. 율법주의는 이기심이 율법과 야합한 산물이었다.(김세종, 194쪽) 예수가 회칠한 무덤같다고 한 그들의 삶은 위선으로 가득했으며 그러한 삶이 진정 행복한 것일 수는 없는 법이며 더군다나 하나님의 나라를 유업으로 물려받을 수는 더더욱 없다. 결론적으로 예수는 진정한 복음의 길로 가기 위해서는, 자기를 부인하고 자기 십자가를 지고 좁은 문으로 들어가야 한다고 말했다. 따라서 바리새파의 위선과 외식은 결코 하나님의 뜻을 행하지도, 하나님의 의를 깨달을 수도 없으며, 그런 바리새파 식의 행동과 의로는 결코 하늘나라에 들어갈 수 없다고 결론지었다.

9장 예수와 바리새파(2)
- 바리새파와의 안식일 논쟁

예수는 바리새파와 여러 가지 문제에 대해 논쟁하거나 그들의 위선과 자기의에 대한 교만을 언급했지만 그 중에서도 안식일에 대해 많은 비판을 집중했다. 이는 안식일 주인 문제가 예수의 정체성과 진정한 복음의 본질과 직결되기 때문이었을 것이다. 안식일에 예수 일행이 밀밭 사이로 지나가면서 밀 이삭을 잘라 먹는 일이 발생했다. 이에 대해 바리새파 사람이 안식일에 해서는 안 될 일을 한다고 비난했다.

> 예수님께서 대답하셨습니다. "너희는 다윗과 그 군사들이 굶주렸을 때에 했던 일을 읽어 보지 못하였느냐?"
> 다윗은 하나님의 전에 들어가 자신도 먹을 수 없고 그 부하들도 먹을 수 없으며, 오직 제사장만이 먹을 수 있는 진설병을 먹었다.
> 너희가 또한 안식일에 성전 안에서 만큼은 제사장들이 안식일을 어겨도 죄가 되지 않는다는 것을 율법에서 읽어 보지 못하였느냐?
> 내가 너희에게 말한다. 성전보다 더 큰 이가 여기 있다.
> '나는 희생 제물보다 자비를 원한다'라고 하신 말씀이 무슨 뜻인지 너희가 알았더라면, 죄 없는 사람들을 죄인으로 단정하지 않았을 것이다.
> 인자는 안식일의 주인이다.(마태복음 12장 3-8절, 쉬운성경)

바리새파 사람들은 안식일 준수 문제로 시비를 걸었으나 예수가 자신이 성전보다 더 큰이이자 안식일의 주인이라고 말한 것에 충격을 받았을 것이다. 예수는 호세아 6장 6절을 인용하시며, "나는 자비를 원하고 제사를 원하지 아니하노라 하신 뜻을 너희가 알았더라면 무죄한 자를 정죄하지 아니하였으리라"고 말했다.(마태복음 12장 7절) 예수는 율법의 도덕적 의미(자비)와 의식적 속성(제사)을 뚜렷이 구별하면서 율법의 도덕적 취지가 항상 사소한 의식 조항보다 더 중요하다고 암시했다.(존 맥아더, 184쪽)

예수와 바리새파 간의 논쟁은 누가 의식법·정결법 등에 대해 옳으냐의 문제에 그치지 않았다. 그보다 훨씬 더 크고 중요한 문제, 곧 칭의의 원리와 죄인들과 하나님의 화해가 걸려있는 문제였는데, 의롭다함을 받는 것은 공로나 의식법을 통해 이루어지는 것이 아니라 믿는 자에게 값없이 주어지는 은혜인 것이다.(존 맥아더, 186쪽) 이러한 점은 바리새파 사람들이 장로의 전통은 지키려하면서 하나님의 계명은 지키지 않고, 부모 공경의 의무에 대해서도 그들은 고르반 전통을 핑계 삼아 하나님의 말씀을 무시한다고 예수가 비난했을 때 분명히 드러났다. 예수는 "위선자들아! 이사야가 너희에 대해 예언한 것이 옳다. '이 백성은 입술로는 나를 공경하나, 마음은 내게서 멀구나. 헛되이 내게 예배를 드리고, 사람의 훈계를 교리인 양 가르친다"고 탄식하셨다.(마태복음 15장 3-9절, 쉬운성경) 이어서 예수가 '사람의 입으로 들어가는 것이 사람을 더럽히는 것이 아니라, 입에서 나오는 것이 사람을 더럽힌다'고 말하면서 바리새파 사람들을 향해 다음과 같이 비판했다.

> "하늘에 계신 나의 아버지께서 직접 심지 않으신 나무는 모두 뿌리 뽑힐 것이다.
> 그들을 내버려두어라. 이들은 앞 못 보는 인도자이다. 보지 못하는 사람을 안내하면, 둘 다 구덩이에 빠질 것이다."(마태복음 15장 13-14절, 쉬운성경)

예수가 심각하게 비판한 것 중의 핵심은 바리새파 사람들이 자랑스레 내세운 사회적 영예였다. 그들은 하나님의 요구에는 거의 관심을 기울이지 않고, 사회적 지위라는 제단에다 제사를 드리는 사람들이었다. 다른 무엇보다 예수는 바리새파 사람들의 사회적 위선에 대해서 비난했는데, 이 사회적 위선은 곧바로 그들이 누리고 있던 종교적 지위와 밀접한 종교적 위선과 가식이었기 때문이다. 그들은 경건의 규칙들은 따르면서도 거침없이 과부의 재산은 삼키는 무리들이었다.(마가복음 12장 40절, 누가복음 20장 47절) 그리고 예수는 바리새파 사람들과 사두개파 사람들의 누룩을 경계하라고 경고한다. 여기서 누룩은 종교적 위선과 가식을 의미한다. 바리새파 사람들은 말은 하지만 행동이 없으며, 설교는 하나 실천하지 않으며, 신학은 논하나 순종하지 않는다는 것이다.(도널드 크레이빌, 242쪽)

또한 율법학자와 바리새파 사람들은 포도원에 가서 일하라고 말하는 아버지께 예라고 해놓고 가지 않는 작은 아들과 같다. 그들은 말로만 하고 실천하지 않는 위선자들이다. 그들이 너희에게 말하는 것은 무엇이든지 다 실행하고 지켜라. 그러나 그들의 행실은 따르지 말아라. 그들은 말만 하고, 실행하지는 않는다.(마태복음 23장 3절) 또한 그들은 자신의 찻잔 속에 빠진 하루살이는 걸러 내려고 하면서 낙타는 삼키는 무리라는 것이다.(마태복음 23장 24절)

예수는 마태복음 23장 전체를 통하여, 바리새파의 위선과 교만을 비난하고 있다. 바리새파 사람들은 힘든 무거운 짐을 남에게 지우면서도 그들은 꼼짝하지도 않으며, 그들이 하는 모든 행위는 사람들에게 보이기 위한 것으로 경문 곽을 크게 만들어서 차고 다니고, 옷술을 길게 늘어뜨리면서 거리를 활보한다. 또 그들은 잔치와 회당에서도 높은 자리에 앉기를 즐기고, 거리에서도 사람들이 자기를 존경하고 인사하기를 바라고 선생으로 불리고 싶어 한다. 그들은 박하와 회향과 근채 같은 작은 채소의 십일조는 하면서도 정의와 자비와 신의와 같은 더 본질적으로 중요한 일은 행하지 않는다. 마치 눈먼 인도자들이 하루살이는 걸러내면서, 낙타는 삼키는 꼴이다. 그들은 잔과 접시의 겉 같은 것들은 깨끗이 하지만, 자기 마음속은 탐욕과 방종으로 가득 채우는 모순을 범한다.

무엇보다 그들은 사람들 앞에서 하늘나라의 문을 닫고 자기도 들어가지 않고, 들어가려고 하는 사람도 들어가지 못하게 하는 커다란 죄를 짓는다. 또한 그들은 개종자 하나를 만들려고 세상을 두루 다니다가, 하나가 생기면, 그를 자신보다 배나 더 못된 지옥의 자식으로 만들어 버리는 죄도 짓는다. 그들은 예언자들의 무덤을 만들고, 의인들의 기념비를 꾸미며, 예언자들을 피 흘리게 하는 일에도 가담하는 죄도 짓는다. 그리하여 예수는 바리새파에 대한 저주를 이렇게 했다.

> 이렇게 하여, 너희는 예언자들을 죽인 자들의 자손임을 스스로 증언한다.
>
> 그러므로 너희는 너희 조상의 분량을 마저 채워라.
>
> 뱀들아, 독사의 자식들아, 너희가 어떻게 지옥의 심판을 피하겠느냐?
>
> 그러므로 내가 예언자들과 지혜 있는 자들과 율법학자들을 너희에게 보낸다. 너희는 그 가운데서 더러는 죽이고, 더러는 십자가에 못 박고, 더러는 회당에서 채찍질하고, 이 동네 저 동네로 뒤쫓으며 박해할 것이다.
>
> 그리하여 의인 아벨의 피로부터, 너희가 성소와 제단 사이에서 살해한 바라갸의 아들 사가랴의 피에 이르기까지, 땅에 죄 없이 흘린 모든 피가 너희에게 돌아갈 것이다.
>
> 내가 진정으로 너희에게 말한다. 이 일의 책임은 다 이 세대에게 돌아갈 것이다.(마태복음 23장, 31-36절, 표준새번역)

예수는 바리새파와 율법학자를 향하여, 그들은 또 돈을 좋아하면서 그렇지 않는 척 위선을 행한다고 말했다. 그래서 예수께서 그들에게 말씀하셨다. "너희는 사람 앞에서 스스로를 의롭다고 하는 자들이다. 그러나 하나님께서는 너희의 마음을 아신다. 사람들이 높이 평가하는 그러한 것은, 하나님이 보시기에 혐오스러운 것이다."(누가복음 16장 14-15절, 표준새번역) 지도자 가운데서도 예수를 믿는 사람이 많이 생겼으나, 그들은 바리새파 사람 때문에, 믿는다는 사실을 드러내지는 못하였다. 왜냐하면 그들이 회당에서 쫓겨날까

봐 두려워하였기 때문이다. (요한복음 12장 42-43절, 표준새번역) 예수는 스스로 의롭다고 확신하고 남을 멸시하는 바리새파 사람들에게 다음과 같은 비유로 질책했다.

> "두 사람이 기도하러 성전에 올라갔다. 하나는 바리새파 사람이고, 다른 하나는 세리다.
>
> 바리새파 사람은 서서, 혼잣말로 이렇게 기도하였다. '하나님, 감사합니다. 나는, 토색하는 자나 불의한 자나 간음하는 자 같은 다른 사람들과 같지 않으며, 또는, 이 세리와도 같지 않습니다.
>
> 나는 이레에 두 번씩 금식하고, 내 모든 소득의 십일조를 바칩니다.'
>
> 그런데 세리는 멀찍이 서서, 하늘을 우러러볼 엄두도 못 내고, 가슴을 치며 '아, 하나님, 이 죄인에게 자비를 베풀어 주십시오' 하고 말하였다.
>
> 내가 너희에게 말한다. 의롭다는 인정을 받고서, 자기 집으로 내려간 사람은 저 바리새파 사람이 아니라, 이 세리다. 누구든지 자기를 높이는 사람은 낮아지고, 자기를 낮추는 사람은 높아질 것이다."(누가복음 18장 9-14절, 표준새번역)

그래서 교만한 마음으로 자신을 신뢰하고 다른 사람을 경멸한 사람들은, 제아무리 종교적인 행실에 공을 들였다 해도, 결국은 하나님을 거부한 것이었으며, 자기중심적인 예배는 개인적인 상태를 돌아보는 일이 아니라 다른 사람을 조롱하는 행위가 되어버리는 것이다. (도널드 크레이빌, 245-46쪽) 또 그들의 거들먹대는 교만은 교회를 배타적인 친교 집단으로 변질시킨다. 예수는 바리새파 사람들의 배타적인 태도를 비난했다. (누가복음 11장 45절 이하) 그래서 바리새파 사람들은 자기들의 제의로 세운 회당 속에 스스로 갇혔으며, 다른 사람들이 들어오지 못하도록 막았다.(도널드 크레이빌, 247쪽) 바리새파 사람들이 '부정하다고 판단한 사람'들을 독선적으로 배척한 행위에 대해 예수는 비난을 넘어 저주에 가까운 말을 퍼부었다. 회개한 죄인들은 잔치자리에서 함께 기뻐하게 되고, 그들은 잔칫집에서 쫓겨날 것이다.(누가복음 13장 27-30절) 그들이 의례적인 경건에 쏟아 부은 열정과 관심이 오히려 하나님의 사랑의 법을 가로 막는다. 반면에 새로 참여한 사람들은 겉으로는 잡다한 패거리 같아 보이나 의로움에서는 바리새파 사람들보다 훨씬 낫다.(마태복음 5장 20절, 도널드 크레이빌 250쪽에서 재인용) 오히려 그들이 부정한 자라고 규정한 죄인들이 구원받고 하나님의 아들로 받아들여진다. 왜냐하면 이들은 진정으로 자신들의 죄를 뉘우치고 자복하는 심정으로 울부짖기 때문이다.

앞에서 보았듯이, 바리새파는 당시 이스라엘 사회에서 존경받는 집단이었다. 그들은 율법(구약 중 특히 모세오경)에 정통했을 뿐만 아니라 구전의 규례나 의례에 대해서도 박식했다. 또한 그들은 바빌론 포로생활 등을 포함한 역사적 난관에서도 변질하지 않고 전통과 율법을 수호했다는 자부심이 대단했으며, 이스라엘 백성들도 그들의 이러한 절개와 신념을 존중하고 존경했던 것이다. 이러한 전통은 유대교의 토대로 전승되어 갔다. 하지만 이러한 바리새파 사람들의 신조와 긍지는 차츰 변질되어갔는데, 한편으론 현실과 타협하면서 돈과 부에 탐닉하는 방향으로, 다른 한편으로 여전히 자기 의를 드러내고 강요하는 방향으로 흘러가게 되었던 것이다. 예수가 보기에 이러한 것들은 지독한 위선적 행위로 비춰졌다. 예수가 안식일에 제자들이 밀이삭을 먹는 것을 허용하고 손 마른 사람을 고쳐주는 것을 그들은 도무지 이해하지 못했다. 그들은 안식일이 사람을 위해 있는 것이지 사람이 안식일을 위해 있는 것이 아니라는 예수의 말을 신성모독으로 해석했다. 율법을 맹종하고 자기의에 대한 잘못된 자긍심으로 똘똘 뭉쳐있던 그들에게 하나님 사랑과 이웃사랑의 새 계명이 들어설 자리가 없었다. 그래서 예수는 '회개하라, 하나님 나라가 가까이 왔다'고 선포했으며, 이 선포는 다른 누구보다도 이들 바리새파들을 향한 선포이었던 것이다. 예수가 진정으로 바랬던 것은 이러한 회칠한 무덤같은 종교적 위선이나 율법주의적 행위가 아니라, 절실한 회개와 그에 합당한 회개의 삶이었다. 그러한 회개에 기초할 때 저 깊숙한 곳에서 다가오는 희열과 축복에 대한 찬사가 바로 팔복선언을 비롯한 산상설교의 핵심이었다.

4부.
십자가 영성과 성화의 삶

하나님 나라는 예수께서 전하신 복음의 핵심 메시지이다(마태복음 21장 31절, 22장 2절). 동일한 표현으로 마태는 하나님의 이름을 직접 부르기를 두려워하는 유대인 독자를 염두에 두고 '천국' 곧 '하늘나라', '아버지의 나라'라는 용어를 즐겨 사용하였다(마태복음 3장 2절, 4장 11절, 13장 11절, 26장 29절). 여기서, '나라'를 뜻하는 헬라어 '바실레이아'는 여러 가지 의미가 내포되어 있다.

1. 한 통치자가 다스리는 영역. 이 영역은 때로는 현재적이고 때로는 미래적이다. 이것은 세례 요한의 천국 선포 이후에 소개된 영역으로서(누가복음 16장 16절), 세례 요한은 새 영역 안에 들어선 것이 아니라 단지 그 문턱에 서 있었을 뿐이며, 그 나라의 가장 작은 자라도 요한보다 크다(마태복음 11장 11절).
2. 그 통치자가 다스리는 백성. 구속받은 자들은 한 나라이다(요한계시록 5장 10절). 이들은 하나님의 통치에 참여한 자들이다(요한계시록 1장 6절).

그 통치자의 다스림 그 자체. 따라서 하나님의 통치를 인정하고 받아들이는 사람에게 그 나라에 들어갈 복이 주어지는 것이다. (교회용어사전 참조)

그러나 내게는 우리 주 예수 그리스도의 십자가 외에 결코 자랑할 것이 없으니 그리스도로 말미암아 세상이 나를 대하여 십자가에 못 박히고 내가 또한 세상을 대하여 그러하니라… 이후로는 누구든지 나를 괴롭게 하지 말라 내가 내 몸에 예수의 흔적을 지니고 있노라

갈라디아서 6장 14절, 17절

그리스도께서 죽은 자 가운데서 다시 살아나셨다 전파되었거늘 너희 중에서 어떤 사람들은 어찌하여 죽은 자 가운데서 부활이 없다 하느냐

만일 죽은 자의 부활이 없으면 그리스도도 다시 살아나지 못하셨으리라

그리스도께서 만일 다시 살아나지 못하셨으면 우리가 전파하는 것도 헛것이요 또 너희 믿음도 헛것이며

또 우리가 하나님의 거짓 증인으로 발견되리니 우리가 하나님이 그리스도를 다시 살리셨다고 증언하였음이라 만일 죽은 자가 다시 살아나는 일이 없으면 하나님이 그리스도를 다시 살리지 아니하셨으리라

만일 죽은 자가 다시 살아나는 일이 없으면 그리스도도 다시 살아나신 일이 없었을 터이요

그리스도께서 다시 살아나신 일이 없으면 너희의 믿음도 헛되고 너희가 여전히 죄 가운데 있을 것이요

또한 그리스도 안에서 잠자는 자도 망하였으리니

만일 그리스도 안에서 우리가 바라는 것이 다만 이 세상의 삶뿐이면 모든 사람 가운데 우리가 더욱 불쌍한 자이리라

그러나 이제 그리스도께서 죽은 자 가운데서 다시 살아나사 잠자는 자들의 첫 열매가 되셨도다

사망이 한 사람으로 말미암았으니 죽은 자의 부활도 한 사람으로 말미암는도다

아담 안에서 모든 사람이 죽은 것 같이 그리스도 안에서 모든 사람이 삶을 얻으리라

그러나 각각 자기 차례대로 되리니 먼저는 첫 열매인 그리스도요 다음에는 그가 강림하실 때에 그리스도에게 속한 자요

그 후에는 마지막이니 그가 모든 통치와 모든 권세와 능력을 멸하시고 나라를 아버지 하나님께 바칠 때라

그가 모든 원수를 그 발 아래에 둘 때까지 반드시 왕 노릇 하시리니

맨 나중에 멸망 받을 원수는 사망이니라

고린도전서 15장 12-26절

10장 보혈 십자가와 부활의 복음

기독교 복음이 인간이 처한 현실, 곧 죄와 죽음과 사탄의 권세 하에 있는 세상 문제로부터 시작하고, 그 세상의 이중적인 구조, 이 세대와 오는 세대의 중첩된 구조, 또 구원의 개인적 차원과 공동체적(하나님 나라)의 차원의 공존을 인정하지만, 그래도 그 복음의 핵심은 예수 그리스도의 십자가 사건에 관한 것이다. 더 줄이면, 복음은 예수, 우리 죄를 대속하셔서 구원을 선사하신 예수 그리스도에 관한 소식이다. 그리스도의 죽음은 우리를 위한 대속의 제사요 새 언약의 제사로서, 우리의 죄 문제를 해결하고 우리를 하나님께로 회복시켜 하나님의 의로운 백성, 곧 하나님의 자녀들이 된 사건으로서 바로 예수의 종말의 구원 행위였다.(김세윤1, 149쪽) 그리스도의 죽음은 피조물들의 모든 문제들, 그 문제들로 현상화하는 근본 문제, 곧 죽음을 해결하는 창조주의 사랑의 나타남이었기에, 그리스도의 죽음은 '복음', 좋은 소식 또는 기쁜 소식인 것이다.(김세윤1, 157쪽) 그리하여 이 복음은 하나님이 그 분의 아들을 통해서 우리에게 선사하신 임마누엘의 소식이자 복음이 되는 것이다.

그리스도를 통하여 이루어진 우주적으로 보편적이고 객관적인 구원의 사건을 우리 개개인의 실존적 구원의 사건으로 효력을 발생하게 하는 것은 믿음밖에 없다.(김세윤, 157) 그러나 기독교 신앙은 결코 십자가만 좇는 신앙이 아니라, 십자가와 부활을 동시에 제시하는 신앙이다. 죄사함과 그 분 안에 거하는 새로운 삶(하나님 자녀의 삶), 이것이 바로 기독교 신앙의 정수다. 십자가 사건이 가장 기본적인 것은 분명하지만 이제는 동전의 다른 면에 해당하는 성령과 부활을 함께 보아야 한다.(손기철, 85쪽) 요컨대, 십자가 사건을 통한 구원의 성취가 예수의 부활 이후 우리에게 선사된 성령과 이를 통해 가능해진 중생의 삶의 실현으로 이어져야 하는 것이다. 그리하여 그리스도의 부활은 이러한 십자가 사건의 최종 승리를 확인해주는 사건이 되는 것이다. 예수 그리스도가 부활함으로써,

> 죽은 사람들이 살아나는 일이 없다면, 그리스도께서 살아나신 일도 없었을 것입니다.
>
> 그리스도께서 살아나지 않으셨다면, 여러분의 믿음은 헛된 것이 되고, 여러분은 아직도 여러분의 죄 가운데 있을 것입니다.
>
> 그리고 그리스도 안에서 잠든 사람들도 멸망했을 것입니다.
>
> 우리가 이 세상만을 생각하고 그리스도께 소망을 걸었으면, 우리는 모든 사람 가운데서 가장 불쌍한 사람일 것입니다.
>
> 그러나 이제 그리스도께서는 죽은 사람들 가운데서 살아나셔서, 잠든 사람들의 첫 열매가 되셨습니다.
>
> 한 사람으로 말미암아 죽음이 들어왔으니, 또 한 사람으로 말미암아 죽은 사람의 부활도 옵니다.
>
> 아담 안에서 모든 사람이 죽는 것과 같이, 그리스도 안에서 모든 사람이 삶을 얻을 것입니다.
>
> 그러나 각각 제 차례대로 그렇게 될 것입니다. 첫째는 첫 열매이신 그리스도요, 그 다음은 그리스도께서 재림하실 때에, 그리스도께 속한 사람들입니다.
>
> 그 다음에는 마지막이 올 것인데, 그 때에 그리스도께서 모든 통

치와 권위와 권력을 폐하시고, 그 나라를 하나님 아버지께 바치실 것입니다.

하나님께서 모든 원수를 그리스도의 발 아래에 두실 때까지, 그리스도께서 다스리셔야 합니다.

마지막으로 멸망 받을 원수는 죽음입니다.(고린도전서 15장 16-26절, 표준새번역)

예수는 그의 죽음과 부활에서 성취될 구원을 향해 가면서 자신의 하나님 나라의 선포로 그 구원을 약속했으며, 예수의 사도들은 예수의 죽음과 부활의 관점에서 이미 성취된 그 구원을 뒤돌아보며 선포했다고 볼 수 있다.(김세윤1, 150쪽). 그리고 이 복음은 그리스도가 우리(우리 죄)를 위해 십자가에서 죽으시고 부활하셨음을 성령을 통한 믿음 외에는 받아들일 수가 없다. 믿음은 근본적으로 복음, 즉 '그리스도가 우리(죄)를 위해 죽고 부활했다'는 선포를 받아들이는 것인데(이것을 축약하여 '그리스도를 믿음'이라고 함), 이 받아들임은 우리를 우리들의 대신이요 대표로 죄에 대해 죽고 신적 삶에로 부활하신 그리스도와 연합시키고(그리스도와 함께) 그 안에 내포시켜(그리스도 안에) 하나님 앞에 그의 됨됨이 우리의 됨됨이 되게 하고, 그가 하신 일이 우리가 한 일이 되게 하는 것이기 때문이다.(김세윤2, 158쪽)

그리스도의 죽음과 부활은 죽음을 가져다주는 사단에 대한 결정적 승리이기 때문에, 사단의 죽음의 현상들인 질병들을 하나님의 영(성령)의 힘으로 치유하면서 하나님의 생명의 통치를 시위하던 예수 그리스도가 죽음을 이기고 부활한 것은 하나님의 생명의 통치가 사탄과 죽음의 통치를 확실히 꺾은 것을 증명하는 것이다.(김세윤2,

158쪽) 그런데도 우리는 왜 현실 속에서 질병과 고난으로 고통당하고 죽음의 그림자에서 벗어나지 못하는 삶을 살고 있는가? 앞에서 언급했듯이, 그것은 세상의 이중구조, 이 세대와 오는 세대의 중첩된 상황에서 구원이 아직 미완성으로 남아있기 때문이다. 김세윤교수는 이를 구원이 종말론적 유보의 구조를 띠는 것으로 설명한다. 구원(의인됨)의 '첫 열매'를 받았다는 것은 하나님과의 올바른 관계에 진입했다는 뜻이며, 그 구원(의인됨)의 완성은 그리스도의 재림 때 있을 것이라고 해석한다. (김세윤1, 172쪽)

진정한 복음은 분명 개인의 영혼 구원에 관한 것이지만, 동시에 그러한 개인적 차원을 품는 동시에 넘어선다. 그간 한국 교회는 이러한 진정한 복음에 대한 고뇌, 육신적 자아의 문제와 복잡한 세상 구조에 대한 천착 없이 육신적·세상적 메시아주의에 함몰되는 경향을 노정해왔다. 그 결과 한국 교회는 '복음' 선포를 통해 하나님의 샬롬을 이 땅에 충분히 이루지 못했으며…그리하여 한국 교회는 복음에 역행하여 도리어 억압, 분열, 갈등을 조장하는 모습을 보이기도 하며, 기복신앙에 빠져 축복이라는 이름 아래 사실상 맘몬 숭배를 조장해 온 면도 있으며, 군사독재시절 불의한 권력과 재력 편에 붙어 억압받던 약자들에게 등을 돌리기도 했고, 지역감정을 조장하여 대립과 갈등을 증대했으며, 또한 가부장적 리더십과 여성 굴종주의를 엉터리 성경 해석으로 정당화하여 유교 도덕의 마지막 보루가 되기도 했다는 비난을 면하기 어렵다. (김세윤2, 16쪽)

기쁘고 복된 소식인 복음은, 물론 거듭 강조했듯이, 예수 그리스도에 관한 것으로, 예수 그리스도가 우리, 우리 죄를 위해 십자가에 매달려 돌아가셨다는 것이다. 이 십자가 사건으로 인해 우리 인간은 불순종과 죄의 문제를 해결하게 되고, 그 삯인 죽음으로부터도 해방된 것이다. 예수 그리스도의 십자가의 죽음은 따라서 우리의 구원을 위한 대속의 죽음이었으며, 예수 그리스도의 부활은 십자가 사건의 의미를 확정하고 그 승리를 선포한 사건이었던 것이다. 동시에 복음은 하나님 나라의 좋은 소식으로서, 하나님이 본래 우리를 지으신 대로 살 수 있으며, 그러한 세상이 바로 이 땅에 도래한 현재적 하나님 나라라는 것이다. 그 나라로 들어가기 위해서는 오직 예수 그리스도만을 의지함으로써 하나님의 의와 은혜가 나타나야 하며, 하나님의 아들이신 예수 그리스도의 죽으심과 부활에 연합하여 내 안에 계신 그리스도(보혜사 성령)로 말미암아 지금 여기에서 하나님이 의도하신 그 나라 자녀의 삶을 실제로 살아야 하는데, 이것이 바로 이 땅에 도래한 하나님나라 복음의 핵심 중의 하나다.(손기철, 31쪽) 다시 말하자면, 복음은 하나님이 우리를 구원하시기 위해서 이 땅에 오심으로 인하여 하나님의 통치가 다시 시작되었다는 사실과 그로 말미암아 죄인이 본래 지음을 받은 형상과 모양대로 돌아갈 수 있다는 소식인 것이다.(손기철, 48쪽)

달리 말하면, 복음은 자기포기이고 새로운 영적 태생을 경험하는 것으로서, 이 땅의 삶이 아니라 이 땅에 도래한 하나님 나라의 삶 속에서, 자신의 뜻이 아니라 하나님의 뜻을 이루는 것이고, 그 결과로 형통과 복이 아니라 하나님의 은혜를 누리는 것을 말한다.(손기철, 49쪽) 그리고 이 모든 것은 예수 그리스도의 십자가의 죽으심과 부활에 동참함으로 일어나는 것으로, 복음이란 예수님이 내 죄를 대신하여 지신 그 십자가를 단지 믿는 것만이 아니라, 내 육체의 생명(자존적이고 자기중심적이며 자기를 사랑하고 자신의 육체에 기초한 모든 삶의 태도; 본문 앞에서는 '육신적인 것'으로 표현됨-필자)을 포기하고 그 십자가에 동참함으로써(함께 십자가에 못 박혀 죽음으로써) 그리스도의 영으로 새롭게 태어난 우리가 이제 하나님의 자녀로서 이 땅의 삶이 아닌 이 땅에 도래한 하나님 나라의 삶을 사는 것으로 정의될 수 있다.(손기철, 49쪽) 진정한 온전한 복음은 우리를 지금보다 더 나은 사람으로 변화시켜 주는 것이 아니라, 우리를 예수님의 죽으심과 부활에 연합시킴으로써 새로운 피조물로 바꾸어 주는 것인데, 이는 옛자아의 죽음을 통해서**만**(강조 필자) 가능하다.(손기철, 49쪽)

"이르시되 때가 찼고 하나님의 나라가 가까이 왔으니 회개하고 복음을 믿으라하시니"(마가복음 1장 15절)라는 말씀 속에 복음의 본질이 들어있다. 여기서 회개란 죄의 고백뿐만 아니라 마음의 변화까지 포함하는데, 이는 우리가 타락해서 갖게 된 옛 본성에 기초한 사고체계로 인하여 행한 죄와 죄악을 고백하고 후회하는 것이 아니라, 바로 그 죄와 죄악을 지을 수밖에 없는 타락한 옛 본성을 십자가에 못 박음으로써 하나님 중심의 새로운 사고체계로 돌아가는 것이다.(손기철, 69쪽) 따라서 회개에는 하나님 나라(통치)의 기쁜 소식을 마음속에 받아들여 옛 사람으로 살던, 즉 하나님 없이 살던 모든 삶의 방식과 태도를 끊고 하나님의 통치와 말씀에 전적으로 순종하는 새로운 삶을 살겠다는 선포이다.

예수가 전한 복음은 우리가 간절하게 기다리던 하나님 나라가 마침내 이 땅에 왔으며, 그 나라에 들어감으로써 하나님의 자녀가 되고 하나님의 뜻을 이루는 삶을 살 수 있다는 것이다.(손기철, 70쪽) 믿음은 바로 이 복음을 듣고 마음으로 수용하여 우리의 영혼뿐만 아니라 육신 속에도 뿌리내리도록 해야 하는 것이다. 예수의 하나님 나라 선포는 근본적으로 그들을 하나님의 백성 또는 자녀들로 만들어 그들로 하여금 하나님의 잔치에 참여하거나 하나님의 부요함을 상속받게 해주겠다는 약속과 하나님 나라 속으로 들어오라는 초대의 성격을 지녔다. 예수의 죽음은 대속과 새 언약의 제사로서 이 약속을 제의적으로 성취한 사건으로 실제로 그들의 죄가 용서되게 하고 그들을 하나님의 백성 또는 자녀들로 만든 사건이었던 것이다.(김세윤1, 164쪽) 예수 그리스도가 그의 하나님 나라 선포와 대속과 새 언약의 제사로서의 죽음을 통하여 이룬 구원은 우리를 창조주 하나님께 연합시켜 그의 부요함에 의지하고 그의 선한 뜻에 순종하며 살도록 함으로써, 종말에 완성되기 전 지금 벌써 더 많은 자유, 더 많은 정의, 더 큰 풍요, 더 큰 평화, 더 큰 만족으로 부분적으로나마 그 실체를 나타내는 것이다.(김세윤1, 166쪽)

예수 그리스도는 죄악과 죽음으로 통치하는 사탄을 결정적으로 꺾고 의와 생명으로 다스리는 만유의 주가 되시어 지금 우리에게 거의 절대적 구원, 곧 신적인 온전한 삶('영생')을 베푸신다. 그러나 사탄은 아직도 굴복하지 않고 우리로 하여금 죄를 짓도록 하고 죽음으로 그 대가를 치르게 한다. 그래서 우리는 아직도 사탄의 죄악과 죽음의 통치에 노출되어 고난 받고 있으며, 예수 그리스도가 주시는 온전한 삶을 제대로 누리지 못하고 오직 믿음으로 그것을 부분적으로만 누리고 있을 뿐이다. 그러나 예수 그리스도는 재림하셔서 사탄의 통치를 완전히 종식시키고 그의 의와 생명의 통치를 완성하실 것이다. 그 때 우리는 그가 주시는 신적인 생명, 즉 영생을 온전히 누릴 것이며 그것은 우리의 육체로부터 분리된 우리의 영혼만의 구원이 아니라, 우리의 실존 전체의 구원이 될 것이다.(김세윤 1, 169-70쪽) 이 얼마나 대단한 복음의 메시지인가?

하나님 나라 복음의 성취는 이전의 잘못된 삶을 회개하고 죽으시고 부활하신 예수 그리스도를 믿어 죄사함을 받고, 성령 충만함을 입을 때 이루어진다.(손기철, 85쪽) 복음의 약속과 성취를 논리적으로 설명해보면, 하나님 나라는 복음의 약속이고, 예수님의 죽으심과 부활은 약속의 증거인 동시에 그 약속을 누릴 수 있는 전제 조건이며, 오직 각 개인이 예수 그리스도를 믿음으로써 자신의 자아가 십자가에 못 박히고 자신 안에 그리스도가 오시는 것(이를 하나님 나라의 도래로 볼 수 있음-필자)이 복음의 성취인 것이다.(손기철, 86쪽) 요컨대, 복음의 성취는 예수 그리스도로 인하여 구원을 받고, 하나님의 통치(나라-필자) 안에서 구원을 이루어가는 삶을 살며(이것이 곧 성화의 삶이다.), 예수님이 재림하실 때 마침내 구원은 완성될 것이다.(손기철, 86쪽) 죄사함과 구원의 교리는 새 생명을 얻는 것만을 강조하는데 그칠 수 있지만, 진정한 하나님 나라 복음은 이미 도래한,

하지만 아직은 완성되지 않은 하나님나라에서 복되고 행복한 삶을 사는 것도 포함한다.

예수 그리스도의 십자가 죽음과 구원에 대한 믿음으로만 이해하면, 하나님 나라는 죽고 난 다음에 가는 천당으로밖에 인식되지 않으며, 부활하신 예수 그리스도에 대한 믿음만을 강조하게 되면 이 땅은 인간이 자신의 복과 형통만을 추구하는 하나님나라로 변질되기 쉬울 것이다. 진정한 복음은 인간이 신을 믿는 종교적 차원에서 머물지 않고 하나님께서 죄인인 우리 인간을 통해서(십자가의 죄사함과 열매 맺는 회개와 칭의의 과정을 통해서) 우리 인간의 형통과 영생을 위해서 하나님 나라의 도래를 예수(죽음과 부활)의 초림을 통해 이미 선포하셨고, 예수의 재림을 통해 그 나라를 완성시킨다는 것이 복음의 핵심 메시지다.(손기철, 87쪽)

하나님이 우주만물을 창조하시면서 인간을 하나님의 형상대로 지으시면서 인간의 주체가 되어 하나님나라를 건설하려 계획했으나, 사단의 간계로 인간이 죄를 짓게 되자 하나님은 예수(십자가)를 통해 인간의 죄를 대속하셔서 인간을 죄와 죽음의 권세에서 해방시켜 사망에서 생명의 영역으로 옮겨놓았다. 하나님은 인간을 통해 본래 그분이 뜻하신 나라를 다시 회복시키기 원하셔서 이 땅에서 주의 뜻을 이루는 육신의 삶을 다 산 후에는 인간의 영혼을 하나님 나라로 올리시고, 예수님이 재림하실 때 다시 몸의 부활을 있게 하셔서 이 땅에서 예수 그리스도와 함께 통치하도록 했던 것이다.(손기철, 93쪽)

하나님 나라 복음, 즉 하나님의 주권과 통치를 이해하려 할 때, 예수는 하나님 나라를 이 땅과 분리하지 않았다는 점을 강조할 필요가 있다. 곧 하나님 나라는 이미 이 땅에 왔으며, 아직 우리 육신(몸)의 생명이 끝나지 않았어도 우리가 예수 그리스도 안에 있을 때 우리의 시민권은 천국(하늘나라, 하나님 나라-필자)에 있는 것으로서, 나의 영적인 국적은 육신의 삶(이생)과 죽음(내세)에 있는 것이 아니라 하나님의 생명이 내 안에 있는가. 그렇지 않은가에 달려 있다는 것이다.(손기철, 100쪽) 종국에 가서 예수님이 재림하시는 그날에 우리는 부활의 새로운 몸을 입게 되고, 종국에는 예수 그리스도와 함께 이 땅에서 왕 노릇하게 될 것이며, 천년왕국이 있은 다음 새 하늘과 새 땅에서 살게 될 것이다. 따라서 우리가 사후에 가는 천국은 영원한 처소가 아니라 우리가 새 땅에서 살기 전까지 머무르는 중간 단계일 뿐이며, 이 땅은 사라질 곳이 아니라 우리를 통해 하나님 나라가 도래해야 할 현장이고, 마지막에 온전히 새롭게 되어 하나님께서 우리와 영원히 함께 계실 새 땅으로 나타나게 될 곳이라는 것이다.(손기철, 100-01쪽)

11장 구원 이후 세상나라와 하나님 나라의 병존 - 이중국적자의 시련과 고난

주로 죄사함과 이신칭의 以信稱義 에 주안점을 두는 복음 자체가 잘못된 것은 아니지만 복음 본래의 뜻을 너무 축소시킨 제한된 복음이 되는데 문제가 있다. 즉 예수를 믿음으로써 죄사함을 받고 구원을 얻고, 힘든 세상이지만 열심히 교회에 나가고 말씀으로 믿음 생활을 하면 복을 받게 되고, 육신의 장막을 벗은 후에는 천국에 가서 행한 일에 따라 상급을 받게 된다는 것이다.(손기철, 45쪽) 복음이 진정으로 선포하는 풍성한 삶은 인간 자신의 주체적 삶(행위)가 아닌 하나님 나라에 기초를 두며(여기서 개인적 차원의 기복신앙과 대비됨- 필자), 하나님 나라에서 하나님의 뜻을 이루는 자에게 있어서 풍성함은 그가 행한 일을 통해서 얻어 내는 보상이 아니라 그 뜻을 이루는 과정에서 마땅히 누려야 할 은혜인 것이다.(손기철, 44쪽) 예수 그리스도 안에서의 새로운 피조물과 하나님 나라의 삶이 무엇인지를 제대로 체험하고 있지 않기 때문에 단지 인간의 계산과 복된 삶에 대해서만 선포하고 있다는 것이다.(손기철, 34쪽)

'기쁜 소식 Good News '을 뜻하는 복음 福音 은 엄격하게 해석하면 '복된 소식'이다. 양 표현 사이에는 서로 다소 어긋나는 측면도 있으며, 이를 대천덕신부는 복음이 기쁜 소식의 잘못된 표현이라고 비판한다. 하지만 한국 땅에서 복음을 다른 표현으로 바꾸는 것은 어려워 보인다. 하여간 온전하고 진정한 복음의 실체는 무엇인가?

> 우리는 무슨 일에서나, 하나님의 일꾼답게 처신합니다. 우리는 끝까지 참았습니다. 환난과 궁핍과 곤경과
> 매 맞음과 옥에 갇힘과 난동과 수고와 잠을 자지 못함과 굶주림을 겪었습니다.
> 또 우리는, 순결과 지식과 인내와 친절과 성령의 감화와 거짓 없는 사랑과
> 진리의 말씀과 하나님의 능력으로, 이 일을 해왔습니다. 우리는 오른손과 왼손에 의의 무기를 들고,
> 영광을 받거나, 수치를 당하거나, 비난을 받거나, 칭찬을 받거나, 그렇게 합니다. 우리는 속이는 사람과 같으나 진실하고,
> 이름 없는 사람과 같으나 유명하고, 죽은 사람과 같으나, 보십시오, 살아 있습니다. 징벌을 받는 사람과 같으나 죽임을 당하는 데까지는 이르지 않고,
> 근심하는 사람과 같으나 항상 기뻐하고, 가난한 사람과 같으나 모든 것을 가진 사람입니다(고린도후서 6장 4-10절)

여기서 거듭 확인되어야 할 것은 인간이 처한 조건이나 환경과 관계없이, 오히려 그러한 힘겨운 현실에도 불구하고 누리고 믿게 되는 기쁨과 평강에 대한 새로운 확신의 세계다.

기독교 신앙에는 예수 믿고 구원받아서 천당 가는 것도 물론 포함되지만, 여기서 멈추게 되면 본래 풍성했던 복음은 빈약해진다. 세계관과 신분과 시민권의 본질적인 변화에 대한 확고한 인식이 결여되어 있기 때문이다. 성령의 도우심으로 거듭남을 통해 세상 나

라에서 하나님나라로 신분과 시민권이 변화되는 것이다. 자신이 세상의 중심에 있고(육신적·세상적 차원), 심지어 하나님도 나를 위해 존재하며 움직이고 있다는 자기중심적 생각(세상적·종교적 차원)에서, 모든 것이 하나님 주권 하에 하나님 중심으로 존재하고 움직여야 한다는 하나님 중심적 세계관(진정한 복음)으로 바뀌는 가히 혁명적 대전환이 수반되어야 한다.(손희영1, 23쪽)

그러한 본질적 변화는 우리 인간이 처한 현실을 직시하는 것에서 출발해야 한다. 이 세대와 오는 세대, 세상 나라와 하나님 나라의 이중구조 속에서 사탄이 (하나님에 의해 허용된) 헤게모니를 잡고 있다고 보아야 한다. 곧 영적 전쟁의 상태인 것이다. 하나님이 아름답게 창조하셔서 모든 복과 영생을 누리도록 설계된 태초의 하나님 나라에서 발생한 (사탄에 의해 부추겨지고 사주된) 불순종의 죄로 인해 우리로 하여금 그 삯으로 죽음을 지불하게 하여 우리 모두를 죄와 죽음의 흑암의 권세에 가두어 놓았다. 그리하여 일평생 죽음이 무서워 죄의 종으로 살아가게 되었던 것이다.

이렇듯 하나님을 등지고 타락한 인간은 살아남기 위하여 삶의 모든 유형무형의 자원을 더 많이 차지하기 위해서 자신도 모르게 훈련된 능력과 재능으로 살아가기 위해 부단히 갈고 닦아진 모든 성격, 성향, 기질, 소원, 열정, 계획, 이념, 사상, 아이디어, 실행력, 추진력, 비전, 취향, 가치관, 선택과 결정의 뿌리가 되는 본성을 가지게 되었는데, 이를 성경에서는 '육신 flesh'이라고 한다. 이러한 인간의 본성이 합쳐지고 통합되어 여러 형태의 규범과 가치로 세워진 것이 시대의 타당성 구조인데, 여기에 육신적 메시아주의, 종교적 (형식적) 경건주의 등이 번성할 수 있다.(손기철, 292쪽) 이 모든 것의 뿌리는 인간의 이기심이며 하나님 없이 살기 위해 고도로 훈련된 육신임을 분명하게 인식해야 한다.(손기철, 293쪽) 인간의 육신적 본성은 엄청나게 끈질기며 그러한 인간의 이기적 본성과 부합되는 자본주의 체제에서 그러한 본성이 사회발전의 추진력이나 동력으로 작동하기도 한다. 하지만 그러한 본성이 만들어내는 악의 사회적 부작용은 훨씬 더 심각하다.

이 세상에서 우리는 동시에 두 나라(하나님 나라와 세상 나라)에 걸쳐 살고 있으며, 이 땅에 도래한 하나님나라에서 구원을 이루어가야 하는데, 그 구원의 완성은 바로 오는 세상(예수 그리스도의 재림으로 시작되는 미래적 하나님 나라)에서 이루어진다.(손기철, 104쪽) 이 땅에 도래한 하나님나라에서 살면서 초월적인 천상의 통치영역(하나님 나라- 필자)을 방문하는 것은 복된 일이다.(손기철, 105쪽) 우리가 추구하는 복음은 분명 회개와 죄사함을 통한 영혼 구원으로 시작되었지만 여기서 더 나아가, 하나님 나라와 그 의를 구하는 차원으로까지 승화되어야 한다. 하나님이 그의 나라와 의를 이루어 가시는 객관적 역사의 토대 위에서 예수 그리스도 안에서 성령을 통하여 하나님과 개인적인 관계의 경험이 추구되어야 비로소 온전한 복음을 누릴 수 있는 것이다.(손기철, 107쪽, 109쪽) 우리가 성경을 이해하려 할 때도 그리스도의 생명 안에서 하나님나라의 관점에서 바라봄으로써 진리의 말씀이 우리의 영으로부터 마음에 풀어질 것인데,

구체적으로 말하자면, '하나님과 그 백성의 언약'도 하나님나라의 관점에서 볼 때 비로소 우리는 그분이 말씀하신 약속의 성취가 무엇인지를 제대로 깨달을 수 있게 되는 것이다. (손기철, 109-10쪽)

(개인적- 첨부 필자) 구원의 복음만을 강조한다면 새 생명을 얻는 것에 그치지만 진정한 복음은 하나님 나라 복음으로 새 생명뿐만 아니라 이 땅에 도래한 하나님 나라에서 풍성한 삶을 사는 것까지도 포함해야 한다. (손기철, 86쪽)

사도 요한은 그리스도의 십자가에 들려올려짐을 우리의 구원을 위한 하나님 사랑의 계시, 곧 하나님의 본질 계시로서 하나님이 영광 받으시고, 예수 그리스도가 하나님의 아들로서 영광 받은 사건으로 설명함으로써 그리스도의 십자가에서의 죽음에 그의 부활과 높임 받음을 흡수시켰다고 해석한다. (김세윤2, 22쪽) 사도 바울은 복음을 예수 그리스도의 죽음과 부활, 더 줄이면 예수 그리스도의 죽음으로 요약하면서, 이는 또한 하나님의 구원을 가져다주는 지혜요 능력이라고 선포한다. (김세윤2, 22쪽) 다른 한편, 복음을 '예수 그리스도가 없는 하나님 나라에 대한 믿음'으로만 받아들인다면 기독교는 불교나 다른 여타 종교의 피안 세계와 아무런 차이가 없을 것이지만, 기독교는 인간이 신을 믿는 종교가 아니라 하나님께서 그의 나라를 회복하시는 좋은 소식인 것이다. (손기철, 87쪽) 김세윤 교수에 의하면 복음이 예수에 의해서는 하나님 나라의 복음으로 선포되었는데, 사도들에 의해서는 그리스도의 죽음과 부활의 복음으로 선포되었다고 설명하고 있다.

우리는 이미 지금 하나님 나라 안에서 살고 있는데, 이 세상은 여전히 사탄의 나라에 속해 있으며 그 때문이 죄악이 관영하고 있다. 그러나 예수 그리스도로 말미암아 하나님 나라가 이미 이 땅에 존재하고 있고, 그 나라의 자녀가 된 우리는 이중국적자로서 이 세상에 예수 생명의 선한 영향력을 미침으로써 이 세상을 하나님 나라로 변화시켜야 한다. 이는 이 세상 속에서 어둠의 나라와 빛의 나라 사이에서 벌어지는 치열한 영적 전쟁이 불가피함을 의미한다. 그리고 관건은 이러한 영적 전쟁을 통해서만 하나님 나라는 확장되고 우리의 구원도 완성되어 간다는 점이다. 하나님의 자녀와 백성인 우리는 사탄이 역사하는 이 땅에서 예수 그리스도의 이름으로 하나님나라를 계속 확장시켜 나갈 때, 어둠의 세력이 그것을 저지하기 위해서 더욱 발악하기 때문에 환난과 갈등은 더욱 심해질 것이다. 하지만 우리는 두려워하거나 염려할 것이 없는바, 이미 승리는 확보된 상태에서 또한 승리를 위해 필요한 모든 것들이 확보되어 있는 상태에서 전쟁에 임할 수 있기 때문이다. 한가지 문제는 일상 생활 속에서 끊임없이 우리를 유혹하고 넘어지게 하는 사탄과 그 무리들의 간계뿐이다. 그럼에도 불구하고 하나님은 악의 모든 도전을 넉넉히 이길 수 있는 자원을 공급해 주심으로써 우리를 통하여 그 분의 나라가 이 땅 위에 계속 확장되게 하실 것이다. (손기철, 211쪽)

12장 자기 십자가와 은혜의 복음
- 순종과 실천을 통한 성화의 삶

보라 이제 나는 성령에 매여 예루살렘으로 가는데 거기서 무슨 일을 당할는지 알지 못하노라

오직 성령이 각 성에서 내게 증언하여 결박과 환난이 나를 기다린다 하시나

내가 달려갈 길과 주 예수께 받은 사명 곧 하나님의 은혜의 복음을 증언하는 일을 마치려 함에는 나의 생명조차 조금도 귀한 것으로 여기지 아니하노라(사도행전 20장 22-24절)

나에게 이르시기를 내 은혜가 네게 족하도다 이는 내 능력이 약한 데서 온전하여짐이라 하신지라 그러므로 도리어 크게 기뻐함으로 나의 여러 약한 것들에 대하여 자랑하리니 이는 그리스도의 능력이 내게 머물게 하려 함이라

그러므로 내가 그리스도를 위하여 약한 것들과 능욕과 궁핍과 박해와 곤고를 기뻐하노니 이는 내가 약한 그 때에 강함이라(고린도후서 12장 9-10절)

지금까지, 특히 1부에서 우리는 한국의 현실에서 절실하게 요청되는 진정한 온전한 복음의 메시지가 너무 초라하고 빈약하게 변질되었음을 살펴보았다. 우리 인간은 육신, 세상, 종교(율법), 복음의 차원에 걸쳐 살면서 다양한 층위의 조합을 만들어내고 또 조작하면서 살아왔다. 그래서 제일 마지막 단계인 복음의 단계를 제대로 알고 그러한 차원의 삶을 살아가기에는 너무나 많은 장애물들

이 있음을 절감하면서 살아가고 있다. 진실로 벗어나기 힘든 육신적 삶은 우리가 감당해야할 첫 번째 장벽이지만, 육신을 벗고 육신을 넘어서는 것이, 살아있는 동안은 너무 힘들다. 아니 불가능할지도 모른다. 그래서 우리 힘으로 불가능한 것을 해내기 위해 예수 그리스도의 십자가 보혈이 필요한 것이다. 성령의 도움으로 거듭나지 않고서는 결코 불가능하기에, 십자가 보혈과 성령의 도움으로 거듭난 자아로 육신을 벗어날 수 있다는 것이 복음의 첫 번째 소식이다. 세상은 이중적이다. 합리적이고 타당한 구조를 갖고 있는 반면에, 온갖 육신적 인간들이 타협하고 담합하여 구조적 악을 재생산해내는 공장이기도 한 것이다. 그러기에 육신적·세상적 메시아주의가 창궐하여 수많은 사람을 혹세무민할 수 있는 터전이 되기도 한다.

이 세상 나라에 하나님 나라가 시작되었다는 것은 새로운 또 다른 선포이자 놀라운 소식이다. 이 세상(나라)과 하나님 나라가 중첩된 이중 구조로 인해 우리의 생각은 더욱 복잡해진다. 그러기에 성경에서 얘기하고 있는 하나님 나라에 대한 이해가 절실한 것이다. 여하간 세상(나라)과 무관하거나, 접촉하지 않거나, 그것을 초월한 하나님 나라가 아니라 오랫동안(예수의 초림 시부터 최후심판의 재림시까지-일반적으로 종말론적 시대) 공존하게 됨으로써 우리는 이중국적자로서 살아가게 된다. 그 결과 온갖 시련과 시험을 받으면서 구원 이후에 성화의 순종적 삶을 살아가는데 실패하기도 하면서 낙담하게 된다. 앞에서 세상적 차원과 종교적 차원의 관계도 단순치 않다고 말했다. 왜냐하면 세상과 벗하고, 타협하면서 인간의 육신적 속성을 온존시키면서 세상적 부귀영화를 탐하는 종교의 현상들을 한국 현실에서 수없이 목격해왔기 때문이다. 이러한 종교는 최근 성행하는 이단을 포함한 육신적·세상적 메시아주의와 크게 다르지 않으며, 단지 종교적 외피와 틀을 둘렀을 뿐이다. 우리 주변에 창궐하고 있는 '이단들'의 모습은 진정한 복음으로 나아가기가 쉽지 않은 세상을 우리가 살고 있음을 입증하고 있는 것 같다.

이러한 종교적 차원에서 진정한 복음으로 나아가기 전 또 다른 장애물이 존재한다. 그 중의 하나가 바리새파의 율법주의에 관한 문제였다. 그들은 종교적·율법적으로 열심이 특심하고 당시 상황으로는 진보적인 입장을 가졌으며 일반 민중들에게 존경을 받고 영향력도 막강했다. 무엇이 문제였던가? '자기의'에 기초한 자기 명분과 실리의 합리화를 위한 종교적 특징을 보여준 것이라 생각한다. 이러한 장애물을 넘어 드디어 우리는 예수 십자가의 복음에 도달했다. 우리의 구원과 믿음의 거의 절대적인 기초는 바로 예수 십자가의 보혈이다. 무슨 말이 더 필요하겠는가? 예수의 대속의 십자가로 인해 우리는 죄와 죽음으로부터 벗어나 구원을 받고 생명과 영생을 얻게 된 것이다. 무엇보다도, 복음은 먼저 이 십자가 보혈의 구원 사건에 관한 기쁜 소식인 것이다. 예수의 부활은 이러한 십자가 사건의 최종적 승리를 확인해줌으로써 사탄과의 영적 전쟁의 종식, 예수의 재림, 새 하늘과 새 땅의 하나님 나라의 도래를 미리 선포한 것이다. 문제는 자칫하면, 곧 균형을 잃어버리면, 이러한 십자가와 부활의 사건이 축소되고 변질되는 경향이 있을 수 있다는 것이다. 성경 전반을 통해 드러나는 하나님 나라의 계획, 그리고 예수의 하나님 나라 선포와 하나님 나라와의 동일시 등을 제대로 이해함으로써 이러한 오류에서 벗어나 온전한 복음으로 나아갈 수 있을 것이다.

예수의 십자가 사건은 십자가 보혈로써 죄사함을 통해 우리를 구원해준 사건임과 동시에, 예수의 죽음과 부활을 믿는 자들에게 하나님의 의를 인정해줌으로써 하나님과의 관계가 회복되는 사건이기도 한 것이다. 하나님과의 관계가 회복된다는 말은 창조주 하나님의 통치를 받는 사람이 된다는 의미다.(김세윤, 305쪽) 따라서 예수를 믿음으로써 하나님으로부터 의롭다함을 받은 우리는 사탄의 통치에서 해방되어 하나님 나라 백성으로 옮겨가는 것이다. 즉 죽음을 빌미로 죄의 종으로 살던 처지에서 의와 생명과 성령으로 통치하는 하나님 나라로 이전한 것이다. 예수 그리스도가 사탄의 모든 죄와 죽음의 세력들을 소탕하는 작업을 완수하여 하나님 나라가 온 땅에 온전히 이루어지게 하는 시점을 예수의 재림 때로 본다. 그러니까 예수 그리스도가 부활, 승천하여 하나님의 대권을 행사하는 하나님의 아들, 곧 만유의 주로 하나님의 우편에 등극한 시점부터 그의 재림 때까지의 기간, 그러니까 현재가 예수가 하나님의 아들로서 하나님의 주권을 대행하여 사탄의 죄와 죽음의 세력들을 소탕해가는 기간인 것이다.(김세윤, 284쪽)

앞서 언급한 십자가와 부활의 복음, 그리고 하나님 나라의 복음이 가장 잘 녹아들어 융합되고 새로운 창조적 형태로 된 복음을 우리는 사도 바울의 서신서들 속에서 발견할 수 있다. 동시에 우리는 구원은 받았지만 진정한 순종적 성화의 삶을 살지는 못하는 고뇌와 번민의 절실한 흔적들을 발견할 수 있다. 필자는 이를 '자기 십자가 영성의 복음'으로 이해하고자 한다. 우리는 또한 이를 통해 사도 바울이 십자가 사건과 부활 사건, 그리고 하나님 나라의 소식을 얼마나 총체적으로 이해하고 구성하려 했는지를 알게 되면 우리의 복음 메시지는 그야말로 풍성해지고 은혜롭게 될 것이라 믿는다.

본래 복음은 로마 황제의 복음(유앙겔리온)[2]을 뜻하는 것으로 현대적으로는 사면이나 하사와 관련된 소식이다. 또 주(큐리오스,

2. '좋은 소식', '기쁜 소식 good news'이란 의미다. 헬라 시대에는 전쟁의 승전보, 자녀 탄생 소식 및 일반적으로 매우 기쁜 소식 등을 가리키는 말이었는데, 성경에서는 하나님께서 인간 구원을 위해서 예수 그리스도를 통해 주신 기쁨의 소식, 곧 복된 소식을 가리키는 말이 되었다. 그래서 복음은 성경에서 '하나님의 복음'(로마서 1장1절; 데살로니가전서 2장2절), '그리스도의 복음'(마가복음 1장1절; 로마서 1장16절; 빌립보서 1장27절), '하나님의 은혜의 복음'(사도행전 20장24절), '구원의 복음'(에베소서 1장14절), '천국 복음'(마태복음 4장23절), '영광의 복음'(고린도후서 4장4절), '평안의 복음'(에베소서 6장15절) 등으로 표현된다.

이 복음은 예수 그리스도에 관한 하나님의 약속(로마서 1장2절)이요 하나님의 구원하시는 능력(로마서 1장16-17절)이며 새 언약(예레미야 31장31-34절; 히브리서 10장9절)으로서, 복음의 내용은 그리스도의 십자가 죽음으로 말미암은 죄사함의 은총과 부활로 말미암은 영생의 복락이다(요한복음 3장16절 14장16절; 로마서 3장25절; 골로새서 1장20절). 이는 인간의 공로에 의한 것이 아니라 전적으로 하나님의 은혜에 의한다.(엡 2:4-10) 이것이야말로 성경 전체의 핵심 주제요, 핵심 메시지다.

하나님 나라에 동참하기 위해서는, 오직 이 복음을 받아들여야 하고(요한복음 1장12절), 복음에 순종해야 하며(롬 1장5절; 6장17절), 복음을 확고히 기억해야 하고(고린도전서 15장2절; 히브리서 3장6절), 또 복음을 마음으로 믿어야 한다(요한복음 3장18-20절; 로마서 1장16절; 10장9-10절). 그리고 무엇보다 그리스도께서 명하셨듯이 복음을 전파해야 한다.(마가복음 16장15절; 고린도전서 15장1절)

유앙겔리온- '유'(좋은, 선한, 잘, 행복하게)와 '앙겔로스'(사절, 파송된 자)의 합성어로 '좋은 소식', '기쁘고 복된 소식', 혹은 '좋은 소식에 대한 보상'을 뜻한다. 이 단어는 원래 '전쟁에서 승리했다는 소식' 또는 그 같은 '승전보' 勝戰譜 를 전하는 자에게 주어지던 보상'을 가리켰다. 이 단어가 성경에서는 하나님 나라에 대한 기쁜 소식(마태복음 4장 23절; 마가복움 1장14절) 혹은 예수 그리스도께서 가르치신 말씀과 그 행하신 일(구속역사의 완성)을 가리키는 단어로 쓰이게 되었다.(마가복음 1장1절) 사실 속죄와 구원의 메시지보다 인생에게 더 복되고 기쁜 소식은 없을 것이다.(라이프성경사전, 복음에 관한 부분 참조)

curios)도 절대적 권력의 황제를 뜻하는 것에서 주 예수 그리스도로 변용된 것이다. 우리가 그리스도의 십자가 사건으로 구원을 받고 성령의 도우심으로 거듭나게 되면, 우리는 죄와 죽음의 법에서 해방되어 성령과 생명이 주관하는 나라로 옮기게 된다. 곧 과거의 법에 근거해서 죄나 마귀가 더 이상 우리를 괴롭힐 수 없는 것이다.(손기철, 374쪽) 우리를 위해 죽으시고 보혜사 성령님으로 우리 안에 계신 예수 그리스도로 말미암아 새로운 피조물로서 우리는 이러한 진리(의 복음-필자)를 알고 적용하는 것이 바로 믿음인 것이다.(손기철, 374쪽)

그것은, 하나님께서 그리스도 예수 안에서 우리에게 자비로 베푸신 그 은혜가 얼마나 풍성한지를, 앞으로 올 모든 세대에게 드러내 보이시려는 것입니다.

여러분은 믿음으로 말미암아 은혜로 구원을 받았습니다. 이것은, 여러분에게서 난 것이 아니요, 하나님의 선물입니다.

구원이 행위에서 난 것이 아님은, 아무도 그것을 자랑할 수 없게 하려고 하시는 것입니다.

우리는 하나님의 작품입니다. 선한 일을 하게 하시려고, 하나님께서 그리스도 예수 안에서 우리를 만드셨습니다. 하나님께서 이렇게 준비하신 것은, 우리가 선한 일을 하면서 살아가게 하시려는 것입니다.(에베소서 2장 8-10절, 표준새번역)

바울 복음의 핵심 메시지는 이 땅에 도래한 하나님 나라에서의 중생의 삶이다.(손기철, 39쪽) 사도 바울이 3차 전도여행에서 예루살렘으로 들어가기 전에 에베소 장로들을 만나서 전한 복음은 '하나님께 대한 회개', '주 예수 그리스도께 대한 믿음', 그리고 '하나님 나라', 이

세 가지로 요약되는데(손기철, 85쪽), 이를 우리는 자기 십자가와 은혜의 복음으로 이해한다. [손기철 장로는 이를 하나님의 은혜의 복음이라 부른다](손기철, 85쪽)

> 내가 달려갈 길과 주 예수께 받은 사명 곧 하나님의 은혜의 복음을 증건하는 일을 마치려 함에는 나의 생명조차 조금도 귀한 것으로 여기지 아니하노라
> 보라 내가 여러분 중에 왕래하며 하나님의 나라를 전파하였으나 이제는 여러분이 다 내 얼굴을 다시보지 못할 줄 아노라(사도행전 20장 24-25절)

사도 바울의 자기 십자가와 은혜의 복음은 바울 서신 전체를 통해서 드러나지만 그중에서도 로마서에서 가장 체계적인 복음의 메시지를 발견할 수 있다고 생각한다. 그래서 여기서는 사도 바울의 로마서에서 제시되는 '은혜의 복음'을 음미해보고자 한다.

예수 그리스도의 종으로 하나님의 복음을 위해 특별히 선택된 바울은 이 복음이 하나님께서 오래 전에 예언자들을 통해 성경에 약속하신 그리스도 예수에 관한 소식이라고 규정한다. (로마서 1장 1-2절) 즉 복음은 하나님의 복음이며, 이는 또한 그리스도 예수에 관한 소식인 것이다. 그리고 나서 사도 바울은 당시 황제의 복음에 대비되는 이 새로운 예수 그리스도의 복음은 어떤 부류에게는 어리석은 것이고, 또 어떤 부류에게는 걸려 넘어지게 하는 것으로 이해되었다. (고린도전서 1장 23절) 하지만 이 복음은 하나님의 부르심을 받은 사람들에게는 하나님의 능력이며 하나님의 지혜가 되는데, 만약

우리가 하나님에게서 나서 예수 그리스도 안에 있게 되면, 그 예수는 하나님께로부터 오는 우리의 지혜와 의와 거룩함과 구속이 되기 때문이다. (고린도전서 1장 29-30절) 그리하여 이 복음은 믿는 사람들을 구원하고 또한 변화시키는 하나님의 능력이 되기에 사도 바울은 이를 결코 부끄러워하지 않는다고 고백하고 있다. (로마서 1장 16절)

사도 바울은 예수의 제자들이 하나님 나라 복음을 선포한 예수의 죽음과 부활을 체험하고, 그의 부활을 하나님이 예수가 진정으로 하나님 나라, 곧 하나님의 통치를 대행하는 메시아, 하나님의 아들이라는 것을 확인한 사건인 동시에 그를 자신의 우편에 높여 만유의 주가 되게 한 사건이라고 해석하고는, 예수가 하나님의 아들로서, 또 만유의 주로서 지금 현재 하나님의 통치를 대행하는 분이라고 고백한 것이다. (김세윤3, 283쪽) 이것은 예수의 하나님 나라(통치)의 복음이 그의 죽음과 부활 후 사도들에 의해 하나님 나라(통치)를 대행하는 하나님의 아들의 복음, 만유의 주, 예수 그리스도의 복음으로 전환된 것을 의미한다. (김세윤3, 283쪽) 로마에 전하고자 하는 그 복음에는 모든 믿는 자에게 구원을 주시는 하나님의 능력이 있으며, 이는 유대인과 이방인 모두에게 해당되는 것이다.

그 다음에 사도 바울은 하나님의 의에 대해 얘기하는데, 이는 바울 복음의 핵심으로서, 복음에는 하나님의 의가 계시되어 의인은 믿음으로 인해 살 것인바, 하나님의 의는 처음부터 끝까지 믿음으로 얻을 수 있다는 것이다. (로마서 1장 17절) 또 복음에는 하나님의 의가 계시되어 있는데, 의인은 믿음으로 살 것이고, 이 하나님의 의는 믿음으로 얻을 수 있다고 밝힘으로써 이신칭의 원리를 간략히 밝하고 있다. 한편, 사도 바울의 복음, 곧 은혜와 십자가 영성의 복음을 제대로 이해하기 위해서는 먼저 우리 인간이 처한 현실에 대한 구체적이고 현실적인 인식이 절실히 요구된다. 이방인이나 유대인이나 모두 죄인으로 의인은 한사람도 없이 모두 다 하나님의 진노와 심판 아래 놓여 있는 처지다. 사도 바울은 인간이 처한 불의, 불순종, 죄성에 대해 논증하고 있다. 곧 유대인이나 이방인이나 모두 죄 아래 놓여 있고 따라서 하나님의 심판과 진노를 피할 수 없다는 것이다. 하나님을 알지 못한다고 핑계할 수 없음에도 인간들은 우상을 섬기고 하나님을 배역하였기에 하나님은 이를 그대로 내버려 두셨다는 것이다. 이방인이든 유대인이든 가리지 않고 모두 다 죄를 범하여 하나님의 진노를 받게 되었는데, 여기에는 율법을 알든 모르든 차별이 없었다. 왜냐하면 하나님 앞에서는 율법을 듣는 자가 의롭게 되는 것이 아니라 율법을 행하는 자라야 의롭다 함을 받기 때문이다.

> …의인은 한 사람도 없다.
> 깨닫는 사람도 없고, 하나님을 찾는 사람도 없다.
> 모두가 곁길로 나가 하나같이 쓸모없게 되었다. 선한 일을 행하는 사람은 단 한 사람도 없다.
> 그들의 목구멍은 열린 무덤이고, 혀로는 사람을 속인다. 그들의 입술에는 독사의 독이 있다.
> 그들의 입은 저주와 독설로 가득 찼다.
> 그들은 사람을 죽이려고 바쁘게 움직이며,

그들이 가는 곳마다 멸망과 비참함이 있다.
그들은 평화의 길을 알지 못한다.
그들의 눈에는 하나님을 두려워하는 것이 없다.

(로마서 3장 10-18절, 쉬운성경)

이러한 인간의 죄성에 대한 첫 번째 처방으로 율법이 주어졌으나, 율법을 지키는 것으로 하나님 앞에서 의롭다고 인정받을 사람은 아무도 없음이 드러났다. 율법을 받고 율법을 알고 있었던 유대인은 율법을 지키지 않거나 어김으로써 율법에 의해 정죄를 받게 되는데, 그리하여 진정한 유대인은 율법을 아는 표면적 유대인이 아니라 성령을 따라 마음에 받는 할례를 받는 유대인이다. 율법이란 율법 아래 있는 사람들에게 온 세상이 하나님의 심판 아래 있다는 것을 알려주는 것이며 율법의 행위로 하나님 앞에 의롭다 함을 얻을 사람은 없는바, 율법으로는 죄를 깨닫고 우리가 죄인을 알게 해줄 뿐이다.

이러한 진노와 심판에 처해있는 절체절명의 상황에서 우리 인간에게 그야말로 구원의 기쁜 소식이 들려왔는 바, 예수 그리스도를 믿음으로 우리에게 하나님의 의가 우리의 것이 되었다는 소식이 바로 그 복음이다. 그래서 이제는 율법 없이도 하나님께로부터 오는 의가 나타나고, 하나님의 의는 예수 그리스도에 대한 믿음을 통해 우리의 의가 될 수 있었다. 모든 사람이 죄를 지어 하나님의 영광에 이를 수 없게 되었음에도, 예수 그리스도의 속량, 대속을 통해 하나님의 은혜로 의롭다 하심을 받게 되었던 것이다. 곧 하나님이 예수를 화목제물로 삼아 예수의 보혈을 믿음으로 죄사함을 받게 했던 것이다. 이로써 하나님 자신이 의로우심과 예수를 믿는 사람을 의롭게 하신다는 것을 드러내셨다.

> 모든 사람이 죄를 지어 하나님의 영광에 이를 수 없게 되었습니다.
> 그런 사람이 그리스도 예수께서 주시는 속죄를 통해, 하나님의 은혜로 의롭다는 판단을 받습니다. 그것은 하나님께서 거저 주시는 선물입니다.
> 하나님께서 예수님을 화목 제물로 내어 주셨으며, 누구든지 예수님의 피를 믿음으로 죄를 용서받게 됩니다. 하나님은 이전에 살았던 사람들이 지은 죄에 대해 오래 참으심으로 심판하지 않으셨습니다. 이렇게 하여 하나님께서는 그분의 의로우심을 보이셨습니다.
> 하나님께서 이 시기에 그분의 의로우심을 보이신 것은, 하나님 자신이 의로우시다는 것과 예수님을 믿는 사람을 의롭게 하신다는 것을 보이기 위해서였습니다.(로마서 3장 23-26절, 쉬운성경)

하나님은 아브라함의 믿음을 의로 여겨주셨듯이, 하나님과 그의 아들 예수 그리스도를 믿는 것을 우리의 의로 인정해주셨던 것이다. 그러므로 믿음으로 값없이 예수 그리스도의 속량과 대속으로 의롭다함을 받았으므로 예수 그리스도로 말미암아 하나님과 평강을 누리게 되는 것이다. 이것은 의롭다 함을 받은 첫 번째 열매이다. 예수 그리스도에 의해, 또 믿음으로 은혜의 보좌에 들어와 하나님의 영광을 소망하며 즐거워할 수도 있게 되었다. 이 또한 은혜로운 열매다. 예수 그리스도의 죽음을 통해 하나님과 화해되었다면, 하나님과 화목한 사람들이 그분의 생명으로 구원을 받게 되는 것은 당연하다. 그리고 의롭다 함을 받게 되면 그 열매도 누려야 하고 그 열매에 합당한 삶을 살아야 할 것이다. 이런 새로운 삶의 원리는 예수 그리스도를 통해 생명 안에서 왕노릇함으로써 이루어지게 된다. 곧 하나님의 은혜와 칭의의 선물을 받은 사람은 예수 그리스도를 통해 참생명 안에서 왕노릇하게 되는데, 예전에는 죄가 사망 안에서 왕노릇했듯이, 은혜는 의를 통해 예수 그리스도로 말미암아 영생을 얻게 하기 위해 왕노릇할 것이다.

> 우리가 하나님과 원수가 되었을 때도, 그리스도의 죽음을 통해 하나님과 화해하게 되었다면, 이렇게 하나님과 화목을 누리고 있는 사람들이 그분의 생명으로 말미암아 구원을 받게 될 것은 더욱 확실합니다.
>
> 이뿐만 아니라, 우리는 이제 우리 주 예수 그리스도를 통해 하나님 안에서 즐거워합니다. 예수 그리스도로 말미암아 이제 우리는 하나님과 화해하게 되었습니다.(로마서 5장 10-11절, 쉬운성경)

그렇다면 이렇게 그리스도를 믿음으로 의롭다 함을 받은 인간은 어떤 상태에 있는 것인가? 한마디로, 이제 우리는 죄에 대하여는 죽고 그리스도 안에서 의에 대해서는 산 사람이 된 것이다. 이것이 우리의 옛 사람이 죽고 새 사람이 살아난 거듭남이고, 또한 이것이 우리가 십자가와 동시에 예수 그리스도의 부활에 연합한 자가 되었음을 알려주는 것이다. 또 중요한 것은 이렇게 되는 과정이 우리의 행위를 통한 것이 아니라, 단지 예수 그리스도를 믿음으로 (하나님의 의가 우리의 의로 받아들여짐으로써) 이루어졌다는 데 있다.

하나님의 은혜 중의 하나는 하나님의 의가 우리의 '회개의 열매를 맺는 믿음'을 통해 우리의 의로 간주된다는 것이다. 이는 바로 아브라함이 하나님을 믿으니 의로 여겼다는 바로 그 믿음과 의다. 즉 그리스도 안에 나타난 하나님의 '의'에 힘입어 우리는 '의인'으로 선언되는 것이다. 여기서 의는 죄를 사면받아 무죄로 된다는 의미뿐만 아니라 하나님과 올바른 관계를 회복한다는 의미도 포함한다. (김세윤2, 170-71쪽) 창조주 하나님과의 올바른 관계란 피조물로서 우리가 하나님을 예배하고, 의지하고, 순종하는 것을 말하며, 이것을 거부하고 자기의(필자)를 주장하려다가 도리어 사단의 통치 아래 떨어진 아담적 실존을 청산하고(그것에 대해 용서받고) 하나님의 통치를 받는 것을 뜻한다. (김세윤2, 171쪽) 그런데 이 모든 것이 우리의 행위나 의가 아니라 십자가를 통한 하나님의 은혜로 이루어졌다는 것이다. 이것이 우리가 강조해온, 은혜의 복음, 혹은 은혜의 믿음의 복음인 것이다. 여기서 핵심은 다시, 우리의 옛 사람이 그리스도와 함께 십자가에 못 박혀 죽음으로써 죄의 몸, 곧 육신이 무력하게 되었기 때문에 우리는 더 이상 죄의 노예가 아니게 되었던 점이다. (로마서 6장 6절) [이 얼마나 엄청난 복음의 소식인가?] 우리는 그리스도와 함께 죽고 그리스도와 함께 살아날 것도 믿게 된 것이다.

믿음을 통해 의롭다함을 받음으로 하나님과 화목하게 되어 은혜로써 생명 안에서 왕노릇하게 된 동시에 예수 그리스도와의 연합, 곧 세례를 통하여 우리는 또한 새생명을 살 수 있게 된다. 예수 그리스도와 연합하여 그의 죽음에 참여하였다면, 그분의 부활에도 참여할 수 있게 되는 것이다. 우리의 옛사람이 그와 함께 십자가에 못박혀 죄의 몸이 죽으므로 더 이상 죄의 노예가 아니며, 그리스도의 죽음은 죄에 대해서 단번에 죽고, 그가 다시 살아나신 것은 하나님께 대하여 사신 것이기 때문에 우리도 죄에 대해서는 죽은 사람으로, 하나님께 대해서는 예수 안에서 살아있는 사람으로 간주해야 한다, 그럼으로써 우리는 죄의 종에서 의의 종, 하나님의 종으로 변하고 거듭나는 것이다. 그리하여 우리는 죽게 될 우리의 육신 속에서 죄가 왕노릇하여 정욕(옛 사람의 구습)대로 살지 말고, 거듭난 영 속에서 의가 우리 전체(영혼육)를 지배하도록 하게끔 살아야 한다는 것이다.

이렇게 할 수 있는 것은 우리가 더 이상 율법 아래 있지 않고 은혜 아래 있어 성령이 우리를 주관하기 때문이다. 예전에 우리가 죄의 종이었을 때는 우리는 의와 무관하고 의가 우리를 지배하지 못했다. 그러나 이제는 우리가 죄에서 해방되어 하나님의 종으로, 의가 우리를 지배하기에 우리는 거룩함에 이르는 열매를 맺게 되어 우리 주 예수 그리스도 안에 있는 영생을 소망하게 된 것이다.(로마서 6장 20-23절)

의롭다 함을 받음으로써 거듭난 하나님의 자녀로서 즉각적 성화를 맛보지만 동시에 점진적 성화를 이루어가도록, 거룩에 이르는 열매를 맺어야 하는데, 그래야 마지막에 영생을 누릴 수 있기 때문이다. 죄의 대가는 죽음이지만 하나님의 선물은 예수 그리스도 안에 있는 영생임은 우리에게 얼마나 커다란 은총인지 모른다. 하지만 그리스도인이라도 구원을 받은 이후에도 숱한 시련과 고난을 겪게 되는데, 앞에서 살펴보았듯이, 이는 '이미 승리는 선포되었지만 아직 끝나지 않은 영적 전쟁'에서 이중국적자로 살아가야 하는 우리 신도에게 필히 닥치는 시험의 과정이기도 한 것이다.

그리스도의 부활 [그리고 세례를 통해 그리스도와 연합한 우리 인간의 부활] 은 다시는 죽는 일이 없이, 죽음의 지배를 받지 않는다는 것을 선포하는 것이다.(로마서 6장 9절) [이 또한 얼마나 엄청난 복음의 메시지인가!] 그렇다고 해서 우리 인간 안팎에서 진행되고 있는 영적 전쟁이 끝난 것은 아니다. 사도 바울은 그리스도의 죽음과 연합하여 거듭난, 그리스도 안에 있는 인간에게는 하나님의 진노나 정죄나 심판은 없다고 강조한다. 그것은 그리스도 예수 안에서 생명을 주시는 성령의 법을 통해 죄와 사망의 법에서 우리가 해방되었기 때문이다.(로마서 8장 1-2절) 동시에 그리스도인은 구원의 사건 이후에 벌어지는 영적 전쟁을 맞이하여, 여러 가지 시험과 환난을 예전과는 다른 방식, 다른 전략으로 대처하고 끝까지 투쟁해 가야 하는데, 이것이 사도 바울의 고난의 복음이기도 한 것이다. 곧 구원의 은혜를 맛본 다음에 자기 십자가 영성으로 그 다음에 펼쳐지는 영적 전쟁을 통해 성화의 삶을 살아내야 하는 것이다.

이제 우리는 성령의 도우심으로 성령을 따라 살기에, 예전에 육신을 입고 죄와 죽음의 종으로 살던 것과는 달리, 성령의 지배를 받아 생명과 평강만을 소망하면서 살아가고, 또 그럴 수 있다.(로마서 8장 4-6절) 다시 말하지만 하나님의 영인 성령이 우리 안에 있으면 우리는 죄와 죽음의 지배를 벗어나, 곧 육신을 벗고 성령의 사람으로 거듭날 수있다. 따라서 우리 속의 육신은 죄로 인해 죽은 상태이지만 우리의 영은 의 [하나님께서 우리의 의로 간주해주신 의] 때문에 살아있는 것이다. 그래서 우리는 죄의 본성에 빚진 사람이 더 이상 아니다. 왜냐하면 죄의 본성에 빚진, 곧 죄와 죽음의 지배를 받던, 옛 사람(육신)은 죽었고 이제는 성령의 도우심을 받은 새 사람(영)이 살고 있기 때문이다. 하지만 우리는 더 이상 이러한 수동적인 상태에 머물지 말고 성령의 도우심을 받아 육신의 악한 일을 죽이려고 노력해야 한다. 왜냐하면 성령과 육신의 소욕은 함께 할 수 없기 때문이다.

> … 성령을 따라 사십시오. 그러면 육체의 욕망을 따라 살지 않게 될 것입니다.
>
> 육체의 욕망은 성령을 거스르고, 성령이 바라시는 것은 육체의 욕망을 거스릅니다. 이 둘은 서로 반대 되는 것이므로, 여러분의 욕망대로 살 수 없게 합니다.
>
> 성령께서 이끄시는 대로 살면, 여러분은 율법 아래에 있지 않게 됩니다.(갈라디아서 5장 16-18절, 쉬운성경)

따라서 육신을 따라 살면 죽을 것이고(또 이미 죽었고), 성령으로 살면서 육신의 소욕을 죽이면 살게 될 것이다. 우리 인간이 처한 처지는 그야말로 상전벽해 桑田碧海 처럼 변했다. 이제는 죽음과 죄의 지배와 괴롭힘에서 해방되어 그리스도 안에서 성령의 도우심으로 거룩하고 의롭고 평화롭게 살 수 있게 되었다는 말이다. 하지만 여기서 기쁜 소식은 끝나지 않는다. 예수 그리스도로 말미암아 율법에 대하여 죽은 우리는 이제 하나님께 열매 맺기 위해 죽은 자 가운데서 살아나신 그 분의 부활에 동참하는 사람이 된다. 죄의 성품, 육신으로 살 때는 율법이 죄의 욕망을 일으켜 죽음에 이르는 열매를 맺었다. 그러나 이제 우리는 죄에서 해방되어 하나님의 종이 되어 거룩함에 이르는 열매를 맺고 있는 것이다.

이런 변화를 설명하기 위해 사도 바울은 결혼관계의 비유를 들고 있다. 곧 남편이 살아있을 때는 법에 의해 남편에 매여 살아야 하지만 남편이 죽으면 그 여자는 남편에게 매여 있던 구속에서 해방되는 것이다. 이와 마찬가지로 우리도 그리스도의 몸으로 말미암아 율법에 대해 죽었기 때문에, 우리를 가둔 율법에 대해 죽고 율법으로부터 해방되어 하나님께 열매 맺기 위해 죽은 자들 가운데서 살아나신 예수 그리스도의 사람이 되었다. 예전에는 율법이 우리 육신 속에서 죄를 지으려는 욕망을 일으켜 죽음에 이르게 했지만, 이제는 우리는 우리를 가둔 율법에 대해 죽고, 율법으로부터 해방되어 계명으로 하나님을 섬기는 것이 아니라 성령의 새로운 법으로 하나님을 섬길 수 있게 된 것이다.

그렇다면 율법이 죄인가? 그렇지 않다. 율법이 없었다면 우리는 죄가 무엇인지 알지 못했을 것이다. 율법은 하나님의 완전한 성품, 완전한 기준을 가진 것으로, 거룩하고 의롭고 선한 것이다. 율법을 지키면 생명을 얻지만 우리 인간은 율법을 다 지킬 수가 없기에 문제가 생긴다. 율법의 역할과 기능은 죄를 죄로 깨닫는 것으로 그 율법이 없으면 범법도 없다. 또한 죄가 죄로 드러나게 하기 위해, 죄의 참모습을 드러내고 죄로 심히 죄되게 하기 위해 율법이 필요한 것이다. 그러한 율법은 또한 죄의 욕망을 부추기고 탐심과 욕망을 일으켜 기회를 엿보아 우리를 속이고 그 계명으로 우리를 죽이기도 하는 것이다. 그리하여 우리는 죄의식을 유발하는 율법의 지배 하에 놓여있고 율법과 죄에 매여 괴로워하는 것이다.

바울의 탄식과 절망 속에는 우리 인간 속에는 선악이 병존하고 내적 갈등이 항시 존재하고 증폭되고, 또한 그러한 죄악에 패배할 수밖에 없다는 절망감이 짙게 배여있다. 특히 육신으로는 어떻게 해볼 도리 없이 죄의 종노릇을 하게 된다는 고백이 이어진다. 누가 이 죄와 죽음의 상태에서 우리를 구원해내랴? 마음으로는 하나님의 법에, 죄악된 본성으로는 죄의 법에 복종하는 우리 인간은 오직 예수 그리스도로 인하여 할 수 있고 예수 그리스도 안에 있는 성령의 힘을 통해서만 승리할 수 있게 된다는 것이다.

육신이 아니라 성령으로, 성령을 따라 살면 율법의 요구를 충족할 수 있고 또 성령의 법으로 승리할 수 있게 되는 것이다. 성령으로 몸의 행실, 육신을 죽이면 가능한 것이다. 예수 그리스도가 우리 안에 계시면 몸은 죄 때문에 죽은 존재이지만 영은 의 때문에 살아있다. 인간은 죄의 본성에 따라 살면 죽을 것이지만 성령의 도우심을 받아 몸의 악한 일을 죽이면 살 것이다. 하나님의 영을 받은 우리가 진정한 하나님의 자녀인 바, 우리는 우리를 사랑하신 하나님을 힘입어 이 모든 것을 넉넉히 이길 수 있게 된다. 우리는 우리를 두려움에 이르게 하는, 즉 노예로 만드는 영이 아니라 하나님의 자녀가 되는 영을 받게 된 것이다. 그래서 우리는 하나님을 '아버지'라고 부를 수 있게 된 것이다. 또한 우리는 상속자로서 하나님의 영광에도 참여할 수 있게 된 것이다.

> 그래서 우리는 그 성령을 의지하여 "아바, 아버지"라고 부를 수 있는 것입니다.
> 성령께서는 친히 우리의 영과 함께 우리가 하나님의 자녀라는 것을 증언합니다.
> 자녀라면 또한 상속자이기도 합니다. 우리는 하나님의 상속자이며 또한 그리스도와 공동의 상속자입니다. 그래서 우리는 그리스도께서 누리시는 영광에 참여하기 위해 그분이 겪으신 고난에도 참여하는 것입니다.(로마서 8장 15-17절, 쉬운성경)

우리가 죄사함을 받고 성령의 도우심으로 은혜로 인한 구원을 받았으며 우리는 새로운 존재로서 예전에 받았던 율법의 정죄를 받지 않는다. 우리는 성령의 인도 하에 오직 예수 그리스도 안에서 예수 그리스도의 이름으로 하나님의 언약의 말씀을 선포함으로써 (예수님이 시험받았을 때 그랬듯이) 사탄의 통치를 몰아낼 수 있다. 결국 우리는 하나님을 '아바, 아버지'라고 부를 수 있게 되었으며, 우리를 자녀 삼으시고 그분의 아들마저 우리를 위해서 희생하신 하나님의 사랑은 세상의 그 무엇으로도, 사탄의 그 어떤 간계로도 우리를 하나님으로부터 끊을 수 없게 된 것이다. 그리하여 초라하고 빈약하고 부끄러운 것으로 비춰지던 구원과 믿음은 이제 이 모든 장애물들, 사탄, 세상, 죽음, 죄 등을 이기게 되는데, 그것도 넉넉히 이기게 된 것이다. 그럼으로써 초라하고 빈약하고 부끄러운 것들이 풍성하고 부요하고 모든 장애들을 여유있고 넉넉하게 극복할 수 있게 된 것이다.

생명과 성령의 법으로 죄와 사망에서 해방되고 이 모든 것을 성령의 은혜를 통하여 이룰 수 있다고 기뻐한 사도 바울은 또 하나의 심각한 고민을 털어 놓는다. 그것은 이스라엘의 구원에 관한 것이다. 사도 바울은 자신에게는 큰 슬픔이 있고 고통이 쉴 새 없이 밀려온다고 고백하면서 자기 동족에 대한 지극한 사랑을 밝히고 있다. 이는 마치 모세가 하나님께 배역한 자기 민족을 하나님이 처단하려 하자 자신의 이름을 생명책에서 제외해달라고 한 절실한 간구와 유사해 보인다. 그렇다면 이스라엘 민족에 대한 하나님의 언약이 실패한 것인가? 사도 바울을 결코 그렇지 않다고 강변한다. 사도 바울은 이스라엘에서 태어난 사람이라고 해서 다 이스라엘 백성이 아니고 아브라함의 자손이라고 해서 다 아브라함의 자녀가 되는 것은 아니라고 하면서, 약속의 자녀라야만 이스라엘 백성이고 아브라함의 자녀라고 말한다. 절대주권을 가지신 하나님의 뜻대로 선택하신 것에 대해 사람이 할 말은 없다는 것이다.

하나님은 모세에게 "내가 자비를 베풀고자 하는 사람에게 자비를 베풀고, 불쌍히 여기고자 하는 사람을 불쌍히 여기겠다"고 말씀하셨다. 따라서 모든 것이 사람의 요구나 노력에 달려 있는 것이 아니라 하나님의 뜻에 달려 있는 것이다. 진노의 그릇으로 사용하실 지 자비의 그릇으로 사용하실 지의 문제는 전적으로 하나님의 절대 주권인 것이다. 호세아서에도 "내 백성이 아니라고 말했던 사람을 내 백성이라 부르겠고 내가 사랑하지 않았던 사람을 사랑하겠다"고 했으며, 또 "너희는 내 백성이 아니라고 그들에게 말한 그 곳에서 그들은 살아계신 하나님의 아들이라고 불리게 될 것"이라고 말씀하셨다. 또한 이사야도 "이스라엘자 손들의 수가 바닷가의 모래처럼 많을지라도 나은 자만 구원을 얻을 것이다"라고 말했다.

의를 추구하지 않던 이방인들이 믿음에서 나오는 의를 얻었던 반면, 이스라엘은 의의 율법을 추구했지만 얻지 못했다. 왜냐하면 그들은 믿음에서 나오는 의가 아니라 행위에서 나오는 의를 추구했기 때문이다. 의는 인간의 행위나 의지를 통해 나오지 못함을 그들은 알지 못했던 것이다. 그들은 시온에 놓여진 부딪히는 돌과 걸려 넘어지게 하는 바위에 넘어졌던 것이다. 다시 말하자면, 이스라엘은 자기의를 세우려 노력하고 열심은 있었으나, 무지하여 하나님의 의에 복종하지 않았던 것이다. 하나님의 말씀은 가까이 있으니 입에 있고 마음에 있다는 말씀을 이해하지 못했다. 예수를 주라고 고백하고 마음으로 믿으면 구원을 받을 수 있는데, 그들은 교만하게 자기의와 율법에 의지하였던 것이다.

그렇다면 하나님이 이스라엘 백성을 버렸느냐? 그렇지 않다. 엘리야에게 바알에게 무릎 꿇지 않은 칠천 명이 있었다고 했듯이 지금도 하나님의 은혜로 택함을 받은 남은 자들이 있다는 것이다.

또 그렇다면 이스라엘이 걸려 넘어져 완전히 망했는가? 결코 그렇지 않다. 오히려 그들의 죄 때문에 구원이 이방인들에게 이르게 되었고 이스라엘은 그들을 보고 시기하게 되었다. 결과적으로 이스라엘의 범죄가 세상에 풍성한 복을 가져다주고, 이스라엘의 실패가 이방인들에게 풍성한 복을 가져온 셈이 된 것이다. 이스라엘이 하나님께 버림을 받아 세상이 하나님과 화목하게 되었다면, 이스라엘이 하나님께 받아들여지는 것은 죽은 자들 가운데서 다시 살아나는 것과 같은 것이다. 그래서 참 올리브나무 가지였던 유대인은 배제되고 야생 올리브나무 가지였던 이방인들이 그리스도에 대한 믿음을 통해 구원받게 됨으로써 유대인과 이방인을 포함한 전 세상의 구원 계획은 이루어져가게 되는 것이다. 즉 참 올리브나무의 가지를 치고 그곳에 접붙여진 야생 올리브나무의 가지는 기름을 만들 수 있게 된다. 왜냐하면 참 나무의 뿌리로부터 지탱되기 때문이다. 따라서 야생 올리브나무 가지인 이방인은 자랑할 것이 전혀 없는 것이다. 이것은 이방인의 충만한 수가 돌아오기까지 이스라엘 일부는 완악한 채 남아있도록 하는 하나님의 부요한 지혜이기 때문이다. 참 올리브나무 가지를 치신 하나님이 야생 올리브나무 가지인들 가만 두겠느냐는 것이다.

예전에 불순종하던 진노의 그릇이던 이방인이 이스라엘의 불순종 때문에 자비를 얻게 되었으며, 이제는 이스라엘이 불순종하는 것은 이방인에게 내린 하나님의 자비를 그들도 받기 위해서인 것이다. 하나님이 이방인을 긍휼히 여기셔서 구원하셨다면, 당연히 이스라엘도 긍휼이 여기서서 회복하실 것이다. 하나님이 처음에는 이스라엘을 선택했으나 이스라엘이 복음을 거부함으로써 이방인에게 복음이 흘러가게 되었고, 이를 시기하여 이스라엘이 복음으로 돌아오고 회복되면 모두가 구원되는 것이다. 이야말로 놀랍고 부요한 하나님의 구원 계획의 신비이자 경륜이다. 이러한 내용은 에베소서 2장에서도 찾아볼 수 있다. 곧 이방인을 포함해서 하나님의 뜻을 따르지 않아서 영적으로 죽은 상태의 인간들에게 그리스도를 통하여 생명을 받게 되는 데 이것은 전적으로 하나님의 은혜이다. 인간 스스로 구원할 수 없고 하나님의 은혜 안에서 믿음으로 구원을 받은 것이기에 이는 전적으로 하나님의 선물이다. 인간의 선한 행동으로 구원받은 것이 아니기에 자랑할 수 없는 것이다. 하나님 없이 살던 이방인은 본래 소망도 없고 하나님도 몰랐는데, 예수 그 안에서 그리스도의 보혈로 하나님과 화목하게 되고 그리스도의 십자가 사건을 통해 그리스도 안에서 하나가 되었다. 예수 그리스도의 죽음과 보혈로써 유대인과 이방인 사이의 벽이 허물어져 모두가 구원받을 수 있는 기초가 마련 된 것이다. 그 결과 인간은 모두 그리스도를 통해 성령 안에서 하나님께로 나아갈 수 있게 되었던 것이다.

이제 인간은 더 이상 나그네가 아니고 하나님의 거룩한 백성으로 하늘의 시민이요 가족이 되었다. 사도들과 예언자들이 닦아 놓은 기초 위에 세워진 하나님의 집에 예수 그리스도는 친히 그 건물의 머릿돌이 되어주심으로써 건물 전체가 그리스도 안에서 서로 연결되게 되었다. 그리하여 이 건물이 주님의 거룩한 성전으로 자라가고 이방인도 유대인들과 함께 그리스도 안에서 함께 성령을 통해 하나님께서 친히 거하는 곳으로 지어져 갈 것이다. 이러한 하나님의 구원 계획의 신비와 하나님의 심오한 구원 경륜은 그 자체가 은혜이자 복음이다. 그리고 우리가 거듭날 때 우리 안에 그리스도의 영이 들어오심으로 우리의 옛 자아가 죽었으니, 아무리 우리 육신에 죄의 세력이 들어와서 괴롭힌다 하더라도 이제 우리는 그렇게 살 수 없게 되었다. (손기철, 377쪽) 물론 때때로 죄를 짓고 후회도 하겠지만…

사탄은 우리가 우리 안에 내주하시는 그리스도의 삶이 아니라 우리 자신의 삶을, 우리의 의지와 우리의 의로 살아가도록 유도한다. 그 때문에 우리가 우리의 생각과 의지로 죄를 짓지 않으려고 무단히 노력할 때, 사탄은 그러한 종교적 열심과 자기 의를 매우 기뻐한다. (손기철, 378쪽) 바로 이러한 이유로 이 세상에는 수많은 육신적·세상적 메시아주의와 인간중심의 종교운동이 판을 치고 있는 것이다. 사탄은 죄책감과 정죄감, 낙심과 좌절, 원망과 불평, 자랑과 교만 등의 굴레로 당신의 삶을 꽁꽁 묶어 두면서 우리를 실패의 수렁으로 유도하려 할 것이다. (손기철, 378쪽) 하지만 거듭난 새 사람은 우리의 주장과 의가 아니라, 오직 진정한 곧 열매 맺는 회개를 거치고, 은혜에 의한, 또 성령을 통해 하나님의 의를 이루고자 한다. 이에 반해 앞에서 (특히 2장에서) 살펴보았듯이, 유대인, 특히 바리새파 사람들은 하나님께서 주시는 의를 알지 못하고 자신의 의를 세우려고 노력하였기 때문에 하나님께서 주시는 의에 복종하지 않았던 것이다. (로마서 10장 3절)

그렇다면 구원에 관한 하나님의 지혜와 경륜, 또 무한한 하나님의 은혜에 있어 인간의 몫은 무엇인가? 로마서 12장부터는 그렇게 하나님의 경륜과 은혜로 구원받은 인간이 살아야 할 새로운 삶에 대해 논하고 있다. 먼저 우리는 우리 자신을 하나님을 기쁘시게 하는 거룩한 산 제물을 드려야 하는데, 이것이야말로 마땅히 드려야 할 영적 예배인 것이다. 그리고 그리스도 안에 있는 새 생명, 하나님의 선하시고 기뻐하시고 온전하신 뜻 분별하는 새로운 삶, 삶의 새로운 은혜로운 태도는 박해받는 자를 축복하고 어려움 당하는 자들과 함께 하고, 다른 사람들을 겸손하게 대하고, 악을 악으로 갚지 말고 선을 통해 악을 이기도록 선한 일을 도모하고, 할 수 있다면 모든 사람들과 더불어 화목할 것을 권고하고 있다.

그리고 세상의 통치자 역시 하나님 나라의 일부이기에 가급적 복종하기를 권고하는데, 이 대목에서는 박정희정권이나 전두환정권 시절에 일부 정치적(?) 성직자들의 무분별한 인용으로 오해의 소지가 발생하기도 했다. 하나님의 절대 주권 하에 이루어진 세상질서에 대해서 하나님의 주권을 인정하여 기본 질서는 존중하되 비인간적·반인권적 정권에 대한 옹호의 빌미가 되어서는 안 될 것이다. 하여간 성도의 새로운 삶은 가급적 남을 비판하지 말고 또 그들이 넘어지지 않도록 하며, 이방인을 포함해 서로 서로 용납하고 선을 이루고 덕을 세우며, 하나님의 진실하심과 자비를 드러내는 신실한 용기로 살아야 함을 강조했다.

여기서 우리는 이 모든 것이 하나님의 은혜로 이루어진 것임을 다시 깨닫게 된다. 즉 진노의 자녀, 공중의 권세 잡은 자, 사탄의 노예였던 우리가 율법을 지키고 자기 행위를 통해서 의를 만들어내려 했지만 실패했다. 인간의 죄성이 그러한 율법주의, 행위, 자기의를 내세우는 과정에서 더욱 왜곡되고 비뚤어졌다. 결코 불가능한 일이 예수 그리스도에 대한 믿음을 통해 하나님의 의가 우리에게 전가됨으로써만 가능해졌다. 그리스도 십자가 보혈의 은혜와 그에 대한 믿음을 우리의 의로 간주해주시는 하나님의 은혜가 중복되게 겹침으로써 우리는 죄와 사망에서 해방되어 그리스도 안에서 하나님과 화목하게 되었던 것이다. 그리하여 우리는 더 이상 정죄와 심판을 받지 않게 되고, 또한 성령의 도우심으로 거듭남으로써 죄와 사망의 권세와 그림자에서 해방되게 되었던 것이다. 이것이 바로 사도 바울의 은혜의 믿음의 복음이다.

> 너희는 그 은혜에 의하여 믿음으로 말미암아 구원을 받았으니 이것은 너희에게서 난 것이 아니요 하나님의 선물이라
> 행위에서 난 것이 아니니 이는 누구든지 자랑하지 못하게 함이라
> 우리는 그가 만드신 바라 그리스도 예수 안에서 선한 일을 위하여 지으심을 받은 자니
> 이 일은 하나님이 전에 예비하사 우리로 그 가운데서 행하게 하려 하심이니라(에베소서 2장 8-10절)

하지만 사도 바울은 우리가 은혜로운 성령의 도우심으로 거듭나서 하나님을 아버지라고 부르고 하나님의 영광과 그리스도의 부활에 참여하기 위해서는 그 분이 겪은 고난에도 참여해야 한다고

말한다.(이것이 바로 '자기십자가의 영성'이다.) 또 바울은 그리스도 안에서 그리스도와 함께 죽었다고만 표현하지 않고, 그리스도 안에서 죽고 부활한 우리가 고난을 받는다고 했다. 이는 그리스도인의 삶의 고난은 자기를 주장하려는 옛 사람 곧 십자가에서 그리스도와 함께 믿음으로 그리스도 안에서 죽은 옛사람이 실제로 죽어 가는 과정으로서, 다른 말로 하면, 이 악한 세상에서 이 세상의 정신과 그 가치관에 순종하지 않고 하나님 나라의 시민으로 살기 때문에 받는 고난으로 이해할 수 있다고 김세윤 교수는 말한다.(김세윤 1, 99쪽) 이 고난의 과정은 인간이 그리스도의 영광된 형상으로 날로 변화되어가는 성화의 과정이며(고린도후서 3장 18절), 예수님의 부활의 새 생명이 우리의 썩어져 가는 몸에 나타나져 가는 과정인 것이다.(고린도후서 4장 10절, 빌립보서 3장 10절)(김세윤1, 102쪽 참조) 사도 바울은 이를 또한 겉사람이 후패해져 가고 새 사람이 날로 새롭게 되어 가는 과정이라고도 했다.

이런 맥락에서 우리는 두 가지 각도에서 고난을 얘기할 수 있다. 로마서 1장에서 살펴보았듯이, 고난과 고통은 죽음과 연관되는 증세이고 그 그림자이다. 또 이러한 고난은 육신의 죄와 세상의 악으로부터 연유하고 또 연관된 징후이기도 하다. 사탄이 죽음을 빌미로 평생 인간을 죄의 노예로 부리는 이 세상에서 파생되는 것이 고난인 것이다. 하지만 고난의 다른 측면, 곧 진정한 복음으로 순종적인 구원의 삶을 살아내기 위해 요구되는 시련과 고난도 존재하는 것이다. 이 고난은 사도 바울이 골로새 교인들을 위하여 고난받는 것을 기쁘게 생각하는 동시에 그 교회를 위하여 그리스도의 고난을 자신의 몸에 채워간다고 말한 바로 그 고난인 것이다. 비록 성령과 생명으로 가득찬 은혜의 삶을 살았던 바울이었지만 바울은 담대히 고난을 받아들이고 끝까지 자신의 몸을 흔들어 깨어 있으려 하고 육신과 죄로 돌아가지 않기 위해 처절한 영적 싸움을 쉬지 않았음을 알 수 있다. 바울은 자신이 끊임없이 육신을 죽이는 것은 그렇게 하지 않으면, 복음을 남에게 전한 후에 오히려 자신이 하나님으로부터 버림받을 지도 모른다고 생각했기 때문이다.(고린도전서 9장 27절)

> **이제 나는 여러분을 위하여 고난받는 것을 즐겁게 여기고 있으며, 그의 몸 곧 교회를 위하여 내 육신으로 그리스도의 남은 고난을 채워 가고 있습니다.**(골로새서 1장 24절, 표준새번역)

따라서 바울이 이러한 고난에 찬 쉼없는 영적 싸움의 중요성을 강조했다는 점에서 우리는 사도 바울을 둘러싼 몇 가지 오해의 소지를 해소할 수 있으리라 생각된다. 바울에 대한 비판의 일부는 그가 은혜의 믿음을 지나치게 강조함으로써 죄의 문제를 관념적으로 인식하는 방향으로 갔다는 것이다.(문동환, 186쪽) 문동환 교수는 바울에 의하면 예수를 믿으면 그의 고난을 통하여 죄 사함을 받고 하느님과 올바른 관계에 선다고 감격해 하는데, 이는 거저 얻은 은혜이기에 값싼 은혜로 간주될 수 있다.(문동환, 186쪽) 이는 예수의 경우, 죄악의 쓰라린 결과를 보면서 아파하고 또 구하고 찾고 문을 두드리는 과정을 거친 것과 대비된다는 것이다. 계속해서 문동환 교수는 바울은 예수를 믿으면 새사람이 된다고 선언하지만, 죄의 책임을 아담에게 돌리는 것으로 새사람이 될 수는 없다고 주장한다.(문동환, 186-87쪽) 이 과정에서 강조되어야 할 것은 은혜의 믿음에 대한 감격이라기보다는 삶의 과정에서 직면해야 할 아픔과 고난과 투쟁이라는 것이다. 새사람이 된 자들은 예수를 위하여 살아야 한다고 바울은 강조했던 반면에, 예수는 고난당하는 이웃을 위하여 살라고 가르쳤다고 전제하면서, 예수 그리스도를 위하여 살기 위해 전력을 다하는 바울의 전통이 이웃 사랑을 경시할 수 있음을 경고하고 있다.(문동환, 187-88쪽)

바울에 대한 오해 혹은 비판의 또 다른 쟁점은 믿음과 행위·실천에 관한 것이다. 이러한 오해는 믿음에 대한 다소 지나친 강조에 의해 야기된 측면도 있다. 이는 하박국 2장의 '의인은 믿음으로 살리라'가 로마서 1장에 그대로 인용되었는데, 개역한글판과 이를 기초로 한 개역개정판에서는 '의인은 오직 믿음으로 살리라'로 번역되면서 '오직'이라는 강조형 부사가 삽입되는 과정에서 그 오해의 소지의 일면을 확인할 수 있다. 게다가 마틴 루터가 행위를 강조한 야고보서를 지푸라기 같은 서신이라고 함으로써 좌로도 우로도 치우치지 않아야 할 신앙의 균형점이 약화됨으로써 오해가 깊어진 측면도 있다. 진정한 행위는 진정한 믿음의 기초위에서만 나올 수 있고 또 오래 지속될 수 있으며, 이웃에 대한 사랑도 하나님과 예수에 순종과 믿음에 뿌리내릴 때만 그러할 것이다.

이런 관점에서 예수 대 바울, 혹은 믿음 대 행위, 은혜 대 사랑의 관계를 이분법적인 구도에서 인식하기보다는 상호 보완적·변증법적으로 인식하는 것이 필요할 듯하다. 이러한 종합적·상호보안적 관점에서, 로마서 3장 20절에 나오는 '율법의 행위'로는 그의 앞에 의롭다 하심을 얻을 육체가 없나니…중의 '율법의 행위'는 율법을 실천하는 것을 의미하는 것이 아니라 절기나 음식물 규례 등의 의식법을 준수하는 것을 의미하는 것으로 해석해야 한다. 곧 이러한 율법의 규례나 조문을 잘 지킴으로써 의롭다 함을 받을 수는 없다는 것이지 율법을 실천하고 행동으로 옮기는 것을 부인하는 것은 아니다.

그리고 이러한 오해는 바울이 로마서 12장에서 우리에게 하는 권면에서 분명하게 해소된다. 곧 바울은 '너희 몸을 하나님이 기뻐하시는 산 제물로 드리라. 이는 너희가 드릴 영적 예배니라'라고 권유하고 있다. 여기서 산 제물은 우선, 살아있지만 죽은 희생제물을 의미한다고 할 수 있다. 우리는 예수와 함께 십자가에 못박혔으니, 지금부터는 우리가 사는 것이 아니라 우리 속에 예수가 살기에 우리의 정욕과 탐식과 욕망은 다 없어진 상태로 실제 살아가는 것이 바로 산 제사인 것이다. 우리가 은혜를 통한 믿음으로 구원을 받았지만 여기서 끝나는 것이 아니라 아니 어쩌면 그 순간부터 하나님이 기뻐하시는 선하고 온전한 삶을 살아가는 영적 예배를 통해 성화의 새로운 삶을 살아가야 하는 것이다. 물론 이것은 죄와 죽음의 법에서 생명과 성령의 법으로 옮겨지고 해방됨으로써 가능해지는 것이다.

따라서 사도 바울이 믿음을 강조한 것이 사랑의 행위나 삶으로서의 실천을 경시했다고 평가하는 것은 다소 지나친 해석이 아닌가 한다. 성도의 '자유대헌장'으로 일컬어지는 갈라디아서에서 사도 바울은 일찍이 율법을 준수하고 준행함으로써 의롭다함을 받을 수 없으면 자칫 율법의 굴레에 갇혀 율법의 종으로 저주를 받을 지도 모른다고 경고했던 것이다.

율법의 행위에 의지하는 사람은 누구나 다 저주 아래 있습니다. 기록된 바 "율법책에 기록된 모든 것을 지키지 않는 사람은 다 저주 아래 있다" 하였습니다.

하나님 앞에서는, 아무도 율법으로 의롭게 되지 못한다는 것이 분명합니다. "의인은 믿음으로 살 것이다" 하였기 때문입니다.

그러나 율법은 믿음에서 생긴 것이 아닙니다. 오히려 "율법을 지키는 사람은 율법으로 살 것이다" 하였습니다.

그리스도께서 우리를 위하여 저주를 받은 사람이 되심으로써, 우리를 율법의 저주에서 속량해 주셨습니다. 기록된 바 "나무에 달린 사람은 모두 저주를 받은 사람이다" 하였기 때문입니다.

그것은, 아브라함에게 내리신 복을 그리스도 예수 안에서 이방 사람에게 미치게 하시고, 우리로 하여금 믿음으로 말미암아 약속하신 성령을 받게 하시려는 것입니다.(갈라디아서 3장 10-14절, 표준새번역)

그리스도께서 우리를 해방시켜 주셔서, 자유하게 하셨습니다. 그러므로 굳게 서서, 다시는 종의 멍에를 메지 마십시오.

…여러분이 할례를 받는다면, 그리스도는 여러분에게 아무런 유익이 없습니다.

내가 할례를 받는 모든 사람에게 다시 증언합니다. 그런 사람은 율법 전체를 이행해야 할 의무를 지닙니다.

율법으로 의롭게 되려고 하는 여러분은 그리스도에게서 끊어지고, 은혜에서 떨어져 나갔습니다.

그러나 우리는 성령을 힘입어, 믿음으로 의롭게 하여 주심을 받을 소망을 간절히 기다리고 있습니다.

그리스도 예수 안에서는, 할례를 받거나 안 받는 것이 문제가 되는 것이 아닙니다. 가장 중요한 것은, 사랑으로 역사하는 믿음입니다.(갈라디아서 5장 1-6절, 표준새번역)

사도 바울의 자기 십자가와 은혜의 복음에서 우리는 하나님의 풍성한 은혜를 받아 누리고, 빈약한 우리의 영혼과 육신, 그리고 우리의 삶을 복음의 능력을 통해 풍성하게 하면서 모든 것이 하나님의 순전한 은혜로 이루어져 왔고 또 이루어지고 있으며 또 이루어져 갈 것임을 깨닫고 믿어야 할 것이다. 왜냐하면 이 은혜의 복음 속에 하나님의 의가 드러나고 그 의가 이루어낸 성령의 열매들, 곧 성령이 베풀어 주는 은혜의 결과로 맺어지는 아홉 가지 열매, 곧 사랑 · 희락 · 화평 · 오래 참음 · 자비 · 양선함 · 충성 · 온유 · 절제가 우리 몸 속으로 전이되어 우리가 날로 날로 변화되어 새 사람이 되어가기 때문이다. 동시에 구원받았지만 구원 이후에 성화의 삶을 살아내지 못할 때 그리스도인도 그 구원에서 멀어지고 그 구원의 경로에서 탈락될 수 있음을 직시해야 한다. 사도 바울이 진정 강조하고자 한 것은 하나님과 예수에 대한 순전한 믿음에 기초한 삶의 실천 [산 제물로서의 제사와 지속적 행위] 과 사랑의 실현으로 보여지는바, 그러한 순종의 믿음에 정초할 때만 율법이나 자기의가 아닌, 내가 죽고 예수가 사는 산 제사와 삶의 실천에서 우러나오는 '믿음으로 역사하는 사랑', 즉 성화의 삶이 가능해질 것이기 때문이다.

13장 재림의 복음과 하나님 나라의 완성

또 내가 새 하늘과 새 땅을 보니 처음 하늘과 처음 땅이 없어졌고 바다도 다시 있지 않더라

또 내가 보매 거룩한 성 새 예루살렘이 하나님께로부터 하늘에서 내려오니 그 준비한 것이 신부가 남편을 위하여 단장한 것 같더라

내가 들으니 보좌에서 큰 음성이 나서 이르되 보라 하나님의 장막이 사람들과 함께 있으매 하나님이 그들과 함께 계시리니 그들은 하나님의 백성이 되고 하나님은 친히 그들과 함께 계셔서

모든 눈물을 그 눈에서 닦아 주시니 다시는 사망이 없고 애통하는 것이나 곡하는 것이나 아픈 것이 다시 있지 아니하리니 처음 것들이 다 지나갔음이러라

보좌에 앉으신 이가 이르시되 보라 내가 만물을 새롭게 하노라 하시고 또 이르시되 이 말은 신실하고 참되니 기록하라 하시고

또 내게 말씀하시되 이루었도다 나는 알파와 오메가요 처음과 마지막이라 내가 생명수 샘물을 목마른 자에게 값없이 주리니

이기는 자는 이것들을 상속으로 받으리라 나는 그의 하나님이 되고 그는 내 아들이 되리라(요한계시록 21장 1-7절)

이것들을 증언하신 이가 이르시되 내가 진실로 속히 오리라 하시거늘 아멘 주 예수여 오시옵소서(요한계시록 22장 20절)

예수는 공생애 사역을 통하여 마귀를 결박하고 악을 멸하며 인생을 자유하게 만드는 하나님 나라의 생명과 능력을 보여주었다. 이제 그 생명과 능력이 그 분을 믿는 모든 이들의 삶에서도 실제로 나타나기 위해서는 예수 그리스도의 십자가 죽음과 부활, 그리고

보혜사 성령의 강림이 뒤따라야 했다. 예수님의 십자가 대속의 죽음과 부활을 통해서 그리고 그 승리의 실제적 적용과 실현은 오순절 이후 자녀 안에 임하시고 그 삶을 인도하시는 보혜사 성령을 통해서 이루어지기 때문이다.(손기철, 364쪽) 예수 그리스도는 우리를 위해 이미 이루어 놓으신 승리를 선포하셨기에, 사탄은 근본적으로 무장 해제되고 힘이 빠지며 권위를 박탈당했다. 하지만 이 세상은 여전히 사탄의 지배와 영향력 아래 있는 것처럼 보이고, 실제로 사탄은 죄와 저주와 질병과 죽음으로 많은 인생들을 묶고 있다. 그러나 성령의 역사하심 아래 주 예수 그리스도의 이름으로 현재적 하나님 나라가 실제적으로 임하는 곳에는 흑암의 권세는 약화되어 간다.(손기철, 366쪽 참조)

하지만 이 현재적 하나님 나라는 완전하지 못한 상태다. 왜냐하면 하나님 나라 [예수 그리스도] 는 이미 이 세상과 우리 영혼 속에 들어왔지만, 아직은 세상의 권세 잡은 자인 사탄과 영적 전쟁 중이고 아직은 사탄의 권세가 막강하기 때문이다. 하나님께서는 우주만물과 인간을 창조하신 후, 인간에게 이 세상을 통치할 수 있는 권한을 위임했으나 아담(적 인간)의 불순종으로 인해 그 통치 권한이 사탄에게 넘어갔던 것이다.

구약 시대 내내 인류는 메시아를 갈망했지만 계속되는 우상 숭배 와 불순종으로 말미암아 하나님의 징계와 심판이 뒤따랐다. 하나님이 에덴동산에서 아담을 통해 하나님 나라를 건설하려 했으나 사탄의 간계에 넘어간 아담과 하와의 불순종의 죄로 인해 무산되고 그들은 그곳으로부터 쫓겨나게 되었다. 그 이후에도 인간은 계속 불순종과 불경건의 죄를 범하여 (노아가족만 예외로 받았으며) 바벨탑을 쌓으면서 세상 나라를 만들어나갔다. 다른 한편 하나님은 갈대아 우르에서 아브라함을 불러내어서 복의 통로가 될 아브라함을 통해 하나님 나라를 건설하려 했다. 이삭이 태어나기 전부터 하나님은 아브라함이 만국의 아버지가 될 것이라 선포하고 그의 후손 야곱의 열두 아들(열두지파)을 통해 이스라엘을 만드셨다. 이스라엘은 불순종과 징계와 회개의 사이클을 반복했지만 결국 북이스라엘은 앗시리아에 의해 멸망당하고, 남유다도 바빌론에 의해 종말을 고하게 되었다. 페르시아의 고레스에 의해 예루살렘으로 돌아올 수 있게 된 이스라엘 백성들의 참회와 회개는, 그러나 그리 오래 지속되지 못했다. 구약의 마지막 말라기 선지자는 패역무도한 이스라엘 백성들을 향해 일갈했다.

> 만군의 여호와가 이르노라 보라 용광로 불 같은 날이 이르리니 교만한 자와
> 악을 행하는 자는 다 지푸라기 같을 것이라 그 이르는 날에 그들을 살라 그 뿌리와 가지를 남기지 아니할 것이로되
> 내 이름을 경외하는 너희에게는 공의로운 해가 떠올라서 치료하는 광선을 비추리니 너희가 나가서 외양간에서 나온 송아지 같이 뛰리라
> 또 너희가 악인을 밟을 것이니 그들이 내가 정한 날에 너희 발바닥 밑에 재와 같으리라 만군의 여호와의 말이니라(말라기 4장 1-3절)

인간의 반복적인 불순종과 패역에 대해 하나님은 구약시대가 끝난 후 400년간 침묵하셨다. 하지만 하나님은 일찍이 모세를 통해 이 이스라엘 백성이 배역하고 불순종한 후에 다시 모을 것을 말씀하셨다. 곧 "이 모든 일이 네게 임하여 환난을 당하다가 끝날에 네가 네 하나님 여호와께로 돌아와서 그의 말씀을 청종하리니, 네 하나님 여호와는 자비하신 하나님이심이라 그가 너를 버리지 아니하시며 너를 멸하지 아니하시며 네 조상들에게 맹세하신 언약을 잊지 아니하시리라."(신명기 4장 30-31절)

구약 이후 400년의 침묵의 암흑기를 지나 드디어 임마누엘 구주가 나셨다. 하지만 이사야와 말라기 선지자의 예언처럼, 광야의 외치는 소리 세례 요한의 선포를 신호탄으로, 때가 차매 예수 그리스도가 온 인류와 시대의 소망의 빛으로 이 땅에 오셨던 것이다.(초림) 우여곡절 끝에 베들레헴에서 탄생하시고 이집트로 피신했다 갈릴리에 터를 잡아 활동하신 예수가 선포한 첫 일성은 '때가 차고 하나님 나라가 가까이 왔으니 회개하고 복음을 믿으라'였다. 예수는 하나님 나라에 대한 질문을 받고서는 그 나라는 여기에도 저기에도 있는 것이 아니라 사람들 마음 속에 있다고 설파하면서 하나님과 예수 안에 있는 하나님 나라가 인간의 영혼 속에 깃들 수 있다고 말했다. 하나님 나라이자 복음 자체였던 예수 그리스도의 사역은, 따라서 예수님도 시험하고 미혹시키며 무엇보다도 인류를 죄와 죽음을 빌미로 흑암의 세계에 묶어 가두는 사탄과의 영적 전쟁이었다. 원인모를 고통 중에 있던 인간에게 예수는 복음의 빛이었다. "가난한 자에게 아름다운 소식을 전하고 마음이 상한 자를 고치며 포로 된 자에게 자유를, 갇힌 자에게 놓임을 전파하셨다."(이사야 61장 1절) 이 복음을 예수는 가버나움에서 공생애를 시작하려 할 때 선포했던 것이다. 이 복음의 소식을 접하고 기뻐했던 사람들에게 예수의 사역이 십자가로 향하여 끝을 맺는 것은 도무지 이해할 수 없는 일이었다. 결국 사탄의 권세에 '자칭 하나님의 아들'이 패배한 사건으로밖에 받아들일 수 없었다. 이러한 패배의 정서는 예수의 제자들에게도 팽배했었다. 그들은 부활의 메시지를 실제로 믿지 못했기 때문일 것이다. 뿐만 아니라 부활하신 예수를 만났을 때, 그들이 던진 질문, '지금이 하나님 나라를 회복할 때입니까?'는 여전히 그들이 예수의 하나님 나라를 제대로 이해하지 못했음을 보여준다.

예수 그리스도의 부활과 승천은 이 땅에서 사탄의 종으로 살던 인간들에게 새로운 세계를 열어주었다. 앞에서 언급했듯이, 십자가 사건으로 죄사함을 받고 의롭다 함을 받은 인간이 삼위일체 하나님으로 인하여 죽음과 죄로부터 해방되었지만, 육신을 입고 있는 동안 그 죽음과 죄의 증세로부터 완전히 자유롭지는 못했던 것이다. 하지만 이제, 예수의 부활로 인해 완전한 최종적 승리를 확신할 수 있게 되었던 것이다. 보혜사 성령의 도우심과 내주로 인해 고단하지만 최후 승리를 확신하게 되었는데, 이러한 최후 승리의 확신은 예수 승천 이후 사도들의 변화된 삶과 죽음에서 증명되었다. 그럼에도 불구하고 예수 재림과 최후 심판 때까지 사탄의 무리들은 여전히 우리를 괴롭히고 고통 중에 빠뜨리려 하는데, 끝까지 이기는 믿음을 갖지 못한 자들은 다시 또 미혹에 빠져 사탄의 하수인으로 살아갈 것이다.

예수 그리스도의 재림 때, 사탄의 세력은 완전히 패배할 것인바, 그때 온 우주는 사탄의 죄와 죽음의 통치로부터 완전히 벗어나 창조주 하나님의 의와 생명의 통치 아래 들어갈 것이며, 그 때 온 우주에는 죄와 죽음이 요소가 완전히 제거된 가운데 하나님의 "샬롬"(온전함 또는 평화)과 생명으로 충만하게 될 것이고, 우리는 신적 생명(영생)을 온전히 누리게 될 것이다.(고린도전서 15장 20-28절)(김세윤2, 159-60쪽) 인간은 그리스도를 믿음으로 그리스도의 재림 때 부활하여 온전한 생명을 얻게 되는데, 사도 바울은 이를 썩지 않는 '영적 몸'을 입는 것으로 혹은 예수 그리스도의 '영광의 몸'으로 탈바꿈하는 것으로 묘사하기도 한다.(김세윤2, 162-63쪽) 그 상태는 영생에 참여하는 것이므로 피조물의 결핍에서 오는 어떤 고난도 없는 영생을 누리는 것을 의미한다.(김세윤2, 163쪽) 그것은 썩어짐의 굴레, 즉 지금까지 신음하면서 겪었던 해산의 고통에서 벗어나 눈물도 없고 고난도 없게 되는 상태를 말한다.

앞에서 로마서가 사도 바울의 은혜와 십자가 영성의 복음의 보고 寶庫 라면, 우리는 요한계시록에서 재림과 하나님 나라의 완성에 관한 메시지를 발견할 수 있다. 너무나 다양하고 자의적인 해석으로 인해 이단들의 집중 타켓이 되어 두려움과 공포의 메시지로 읽히기도 하지만, 이 계시록 안에는 절절한 소망과 위로, 권면과 승리의 메시지로 가득하다. 요한계시록을 통해 예수의 재림과 하나님 나라의 완성이 어떻게 장엄하게 이루어지는지를 알게 될 것이다. 창세기로부터 시작된 하나님 나라의 원대한 계획이 마침내 예수의 재림과 새 하늘과 새 땅으로 귀결되는 것을 보면서 우리는 하나님의 창조섭리와 인간 구원의 계획과 하나님 나라의 완성이 종합적으로 성취됨을 생생하게 목격하게 될 것이다. 이러한 통일성에 대해 사도 바울은 다음과 같이 말했다.

> 그리스도 안에서 미리 세우신 하나님이 기뻐하시는 뜻을 따라, 하나님의 신비한 뜻을 우리에게 알려 주셨습니다.
>
> 하나님의 경륜은, 때가 차면 하늘과 땅에 있는 모든 것을 그리스도 안에서 그분을 머리로 하여 통일시키는 것입니다.
>
> 모든 것을 자기가 뜻하시는 대로 행하시는 하나님께서, 자기의 계획을 따라 예정하셔서, 그리스도 안에서 우리를 상속자로 삼으셨습니다(에베소서 1장 9-11절, 표준새번역)

에덴동산에서 인간의 죄로 분리되었던 하나님 나라와 세상 나라는 따라서 예수 그리스도 안에서 통일되고 예수와 연합됨으로써 다시 통일되게 되었던 것이다. 이렇게 볼 때 요한계시록에서 전개되는 예수의 재림과 최후의 시기의 심판은 창세기에서 시작된 하나님 나라의 굴곡 많은 여정이 종착점에 도달하여 어떻게 완성되는가를 보여준다.

앞에서 보았듯이, 예수의 인간 구원 사역은 하나님 나라 복음의 선포와 완성과 괘를 같이 한다고 볼 수 있다. 성경은 하나님 나라의 계획이 인간의 죄로 인해 무산되자 아브라함과 그 민족을 통한 하나님 나라의 계획으로 수정되면서, 신약시대 들어와서는 예수 그리스도를 통한 하나님 나라의 복음으로 선포된 후 그 완성을 향해 치달아왔다고 볼 수 있다. 예수 그리스도의 삶과 죽음과 부활은 구약에서 약속된 하나님 나라의 성취와 완성을 향한 과정과 밀접하게 연관되어 있는 사건들이었다. 구약에서 예언되었던 메시아가 이 땅에 오심으로 예언된 하나님 나라는 현재성을 띠게 되었으며, 예수가 재림하여 최후심판을 거쳐 새 하늘과 새 땅이 도래할 때까지 인류는 종말론적 시대를 살게 되며, 예수가 재림하시면 하나님 나라의 통치가 개별 인간과 구원받은 전 인류에게 동시에, 또한 새 하늘과 새 땅이라는 새로운 공간에서 합일됨으로써 완성되는 것이다. 이런 맥락에서 예수의 삶과 죽음과 부활은 하나님 나라에 대한 구약의 언약이 새로운 차원으로 승화되었음을 알리는 사건들이며, 이는 예수를 구주로 받아들이는 사람들에게 하나님 나라를 선사하는 약속이기도 하다.

이런 맥락에서 예수의 삶과 죽음과 부활은 하나님 나라의 새로운 시작을 알리는 선포이자 새 언약이었던 것이다. 하지만 하나님 나라와 영적 전쟁 승리의 '이미, 그러나 아직' 차원, 그리고 이 세대와 오는 세대의 중첩된 구조, 세상 나라와 하나님 나라의 이중 구조 속에서 하나님 나라는 선명하게 드러나지 않는다.

예수의 재림과 최후 심판을 포함할 이 세상의 종말에 대해서는 물론 요한계시록에서 가장 종합적인 시나리오가 상징과 그림으로 제시되고 있지만, 예수 자신이 직접 말씀하신 내용들은 복음서들에 제시되어 있는데, 그 중에서도 마태복음 24장이 가장 종합적인 메시지를 선사하고 있다. 예수가 올리브 산에 앉아 계실 때에, 제자들이 종말이 언제 일어나며 세상 끝 날에는 어떤 징조가 있을 것인지를 묻자 다음과 같이 대답하셨던 것이다.

…누구에게도 속지 않도록 조심하여라.

많은 사람이 내 이름으로 와서는 '내가 그리스도다' 하면서, 많은 사람을 속일 것이다.

또 너희는 여기저기서 전쟁이 일어난 소식과 전쟁이 일어나리라는 소문을 들을 것이다. 너희는 당황하지 않도록 주의하여라. 이런 일이 반드시 일어나야 한다. 그러나 아직 끝은 아니다.

민족이 민족을 거슬러 일어나고, 나라가 나라를 거슬러 일어날 것이며, 곳곳에 기근과 지진이 있을 것이다.

그런데 이런 모든 일은 진통의 시작이다.

그 때에 사람들이 너희를 환난에 넘겨 줄 것이며, 너희를 죽일 것이다. 너희는 내 이름 때문에 모든 민족에게 미움을 받을 것이다.

또 많은 사람이 걸려 넘어질 것이요, 서로 넘겨주고 서로 미워할 것이다.

또 거짓 예언자들이 많이 일어나서, 많은 사람을 홀릴 것이다.

그리고 불법이 성하여, 많은 사람의 사랑이 식을 것이다.

그러나 끝까지 견디는 사람은 구원을 받을 것이다.

이 하늘 나라의 복음이 온 세상에 전파되어서, 모든 민족에게 증언될 것이며, 그 때에야 끝이 올 것이다.

그러므로 너희는 예언자 다니엘이 말한 바 '황폐하게 하는 가증스러운 물건이 거룩한 곳에 선 것'을 보거든, (읽는 사람은 깨달아라)

그 때에 유대에 있는 사람들은 산으로 도망하여라…

그 때에 큰 환난이 닥칠 것인데, 그런 환난은 세상 처음부터 이제까지 없었고, 앞으로도 없을 것이다.

그 환난의 날들을 줄여 주지 않으시면, 구원받을 사람이 하나도 없을 것이다. 그러나 선택받은 사람들을 위하여, 하나님께서 그 날들을 줄여 주실 것이다.

그 때에 누가 너희에게 '보아라, 그리스도가 여기 있다' 혹은 '아니, 여기 있다' 하더라도, 믿지 말아라.

거짓 그리스도들과 거짓 예언자들이 일어나, 큰 표적들과 기적들을 행하여 보여서, 할 수만 있으면, 선택받은 사람들까지도 홀릴 것이다.

보아라, 내가 너희에게 미리 말하여 둔다.

그러므로 그들이 너희에게 '보아라, 그리스도가 광야에 있다' 하더라도 너희는 나가지 말고, 그리스도가 골방에 있다' 하더라도 너희는 믿지 말아라.

번개가 동쪽에서 나서, 서쪽에까지 번쩍이듯이, 인자도 그렇게 올 것이다.

주검이 있는 곳에는, 독수리가 모여들 것이다."

그 환난의 날들이 지난 뒤에, 곧 해는 어두워지고, 달은 빛을 내지 않고, 별들은 하늘에서 떨어지고, 하늘의 세력들은 흔들릴 것이다.

그 때에 인자가 올 징조가 하늘에서 나타날 터인데, 그 때에는 땅에 있는 모든 민족이 가슴을 치며, 인자가 큰 권능과 영광으로 하늘 구름을 타고 오는 것을 볼 것이다.

그리고 그는 자기 천사들을 큰 나팔 소리와 함께 보낼 것인데, 그들은 하늘 이 끝에서 저 끝까지, 사방에서 선택된 사람들을 모을 것이다…

이와 같이, 너희도 이 모든 일을 보거든, 인자가 문 앞에 가까이 온 줄을 알아라.

내가 진정으로 너희에게 말한다. 이 세대가 끝나기까지는, 이 모든 일이 다 일어날 것이다.

하늘과 땅은 없어질지라도, 나의 말은 절대로 없어지지 않을 것이다.

그러나 그 날과 그 때는 아무도 모른다. 하늘의 천사들도 모르고, 아들도 모르고, 오직 아버지만 아신다…

그러므로 깨어 있어라. 너희는 너희 주께서 어느 날에 오실지를 알지 못하기 때문이다.

이것을 명심하여라. 도둑이 밤에 언제 올지 집주인이 안다면, 그는 깨어 있어서, 도둑이 집을 뚫고 들어오도록 내버려 두지 않을 것이다.

그러므로 너희도 준비하고 있어라. 너희가 생각하지도 않은 때에 인자가 올 것이기 때문이다.(마태복음 24장에서, 표준새번역)

여기서 확인할 수 있는 마지막 날의 징조는 기근과 지진 등의 환난, 거짓 예언자들과 거짓 그리스도의 출현, 해·달·별의 이상한 징조, 그리고 사랑이 식고 신자들은 미움을 당하게 되고 천사들의 나팔 소리와 더불어 인자가 올 것이라고 그려져 있다. 마가복음 13장 역시 이 마태복음의 내용과 거의 유사한데, 마찬가지로 무화과 나무에서 교훈을 배울 것과 그 날과 그 때는 아무도 모르고 예수 그리스도가 홀연히 올지 모르니 환난 속에서도 깨어있을 것을 주문하고 있다. 사도 바울 또한 말세의 징조와 종말의 거시적 그림 중에서도 특히 부활에 관한 증언을 제시하고 있다. 말세의 고통하는 때에 관해서 사도 바울은 다음과 같이 전하고 있다.

…말세에 어려운 때가 올 것입니다.

사람들은 자기를 사랑하며, 돈을 사랑하며, 뽐내며, 교만하며, 하나님을 모독하며, 부모에게 순종하지 않으며, 감사할 줄 모르며, 불경스러우며,

무정하며, 원한을 풀지 않으며, 비방하며, 절제가 없으며, 난폭하며, 선을 좋아하지 않으며,

배신하며, 무모하며, 자만하며, 하나님보다 쾌락을 더 사랑하며,

겉으로는 경건하게 보이나, 경건의 능력은 부인할 것입니다.

(디모데후서 3장 1-5절, 표준새번역)

그리고 부활장이라고도 불리는 고린도전서 15장과 데살로니가전서 4장의 본문도 종말에 관한 소중한 내용들이다.

그러나 이제 그리스도께서는 죽은 사람들 가운데서 살아나셔서, 잠든 사람들의 첫 열매가 되셨습니다.

한 사람으로 말미암아 죽음이 들어왔으니, 또 한 사람으로 말미암아 죽은 사람의 부활도 옵니다.

아담 안에서 모든 사람이 죽는 것과 같이, 그리스도 안에서 모든 사람이 삶을 얻을 것입니다.

그러나 각각 제 차례대로 그렇게 될 것입니다. 첫째는 첫 열매이신 그리스도요, 그 다음은 그리스도께서 재림하실 때에, 그리스도께 속한 사람들입니다.

그 다음에는 마지막이 올 것인데, 그 때에 그리스도께서 모든 통치와 권위와 권력을 폐하시고, 그 나라를 하나님 아버지께 바치실 것입니다.

하나님께서 모든 원수를 그리스도의 발 아래에 두실 때까지, 그리스도께서 다스리셔야 합니다.

마지막으로 멸망받을 원수는 죽음입니다.

성경에 이르기를 "하나님께서 모든 것을 그의 발 아래에 굴복시키셨다" 하였습니다. 모든 것을 굴복시켰다고 할 때에, 모든 것을 자기에게 굴복시키신 분은 그 가운데 들어 있지 않은 것이 분명합니다.

그러나 모든 것이 하나님께 굴복당할 그 때에는, 아들까지도 모든 것을 자기에게 굴복시키신 분에게 굴복할 것입니다. 그래서 하나님은 만유의 주님으로 군림하실 것입니다.

죽은 사람들이 살아나지 않는다면, 죽은 사람들을 대신해서, 세례를 받는 사람들은 무엇하려고 그런 일을 합니까? 죽은 사람이 절대로 살아나지 않는다면, 무엇 때문에 사람들은 죽은 사람들을 대신하여 세례를 받습니까?…

그러나 "죽은 사람이 어떻게 살아나며, 어떤 몸으로 옵니까?" 하고 묻는 사람이 있을 것입니다.

어리석은 사람이여! 그대가 뿌리는 씨는 죽지 않고서는 살아나지 못합니다.

그리고 뿌리는 것은 장차 생겨날 몸 그 자체를 뿌리는 것이 아닙니다. 밀이든지 그 밖에 어떤 곡식이든지, 다만 씨앗을 뿌리는 것입니다.

그러나 하나님께서는, 뜻하신 대로 그 씨앗에 몸을 주시고, 그 하나하나의 씨앗에 각기 고유한 몸을 주십니다.

모든 살이 똑같은 살은 아닙니다. 사람의 살도 있고, 짐승의 살도 있고, 새의 살도 있고, 물고기의 살도 있습니다.

하늘에 속한 몸도 있고, 땅에 속한 몸도 있습니다. 하늘에 속한 몸들의 영광과 땅에 속한 몸들의 영광이 저마다 다릅니다.

해의 영광이 다르고, 달의 영광이 다르고, 별들의 영광이 다릅니다. 별마다 영광이 다릅니다.

죽은 사람들의 부활도 이와 같습니다. 썩을 것으로 심는데, 썩지 않을 것으로 살아납니다.

비천한 것으로 심는데, 영광스러운 것으로 살아납니다. 약한 것으로 심는데, 강한 것으로 살아납니다.

자연의 몸으로 심는데, 신령한 몸으로 살아납니다. 자연의 몸이 있으면, 신령한 몸도 있습니다.

성경에 "첫 사람 아담은 산 영이 되었다"고 기록한 바와 같이, 마지막 아담은 생명을 주는 영이 되셨습니다.

그러나 신령한 것이 먼저가 아닙니다. 자연에 속한 것이 먼저요, 그 다음이 신령한 것입니다.

첫 사람은 땅에서 났으므로 흙으로 되어 있지만, 둘째 사람은 하늘에서 났습니다.

흙으로 빚은 그 사람과 같이, 흙으로 되어 있는 사람들이 그러하고, 하늘에 속한 그분과 같이, 하늘에 속한 사람들이 그러합니다.

우리가 흙으로 빚은 그 사람의 형상을 입은 것과 같이, 또한 하늘에 속한 그분의 형상을 입을 것입니다.

형제자매 여러분, 내가 말하려는 것은 이것입니다. 살과 피는 하나님 나라를 유업으로 받을 수 없고, 썩을 것은 썩지 않을 것을 유업으로 받지 못합니다.

보십시오, 내가 여러분에게 비밀을 하나 말씀드리겠습니다. 우리가 다 잠들 것이 아니라, 다 변화할 것인데,

마지막 나팔이 울릴 때에, 눈깜박할 사이에, 홀연히 그렇게 될 것입니다. 나팔소리가 나면, 죽은 사람은 썩지 않을 몸으로 살아나고, 우리는 변화할 것입니다.

썩을 몸이 썩지 않을 것을 입어야 하고, 죽을 몸이 죽지 않을 것을 입어야 합니다.

썩을 이 몸이 썩지 않을 것을 입고, 죽을 이 몸이 죽지 않을 것을 입을 그 때에, 이렇게 기록한 성경 말씀이 이루어질 것입니다. "죽음을 삼키고서, 승리를 얻었다."

"죽음아, 너의 승리가 어디에 있느냐? 죽음아, 너의 독침이 어디에 있느냐?"

죽음의 독침은 죄요, 죄의 권세는 율법입니다.

그러나 우리는, 우리 주 예수 그리스도로 말미암아 우리에게 승리를 주시는 하나님께 감사합니다…(고린도전서 15장에서, 표준새번역)

계속해서 사도 바울은 말하고 있다.

형제자매 여러분, 우리는 여러분이 잠든 사람들의 문제를 모르고 지내는 것을 바라지 않습니다. 이는 여러분이, 소망을 가지지 못한 다른 사람과 같이 슬퍼하지 않게 하려고 하는 것입니다.

우리는 예수께서 죽으셨다가 살아나신 것을 믿습니다. 이와 같이, 하나님께서 예수 안에서 잠든 사람들도 예수와 함께 데리고 오실 것입니다.

우리가 주님의 말씀으로 여러분에게 이것을 말합니다. 주께서 오실 때까지, 살아남아 있는 우리가 이미 잠든 사람들보다, 절대로 앞서지 못할 것입니다.

주께서 호령과 천사장의 소리와 하나님의 나팔 소리와 함께, 친히 하늘로부터 내려오실 것이니, 그리스도 안에서 죽은 사람들이 먼저 일어나고,

그 다음에, 살아남아 있는 우리가 그들과 함께 구름 속으로 이끌려 올라가서, 공중에서 주님을 영접할 것입니다. 그리하여 우리가 항상 주와 함께 있을 것입니다.(데살로니가전서 4장 13-17절, 표준새번역)

사도 베드로 역시 종말의 날에 대한 생생한 증언을 제시하고 있다.

> 사랑하는 여러분, 이 한 가지만은 잊지 마십시오. 주님께는 하루가 천 년 같고, 천 년이 하루 같습니다.
>
> 어떤 이들이 생각하는 것과 같이, 주께서는 약속을 더디 지키시는 것이 아닙니다. 도리어 여러분을 위하여 오래 참으시는 것입니다. 그분은, 아무도 멸망하지 않고, 모두 회개하는 데에 이르기를 바라십니다.
>
> 그러나 주님의 날은 도둑 같이 올 것입니다. 그 날에 하늘은 요란한 소리를 내면서 사라지고, 원소들은 불에 녹아 버리고, 땅과 그 안에 있는 모든 일은 드러날 것입니다.
>
> 이렇게 모든 것이 녹아 버릴 터인데, 여러분은 어떠한 사람이 되어야 하겠습니까? 여러분은 거룩한 행실과 경건한 생활 가운데서,
>
> 하나님의 날이 오기를 기다리고, 그 날을 앞당기도록 해야 하지 않겠습니까? 그 날에 하늘은 불타서 없어지고, 원소들은 타서 녹아 버릴 것입니다.
>
> 그러나 우리는 그의 약속을 따라 새 하늘과 새 땅을 기다리고 있습니다. 거기에는 정의가 깃들어 있습니다.(베드로후서 3장 8-13절, 표준새번역)

이필찬 교수는 "예수의 죽음으로 맺어진 새 언약 백성은 예수 그리스도로 말미암아 구속을 받아 그리스도 안에서 천상적 축복을 맛보면서 존재하지만 아직 온전히 회복되지 않은 타락된 세상에 살고 있기 때문에 새 창조로 말미암아 지상의 모든 대적들은 사라지고 새롭게 됨으로 지상과 천상의 차이는 없어진다"고 논한다.(879쪽) 톰 라이트도 "구원을 신약성경이 말하는 것처럼 하나님이 약속하신 새 하늘과 새 땅 그리고 새롭고도 영광스런 물리적 구체성을 지닌 실재에 우리가 동참할 수 있도록 부활시키겠다는 약속의 관점

에서 볼 것"을 제안한다.(304쪽) 따라서 마지막 날에 일어날 사건들은 하나님 나라를 새롭게 만든다기 보다는 천지만물을 새롭게 회복시킨 다는 의미로 이해할 수 있으며, 이 하나님 나라는 원형인 에덴동산과 같이 다시는 저주가 없고, 선악과는 없는 대신 생명나무만 존재하는 새로운 하늘과 땅이 될 것이다.

여호와의 크고 두려운 날, 심판과 환난의 날이자 동시에 구원의 날이기도 한 그 마지막 날에 이루어질 최후 심판의 모습에 대해서는 요한계시록이 가장 생생한 장면들을 제시해주고 있다. 이런 환난을 맞게 되자 이 땅의 모든 사람들이 산과 바위를 향하여 보좌에 앉으신 분의 얼굴을 보지 않게 숨겨 달라고 애원하면서, 큰 진노의 날이 다가 왔으니 누가 그것을 견뎌 내겠는가라고 울부짖었다. 그때까지 살아남은 자들이 여전히 회개하지 않고 우상과 귀신을 숭배하고 절하고 또한 살인과 마술과 음란과 도적질하기를 계속하며 마음을 돌이키지 않고 있음을 밝힌 다음, 일곱 번째 천사가 나팔을 불 때까지, 천사와 두루마리에 관한 장면이 삽입되어 있다. 바다와 땅을 밟고 있는 천사가 영원히 살아 계시며, 하늘과 땅과 바다와 그 안에 있는 모든 것을 지으신 하나님의 능력 앞에 맹세하면서, 더 이상 기다리지 않을 것이며, 일곱 번째 천사가 나팔을 부는 날, 하나님의 비밀스런 계획이 이루어질 것이라고 외쳤다.

그 두루마리를 받아먹어라는 말을 듣고 나서 요한은 많은 민족과 나라와 언어와 왕들에 대하여 다시 예언해야 한다는 음성을 들었다. 이 구절은 마지막 심판에 대한 최후통첩의 성격을 갖는 것으로 이해된다. 그 장면 외에 두 증인에 대한 장면이 나온다. 이 두 증인은 땅 위의 주님 앞에 서 있는 올리브 나무 두 그루와 두 촛대였다. 많은 능력을 가진 이 두 증인의 예언이 끝나면 무저갱에서 올라온 짐승이 이 두 증인을 죽이고 그 시체를 큰 성의 길거리에 버릴 것인데, 그곳은 바로 주님이 십자가에 못 박힌 곳이었다. 이 땅의 모든 나라와 민족은 그들의 죽음을 기뻐하고 즐거워할 것이나, 삼일 반나절이 지나자 하나님께서 이 두 증인을 살리시고 하늘로 올라오라고 부르셨다. 그 순간 큰 지진이 일어나서 그 성의 십분의 일이 무너지고 칠천 명이 죽게 되었다.

최후 심판이 있기 전의 장면은 다음과 같이 전개된다. 하늘의 성전이 열리고(심판이 처음 시작되기 전에 하늘의 보좌, 어린양, 두루마리에 관한 장면이 있었음을 상기할 필요가 있다) 하나님의 백성에게 준 언약궤를 보여주신 다음, 사탄 무리(용과 두 짐승, 한 짐승은 바다로부터, 또 한 짐승은 땅으로부터 올라왔다)와의 전쟁이 있고 환난은 계속되는 상황에서, 시온 산에 서 있는 어린양과 그 곁에 서 있는 십사만 사천 명의 주님의 사람들에 대한 장면이 나오게 된다. 이 십사만 사천 명은 7장에 나오는 인침 받은 그 신실한 자들이다. 그리고 이 장면에서 또다시 네 생물과 장로들이 등장하며 모두 새 노래를 부르는데, 이 노래는 이 땅에서 구원받은 십사만 사천 명 외에는 아무도 부를 수가 없다고 명시되었다.

그 후 한 천사가 “하나님을 두려워하고, 그 분에게 찬양을 드려라. 하나님께서 온 세상을 심판하실 때가 왔으니, 하늘과 땅과 바다와 샘을 만드신 그 분을 경배하여라"라고 외쳤다. 또 다른 천사가 큰 성 바빌론이 무너졌으며 모든 민족에게 부도덕한 짓을 하게 하여 하나님의 진노를 받았다고 외쳤다. 귀신의 소굴이 되고 악하고 불결한 영들의 소굴이 큰 성 바빌론의 모든 사람들은 음란의 독주에 취하고 음란한 죄를 짓고 그들의 부로 취해있지만, 최후의 심판날에 죽음과 슬픔과 기근이 찾아오고 그 음녀는 북에 타 죽고 말 것이다. 세상의 왕들과 땅위 장사꾼들도 끔직한 심판과 큰 성바빌론의 멸망과 더불어 같이 심판받게 될 것이었다. 여기서 바빌론은 적그리스도의 왕국으로 보는 것이 타당해 보인다.

바빌론이 상업에 근거해서 심판받는 것은 주목할 필요가 있다. 상업의 시작은 사탄과 관계하고 있으며, 그것의 종말은 바빌론과 연관된다는 점이다.(에스겔 28장 참조) 상업의 세계는 인간의 정욕과 가장 밀접한 것으로, 구약 시대부터 인간은 맘몬신을 숭배해왔으며, 세상의 종말의 징후도. 바울의 표현처럼, 돈을 사랑하는 것이다. 이 세상은 육신의 정욕, 안목의 정욕, 이생의 자랑으로 구성되는데, 그 중에서도 맘몬신 우상은 날이 갈수록 그 영향력이 커지고 있는 실정이다. 예수는 '너희는 무엇을 먹을까 입을까 걱정하지 말고 하나님 나라와 그 의를 먼저 구하라'고 권했지만 말이다

그다음에 진노의 일곱 대접 심판이 진행된다, 일곱 머리와 열 뿔을 가진 짐승을 올라 탄 여자(음녀)의 이마에는 '큰 바빌론, 창녀와 이 땅의 악한 것들의 어미'라는 이름이 새겨져 있었다. 이 여자는 세상 왕들을 다스리는 큰 도시, 바빌론을 의미하는데, 그들은 어린양

을 대적해 전쟁을 일으킬 것이나 결국 만왕의 왕, 만주의 주이신 어린양이 승리를 거둘 것이다. 그 후에 다른 천사가 하늘에서 내려오면서, 큰 성 바빌론이 무너졌다고 외쳤다. 한 힘센 천사가 큰 성 바빌론을 바다에 던져 버려 다시는 일어나지 못할 것이라고 외쳤다. 이제 예언자와 거룩한 백성들과 이 땅에서 죽임당한 사람들의 피의 대가를 갚아야 한다고 또 외쳤다.

그리고 요한은 하늘에서 수많은 사람들의 찬양 소리가, 창녀를 심판하고 태우는 연기 속에서 들렸으며, 또 이십사 장로와 네 생물이 보좌에 앉으신 하나님께 경배하고 있음을 보았다. 또 수많은 사람들의 천둥 같은 소리는 어린양의 결혼 잔치의 초대와 연관이 있음을 알 수 있다. 그러고 나서 요한은 또 하늘이 열리고 거기에는 옷과 다리에 만왕의 왕, 만주의 주라고 쓰여 있는 '하나님의 말씀'이라는 이름의 '신실하고 참된 분'이 흰 말을 타고 있는 것을 보았다. 그때 요한은 짐승과 세상의 왕들이 모여 말을 타신 분과 그 군대를 대항해 전쟁을 시작하려는 것을 보았다. 그 짐승과 거짓 예언자(짐승을 위해 기적을 행하고 사람들을 미혹하던 자)는 산 채로 유황 불못에 던져졌다. 그리고는 무저갱의 열쇠를 가진 한 천사가 마귀인 용을 잡아 쇠사슬에 묶어 천 년 동안 무저갱에 던져 넣고 입구를 막아 열쇠로 잠가 버렸다. 세상의 종말과 관련하여 대환난이 끝날 때, 그리스도께서 강림하셔서 천사장의 소리와 하나님의 나팔 소리가 울리는 가운데 죽은 성도와 살아있던 성도들이 구름 속으로 끌어올려져 주님을 영접하면서 어린 양의 혼인잔치를 할 것이다. 그리고 나서 그리스도와 성도들이 함께 지상에 재림하셔서 천년 동안 통치하실 것이다.

천년왕국이 시작되기 직전에 신실한 자들의 첫째 부활이 있을 것이며, 한편 짐승과 세상 왕들이 흰 말을 타신 분과 그 군대를 대항해 전쟁(아마겟돈 전쟁)을 시작하려하나, 산 채로 유황불에 던져질 것이다. 무저갱에 들어간 용은 천 년 동안 갇혀 있다 천 년이 지나면 잠시 동안 풀려 날 것이다. 짐승과 우상에 절하지 않고 이마나 손에 짐승의 표를 받지 않은 자들은 다시 살아나서(첫째 부활한 자들은 둘째 죽음의 해를 받지 않기에 복되다고 했다), 그리스도와 함께 천 년 동안 다스릴 것이다. 천 년이 지나면 사탄이 감옥에서 풀려나 곡과 마곡을 꾀어 전쟁 준비를 할 것이다. 그들이 하나님께서 사랑하시는 도시를 포위할 것이나 하늘에서 불이 내려와 그들을 불사르고 그 용은 유황불에 던져질 것인데, 그곳은 짐승과 거짓 예언자가 던져졌던 곳이다. 천년왕국이 끝난 뒤 불신자들이 행위에 따라 심판받고 죽음과 지옥의 불못에 던져지고 생명책에 이름이 없는 자들이 모두 불못에 던져지는 두 번째 죽음이 선포되는 백보좌 심판이 있을 것이다. 크고 흰 보좌에 앉으신 그분 앞에 생명책이 펴져 있는데, 죽은 사람들은 각기 행한 행위에 따라 심판받을 것이다.

앞의 요한계시록 20장은 천년왕국에 관한 장인데, 이에 대해서는 예수가 재림하신 후에 천년왕국이 시작된다는 전 천년설, 천년왕국이 먼저 진행되고 그 끝에 예수가 재림하신다는 후 천년설, 그리고 예수의 초림과 재림사이가 천년왕국이고 천년왕국은 상징적으로만 존재한다는 무천년설 등이 있다. 지금까지 살펴본 내용에 기초할 때 필자는 전 천년설이 성경의 내용과 좀 더 가깝다고 생각한다. 하지만 최후 심판 과정에서 인, 나팔, 대접 심판이 시간 순으로 전개된다고 보는 입장과, 그러한 심판 과정을 반복적으로 진행되는 계시로 보는 입장으로 나뉘는데, 과문한 필자로서는 양 입장을 부분적으로 절충·종합하고 싶은 입장이다. 즉 큰 흐름에 있어서는 시간 순으로, 그 안의 반복된 내용(이는 복음서에서도 나오는 내용들이다)에 대해선 반복 계시로 이해했으면 한다. 그리고 특히 성도들의 휴거와 예수의 재림 시기에 대해 입장이 첨예하게 갈라지고 있는 실정인데, 성도들의 휴거 시기에 대해선 4장과 7장을 휴거로 보는 입장도 있으나, 과문한 필자로서는 20장에 나오는 천년왕국이 시작되기 전에 예수가 재림하는 것으로 보며, 이 때 성도들로 공중으로 올라가서 예수님을 맞이하고 공중의 혼인잔치를 한 후 함께 지상으로 내려오는 것으로 이해하려 한다.

백보좌 심판 이후에 우리 앞에 새 하늘과 새 땅이 보이고 새 예루살렘성이 하늘로부터 내려올 것이다.

> 또 내가 보니 처음 하늘과 처음 땅이 없어졌고 바다도 다시 있지 않더라
>
> 또 내가 보매 거룩한 성 새 예루살렘이 하나님께로부터 하늘에서 내려오니 그 준비한 것이 신부가 남편을 위하여 단장한 것 같더라
>
> (요한계시록, 21장 1-2절)

요한계시록 마지막에 나오는 새 하늘과 새 땅은 이사야 선지자가 예언한 여호와의 날에 임하는 심판 이후의 장면과 일치한다.

내가 새 하늘과 새 땅을 창조할 것이니, 이전 것들은 기억되거나 마음에 떠오르거나 하지 않을 것이다.

그러니 너희는 내가 창조하는 것을 길이길이 기뻐하고 즐거워하여라. 내가 예루살렘을 기쁨이 가득 찬 도성으로 창조하고, 그 주민을 행복을 누리는 백성으로 창조하겠다.

예루살렘은 나의 기쁨이 되고, 거기에 사는 백성은 나의 즐거움이 될 것이니, 그 안에서 다시는 울음 소리와 울부짖는 소리가 들리지 않을 것이다.

거기에는 몇 날 살지 못하고 죽는 아이가 없을 것이며, 수명을 다 채우지 못하는 노인도 없을 것이다. 백 살에 죽는 사람을 젊은이라고 할 것이며, 백 살을 채우지 못하는 사람을 저주받은 자로 여길 것이다.

집을 지은 사람들이 자기가 지은 집에 들어가 살 것이며, 포도나무를 심은 사람들이 자기가 기른 나무의 열매를 먹을 것이다.

자기가 지은 집에 다른 사람이 들어가 살지 않을 것이며, 자기가 심은 것을 다른 사람이 먹지 않을 것이다. 나의 백성은 나무처럼 오래 살겠고, 그들이 수고하여 번 것을 오래오래 누릴 것이다.

그들은 헛되이 수고하지 않으며, 그들이 낳은 자식은 재난을 당하지 않을 것이다. 그들은 주께 복받은 자손이며, 그들의 자손도 그들과 같이 복을 받을 것이다.

그들이 부르기 전에 내가 응답하며, 그들이 말을 마치기도 전에 내가 들어주겠다.

이리와 어린 양이 함께 풀을 먹으며, 사자가 소처럼 여물을 먹으며, 뱀이 흙을 먹이로 삼을 것이다. 나의 거룩한 산에서는 서로 해치거나 상하게 하는 일이 전혀 없을 것이다.

(이사야 65장 17-25절, 표준새번역)

그리고 여호와의 날에 이루어질 재림과 심판과 여호와의 영광에 대한 장면이 이어지고 있다.

보아라, 주께서 화염에 싸여 오시며, 그의 병거는 마치 회오리바람처럼 올 것이다. 그의 노여움이 진노로 바뀌고, 그의 질책이 타는 불길이 되어 보응하려 하신다.

주께서 불로 온 세상을 심판하시며, 주의 칼로 모든 사람을 심판하실 것이니, 주께 죽음을 당할 자가 많을 것이다.

스스로를 구별하며, 몸을 깨끗하게 하고, 동산으로 들어가서, 중앙에 있는 한 사람의 뒤를 따르는 자들과, 돼지고기와 부정한 짐승과 쥐고기를 먹는 자들은, 모두 다 망할 것이다.

내가 그들의 일과 생각을 알기에, 언어가 다른 모든 민족을 모을 때가 올 것이니, 그들이 와서 나의 영광을 볼 것이다.

그리고 내가 그들 가운데 징표를 두어서, 살아 남은 자들을 다시스, 뿔, 활을 잘 쏘는 룻, 두발, 야완 민족들과 나의 명성을 들은 적도 없고, 나의 영광을 본 적도 없는 먼 섬들에게 보낼 것이며, 그들이 나의 영광을 모든 민족에게 알릴 것이다.

마치 이스라엘 자손이 주의 성전에 바칠 예물을 깨끗한 그릇에 담아서 가져 오는 것과 같이, 그들이 또한 모든 민족들로부터 너희의 모든 형제를 주께 바치는 선물로 말과 수레와 가마와 노새와 낙타에 태워서, 나의 거룩한 산 예루살렘으로 데려올 것이다. 주께서 말씀하신다.

그리고 나도 그들 가운데서 제사장과 레위 사람으로 삼을 자를 택하여 세우겠다.

내가 지을 새 하늘과 새 땅이 내 앞에 늘 있듯이, 너희 자손과 너희 이름이 늘 있을 것이다.

매달 초하루와 안식일마다, 모든 사람이, 내 앞에 경배하려고 나올 것이다.

그들이 나가서 나를 거역한 자들의 시체들을 볼 것이다. 그들을 먹는 벌레가 죽지 않으며, 그들을 삼키는 불도 꺼지지 않을 것이니, 모든 사람이 그들을 보고 소름이 끼칠 것이다.

(이사야 66장 15-24절, 표준새번역)

또 요한은 생명수가 흐르는 강을 보게 되는데. 수정같이 맑은 그 강은 하나님과 어린 양의 보좌로부터 흘러나와 생명수가 되어 흘러갔다. 하나님과 어린양의 보좌가 있고 그 분의 종들은 다 그분을 섬길 것이며, 그들은 하나님의 얼굴을 볼 것이고 그들의 이마에는 하나님의 이름이 기록될 것이다. 주님은 천사들을 보내어 속히 일어날 일들을 알리실 것이다. 그리하여 창세기에서 보았듯이, 에덴에서 하나의 강이 흘러 동산을 적시고 그곳에서 네 갈래로 갈라져 흐르고, 에스겔서에서 보았듯이, 강이 흐르는 곳마다 온갖 생물이 살게 되고 그 강 언덕 양편에는 온갖 종류의 과일 나무가 자랄 것이며 그 잎사귀가 시들지도 않고 열매가 떨어지지도 않을 것이다. 그 물은 성소에서부터 흘러나와 과일 나무들을 적시기 때문에 나무들이 날마다 열매를 맺을 것이다. 바로 앞서 보았듯이, 이 수정같이 맑은 그 강은 하나님과 어린 양의 보좌로부터 흘러나와 생명수가 되어 흘러갈 것이다. 그분께서 마지막으로 말씀하셨다.

"보아라, 내가 곧 가겠다. 나는 너희 각 사람에게 그 행위대로 갚아 주려고 상을 가지고 가겠다.
나는 알파와 오메가, 처음과 마지막이며, 시작과 끝이다."
(요한계시록 22장 12-13절, 쉬운성경)

계속해서,

이 모든 계시를 증언하시는 분이 "그렇다. 내가 곧 가겠다" 하고 말씀하셨습니다. 아멘. 오십시오, 주 예수님!
주 예수의 은혜가 모든 사람에게 있기를 빕니다. 아멘(요한계시록 22장 20-21절, 쉬운성경)

이렇게 해서 예수의 재림과 최후 심판과 새 하늘과 새 땅, 새 예루살렘성의 도래는 장엄하게 이루어지면서 하나님 나라는 완성되었다. 하나님께서 우주만물을 창조하시고 안식일을 두시고 인간과 그 배필을 창조하신 창세기 1장과 2장의 하나님 나라는 인간의 타락으로 인해 오랫동안 실낙원이 되었다. 그러다가 새 하늘과 새 땅을 다시 창조하시고 생명의 낙원을 재건하시면서 재림의 약속을 하시는 요한계시록 21장과 22장에 와서야 그 하나님 나라는 세상 나라와 통일되면서 완성되었다.

성도의 죽음은 그리스도 안에서 구원의 완성을 기다리며 쉬도록 하늘로 불림 받음이라고 여겨진다.(김세윤2, 162쪽) 그리스도를 믿음으로 말미암아 그 안에 잠든 사람들은 주 예수 그리스도의 재림 때 부활하여 죽음의 그림자가 전혀 없는 온전한 삶, 곧 신적 삶을 얻게 되는데, 그러한 삶을 '영적 몸'을 입는 것으로 말하기도 하고, 하늘로부터 재림하는 주 예수 그리스도의 '영광의 몸'과 같은 몸으로 탈바꿈하는 것으로 말하기도 한다.(김세윤2, 162-63쪽)

예수 그리스도가 오셔서 하나님 나라 복음을 선포하고, 대속과 새 언약의 제사로 자신을 바치고, 죽은 자들 가운데 일으켜지심으로 하나님 나라는 이미 출범했다.(김세윤3, 309쪽) 사탄은 그리스도의 십자가 사건으로 결정적으로 패배했지만, 사탄은 여전히 죽음을 무기로 인간들로 하여금 죄를 짓게 함으로써 이 세상을 지배하고 있다. 이러한 영적 전쟁의 상태는 예수의 재림 때까지 이어질 것이다. 예수 그리스도의 사역, 죽음, 부활로 이미 출범한 과거, 그리고 하나님의 아들 주 예수 그리스도가 하나님의 영(성령)의 힘으로 그의 교회를 일꾼으로 사용하여 하나님의 구원의 통치를 펼쳐가고 있는 현재로 진행되어 왔으며, 마침내 주 예수 그리스도의 재림으로 하나님 나라가 완성되는 미래가 우리 장래에 장엄하게 펼쳐질 것이다.(김세윤3, 309쪽)

여호와의 영이 내게 내리셨으니
이는 여호와께서 내게 기름을 부으사 가난한 자에게
아름다운 소식을 전하게 하려 하심이라 나를 보내사
마음이 상한 자를 고치며 포로된 자에게 자유를,
갇힌 자에게 놓임을 선포하며
여호와의 은혜의 해와 우리 하나님의 보복의 날을
선포하여 모든 슬픈 자를 위로하되
무릇 시온에서 슬퍼하는 자에게 화관을 주어
그 재를 대신하며 기쁨의 기름으로 그 슬픔을 대신하며
찬송의 옷으로 그 근심을 대신하시고 그들이 의의 나무
곧 여호와께서 심으신 그 영광을 나타낼 자라
일컬음을 받게 하려 하심이라
그들은 오래 황폐하였던 곳을 다시 쌓을 것이며
옛부터 무너진 곳을 다시 일으킬 것이며
황폐한 성읍 곧 대대로 무너져 있던 것들을 중수할 것이며…

이사야 61장 1-4절

분단과 분열의 한국에서 크리스천으로 산다는 것

2017년이 마틴 루터가 종교개혁을 선포한 지 500년이 되는 해였다. 기실 루터는 1517년 10월 31일 비텐베르크 대학 궁정교회 정문에 라틴어로 쓴 「95개조 반박문」을 붙였다. '면죄부 능력 천명에 대한 반박'이라는 원래 제목에서 보듯, 「95개조 반박문」은 교황 레오 10세 Leo X 의 성 聖 베드로 성당 건축비 충당과 막데부르크 대주교 알브레히트 Albrecht von Mainz 의 사욕이 빚은 '완전 면죄부' 남발에 대한 토론을 요구하는 글이었다. 여기에서 루터는 7세기부터 통용되어 오던 세속적 처벌의 '사면'이 교회와 성직자의 축재 蓄財 를 위해 남용됨으로써 '면죄부 免罪符 '로 변질되었다고 지적하고, '고백성사'와 같은 교회의 권위를 통한 참회가 아니라 진정한 영적 회개를 촉구했다. 즉 이때까지만 해도 루터는 로마 가톨릭교회의 권위에 정면으로 도전하지는 않았던 것으로 보인다.(네이버 지식백과)

다소 온건한 루터의 이 선언문의 효력은 아마도 루터의 예상보다 훨씬 컸던 것 같다. 그 선언문이 들불 번지듯 확전된 데는 그 벽보의 내용이 독일어로 번역되어 전 민중에게 전달되고 그 과정에 용기 있는 조력자들의 눈에 보이지 않은 헌신의 공이 컸다고 생각된다. 결과적으로 로마의 기독교 승인과 국교화를 거친 종교와 국가 권력의 결합이 종교의 권력적·금권적 부패 타락으로 이어져 더 이상 방치하기 힘든 상태에서 루터의 조용한 외침이 전 세계 민중을 일깨웠던 종교개혁으로 이어졌던 것이다. 그 혁명으로 인해 개신교가 탄생하여 전임 종교조직(가톨릭)의 과오를 범하지 않으려 국가 권력과는 일정한 거리를 유지하려 했는데, 이는 막스 베버의 분석처럼 효율적 자본주의와 합리적 관료제 하에서 존속하기 위해서 취해야 할 당연한 양태였다.

그러한 청교도적인 모습은, 그러나 그렇게 오래 가지 못했다. 다양한 형태지만 자유 민주주의가 정착되는 과정에서 권력을 쉽게 탐할 수는 없었다. 유혹은 먼저 물질, 자본주의적 금권으로부터 도래했다. 모세 시대부터 문제가 되었던 금송아지, 맘몬의 위력은 대단했던 것이다. 결국 권력에의 유혹과 권력적 타락은 어느 정도 잠재울 수 있었으나, 개별화되고 분권화된 개신교 교회는 새로운 숱한 장애물들과 씨름해야 했다. 국영기업 형태의 종교사업의 파산에서 성실하고 정직한 개인기업 형태로 재탄생하려 했지만 새로운 개별 종교조직의 분산은 오히려 갖가지 예상치 못한 폐해들을 양산해 냄으로써 이러한 개별 종교조직도 부패와 타락의 길로 접어든 것처럼 보인다.

오늘의 한국사회와 한국교회로 눈을 돌려보면 이 땅은 그러한 문제들의 총체적 집합소 같다는 생각이 든다. 세계 몇 위의 교회를 몇 채 보유하고 있다고 자랑하거나, 최근 불거진 교회 세습 문제,

성직자 세금문제, 불법적 교회건축 문제, 목사들의 비리 문제 등에 대처하는 모습을 보면 세상적 기준에서도 부끄럽다. 그들의 이러한 대응행태는 근대적 정신과 합리적 철학의 상식적 입장과도 배치되는 것처럼 보인다.

종교제도의 권력화는 종교개혁으로 어느 정도 해소했지만 개별화된 종교제도인 개신교 교회는 세상적 권력과 부를 특이한 형태로(?) 추구함으로써 더 많은 문제를 야기하는 주역이 되었다. 이러한 교회의 특이한 갈망과 탐심은 합리적 시장질서에도, 국가의 조세제도와도 충돌하기에 이르렀다. 교회 재정 관리는 허술하며 자본주의적(?) 합리성도 결여한 경우가 많다. 개별교회의 재정적·금전적 부패를 예방할 수 있는 장치도 별로 정착되어 있지 못한 것 같다. 여기다 일부 신도들의 맹목적 충성심(?)과 성직자들의 성찰 없는 행태는 반기독교 정서를 부추긴다. 예수는 원수도 사랑하라고 했건만, 타종교에 대한 개신교 교직자과 일반 신자들의 편향은 도를 넘는 지경에 이르렀다. 가톨릭에 대해 개신교 교회의 부분적 비판이야 입장차이로 볼 수 있지만, 거의 이단시하는 분위기가 팽배한 것은 상식적으로 도를 넘는다.

이러한 처참한 상황임에도 불구하고, 지난해, 곧 종교개혁 500주년을 맞이한 한국교회의 대응과 인식은 미지근하지도 않고, '강건너 불구경'으로 느껴졌다. 500년 전 마틴 루터가 불을 지핀 종교개혁이 가톨릭계의 '혁명'을 가져왔다면, 작년 종교개혁 500주년은 개신교계의 '혁명'의 필요성을 선포한 것은 아닌지? 그럼에도 도무지 무감각해 보였던 이러한 행태는 과거 우리의 신앙의 대선배들이 도달한 예전의 경지에도 턱도 없이 닿지 못한다. 김재준 목사는 이미 오래전에 다음과 같이 갈파했다.

> 한 마디로 개신교는 부르주아적 기독교다. 말하자면 자급자족하는 중산층 시민의 종교란 말이다. 그들은 이윤 동기에서 사업을 영위한다.
>
> 언제나 경쟁 심리에서 부지런하다. 그들의 가치는 물량에 있다. 정신적인 '질'의 문제는 잘 먹혀들지 않는다. 그들의 사업욕은 세계적으로 팽창되어 간 데마다 자기 시장을 차리려 한다. 해외 선교도 그런 타입을 시사한다. 교파는 그들의 회사 간판일지 모른다.
>
> 개혁파 교회의 모습을 부르주아 생리와 대조해 보면 재미있는 현상이 발견된다.(김재준1, 98쪽)

C.S. 루이스는 인간에게 최고의 은사는 '회개'라고 했는데, 우리 교회 주변에 진정한 회개는 정말 찾아보기 힘들게 되었다. 우리 모두 가히 '화인 맞은 양심'의 주체가 되어버렸나?

과거 한국 개신교 영성의 전통에는 광대하고 심오한 줄기들이 풍성히 존재했었다. 동양 종교와 철학과의 접맥을 통해 성서의 의미를 풍성하게 해석할 뿐 아니라 그러한 '말씀'을 실제 몸으로 살아온 위대한 신앙한 선배들이 있었다. 그들은 어두운 시대 속에서도 말씀에 모든 삶과 에너지를 바치면서 분투하고 진정한 복음을 살고자 했던 것이다. 류영모, 함석헌, 김교신, 김재준, 안병무, 서남동, 문익환… 등. 이들은 그야말로 낮은 곳에서 온 몸과 마음을 바쳐 후

학을 가르치고 성서를 새롭게 해석하고 시대의 폭압에 대해서는 투쟁하면서 시대의 어둠을 밝히려 했던 것이다. 과문한 평신도로서 필자가 보기에 한국의 개신교 기독교 사상 중에는 두 갈래 전통이 눈길을 끈다. 첫째, 암울한 일제 식민지시대를 거치면서 고유한 신앙의 전통을 고수하고자 했던 오산학교 중심의 기독교 사상가들이 있다. 류영모, 함석헌, 김교신, 노평구 등이 대표적인 인물로서 이들은 동양철학 및 사상에 해박했고 무교회주의 혹은 종교다원주의 경향을 드러내는 특징을 지녔으며, 현재도 풀무학교 등으로 그 전통이 계승되고 있다.

류영모와 함석헌 등은 YMCA나 시민 단체 등에서 대중들에게 성서 및 동양사상을 강의했다. 식민지 치하의 조선, 곧 고난받는 조선 민중을 성서 위에 세우겠다는 일념으로 김교신이 발간했던 『성서조선』에는 류영모, 함석헌도 기고하고 참여했으며, 그 정신은 거의 최근까지 면면히 계승되어 왔다.[3] 두 번째로는, 한신대학을 설립한 김재준의 영향을 받은 안병무, 또 서남동을 중심으로 발전해온

3 김교신은 『성서조선』 창간사에서, 성서의 참 뜻을 풀이하여 조선에 전하는 것이 조선에 대한 최상의 선물이라고 했다. 그리고 성서의 진리 위에 조선이 설 때 조선은 그 섭리사적 의의를 다하고, 하나님에게 영광을 바치는 민족과 국가가 될 것이라고 쓰고 있다.(김정환, 30쪽) 김교신은 세상에서 제일 좋은 것은 성서와 조선이라고 하면서, 조선에 성서를 주어 그 뼈를 세우고 그 피를 만들며, 그리하여 "외형적 조선 밑에 영구한 기반을 넣어야 할 것이니 그 지하의 기초 공사가 곧 성서적 진리를 이 백성에게 소유시키는 일"이라고 말했다.(김정환, 31쪽) 그래서 그는 넓고 깊게 조선을 연구하여 영원한 새로운 조선을 성서 위에 세우기를 갈망했던 것이다.

이렇듯 김교신은 민족의 세계사적 사명, 즉 민족의 존재이유 위에 세워진 민족의 이상을 깨우치려 했는데, 김교신의 이러한 섭리적 민족지리관은, 함석헌이 성서조선에 연재했던 성서적 입장에서 본 조선역사에서 전개되는 섭리적 민족역사관의 발상과 일맥상통하고 짝을 이룬다.

민중신학 및 실천신앙의 흐름이다. 이들은 박정희 독재정권의 억압과 인권 탄압에 항거하면서 시대의 아픔에 참여하는 실천신앙의 전통을 일구고, 다른 한편 이 과정에서 소외되고 궁핍한 삶을 가장 극심하게 강요당했던 시대의 '민중' 속에서 역사하시는 하나님과 예수를 발견하여 이를 민중신학으로 발전시키기도 했다. 함석헌은 오산학교의 전통을 계승하는 동시에, 박정희 독재정권을 비판하고 한국 기독교의 각성을 촉구했다. 함석헌은 류영모로부터 '씨알'사상을 전수받아 기독교 신앙과 참여·실천 신학의 새로운 영역을 개척했던 것으로 보인다.[4]

---

4 류영모의 하느님 및 예수 인식은 독특하고 독창적이다. 아마도 동서양 사상을 회통 回通 하고 몸소 이러한 철학을 실천하여 도달한 통전 通典 의 깨달음으로 가능한 것이리라 생각한다. 동시에 이러한 인식은 '아버디(아버지)'에 대한 특이한 해석과 연관되어 있다. 이는 아이도 '아버디(어머니)'를 알고 있으며, 다만 몸의 '아버디'가 아니라 하느님 '아버디'를 알자는 것이라고 쓰고 있다. 따라서 류영모의 하느님과 예수의 인식은 이러한 '아버지' 인식으로부터 연유하고 있는 것으로 보인다. 류영모는, 예수가 '하느님 아버지는 만유보다 크시다(요한 10: 29)'고 한 것을 '없이 계시는 무극의 하느님으로 이해한 것이 그 중 하나에 속한다. 류영모는 "하느님은 없이 계십니다. 그래서 하느님은 언제나 시원합니다. 하느님은 몸이 아니라 얼입니다. 얼은 없이 계십니다. 절대 큰 것을 우리는 못 봅니다. 아직 더할 수 없이 온전하고 끝없이 큰 것을 무(무)라고 합니다. 나는 없는 것을 믿습니다. 인생의 구경 究竟 은 없이 계시는 하느님 아버지를 모시자는 것입니다.(박영호, 672-73쪽에서 재인용) 우리가 복음의 핵심으로 거론했던 죽음의 문제도, 류영모는 독창적으로 인식하고 있다. 곧 "하느님 나라에는 죽음은 없다. 하느님께서 비롯도 없고, 마침도 없이 영원 무한한데 죽음 따위가 있을 리 없다. 하느님께서 안고 계시는 상대적 존재들이 변화할 뿐이다. 그런데 그 변화를 보고 죽음이 있는 줄 알고 무서워한다. 죽음을 무서워하는 육체적인 생각을 내던져야 한다. 죽음이 무서워 몸에 매여 종노릇하는 모든 이를 놓아주려는 것이 하느님의 말씀이다."(박영호, 674-75쪽에서 재인용)

오산학교 류영모의 제자이기도 한 함석헌은 김교신 등의 신앙동지와 함께 성서조선이라는 잡지를 발간했다. 여기에 연재했던 성서적 입장에서 본 조선역사에서 함석헌의 기독교 사상의 일면을 엿볼 수 있다. 함석헌의 일제 식민지 경험을 '십자가 고난을 통한 구원'의 관점에서 해서했다. "세상의 죄 짐을 진 어린 양, 세상의 죄를 속죄하는 희생양으로서 그리스도가 고난을 당함으로써 인류의 죄를 씻고 화해와 구원을 가져왔듯이, 한민족이 고난의 짐을 짐으로써 세상을 화해와 구원의 세계로 이끌어야 할 한국 교회의 부흥이 이러한 귀한 유산과 전통을 부박한 물량·물질주의와 번영·성공의 신학으로 변질시킨 것은 안타깝고 한탄스럽다. 한국의 개신교는 지난 백 년간 기적 같이 급성장했다. 한동안 성채 같은 대형 교회가 지어지고 신도들이 크게 팽창하다 이제 개신교는 정체라기보다는 위기에 직면한 듯하다. 목회자의 축재와 추문이 화제에 오르고 사회적으로 부정부패로 지탄받는 성직자와 신도들은 즐비하다. 개신교계 자체 내에도 이러한 번영·성공 지상주의를 우려하고 비판하는 목소리가 높아지고 있다. 박재순은 오늘날 "한국 기독교의 도덕성은 매우 낮으며…, 대형 교회 목사들 중 총회장 선거를 위해 수억 원의 교회 공금을 뿌리고 여성 교인들과 불륜을 저지르며 교회를 자식에게 세습하는 경우도 적지 않다"고 탄식한다. 그래서 민주적이고 합리적으로 목회나 선교활동을 이끌어가는 교회를 찾기가 아주 어렵게 되었다고 진단하고 있다. 뿐만 아니

사명이 있다"고 해석한 것이다.(박재순, 59쪽) 함석헌의 이러한 해석은 '고난받는 사람을 통해 치유되고 죄의 속량이 이루어지고 화해와 평화가 이루어진다'는 고난의 종(이사야 53장)과도 연결되면서, 십자가 예수의 고난을 한민족의 고난과 연결시키고 있다.(박재순, 60쪽)

특히 함석헌은, 예수가 '진리와 영으로 예배하라'고 함으로써 민중을 성전과 제사장에게서 뿐만 아니라 바리새파와 사두개파의 독단적 교리해석에서도 자유롭게 했다고 해석했다.(박재순, 254쪽) 이로써 예수는 민중에게 삶의 종교를 선사했으며, 이 한마디 말로써 성직자와 예배당 없는 종교, 교리와 신화에서 벗어난 생활 공동체 종교로 이끌었는데, 따라서 예수의 하늘나라는 하나님을 어버이로 모시고 형제자매로 사귀는 공동체이고, 예수의 종교는 매우 성숙하고 주체적인 영적 종교였다고 평가했다.(박재순, 254쪽) 함석헌은 사람들이 '믿음만', '은혜만'을 쉽게 말하지만 정말 그렇게 사는 사람은 보지 못했다고 말하면서, 그는 교리적인 신앙을 따르지 않고 직접 하나님을 체험하고 하나님의 사랑과 뜻을 실천하려하고, 또 단순히 예수를 믿으려 하지 않고 예수의 십자가를 지고 예수의 삶과 정신을 살려고 했다고 박재순은 평가한다.(박재순, 258쪽)

라 대형교회와 그 신자들이 친미·반공 우익의 관점에 매여 낡은 이념과 기득권 세력 옹호에 매달려왔으며, 그 결과 한국 교회는 사회의 존경과 신뢰를 받기는커녕 조롱과 멸시의 대상으로 전락했다고 말한다. (박재순, 257쪽)

앞에서 언급된 노평구는 『성서연구』를 평생 펴내면서 무교회주의자로 살았다. 그는 '내 몸이 곧 교회요, 내 삶 자체가 예배다' 며 '교회 없이 가장 도덕적, 실천적인 신앙의 길을 걸어야 한다'고 주장하고 있다. 그는 예수님의 말씀대로 올바르게 살자는 것을 몸으로, 실천으로 보여주자고 하면서, 하나님의 구원과 진리와 생명과 사랑을 구체적으로 사는 것이야말로 진정한 예배, 예수의 종교라고 인식한다. 아들 예수를 내려 보내 나타나셨기는 했지만 영이신 하나님은 안보이는 분이시기에 교회란 형체로서 그 영과 만날 것이 아니라 진실로서 만나는 것이 중요하다고 주장한다. 기독교 교파마다 교리와 조직과 의식이 다르기 때문에 그것이 그들의 주장이 되어 형체로 나타나면 신도들은 도리 없이 그 주장, 즉 인간이 만든 교리에 얽매이게 된다는 것이다. 그에 의하면, 지금 기독교에서는 하나님이 아니라 인간이 만든 조직이 앞에 나서고 있어 문제가 된다고 한다. 중세라는 종교의 오랜 감옥에 유럽을 빠뜨린 것이 가톨릭이어서, 그 가톨릭의 제도를 부수고 인간을 구원한 것이 루터의 신교였다. 그때 교회의 모든 조직과 제도를 거부했어야만 하는데 중요한 의식 몇 가지를 남겨놓은 것이 화근이 돼 다시 신교가 오늘날의 막강한 조직으로 자라나 문제가 되고 있다는 것이다. 이제 다시 예수 시절의 모습으로 돌아가 하나님의 진리를 온몸으로 받아들이고 우리 몸 자체가 교회가 되어 참되게 살아가야 한다고 주장한다. 그러면 정말로 진리를 깨닫기 원하는 사람들에게는 교회조직이라는 효율과 시간이 문제가 아니라 진리가 중요한 것이다. 마땅히 원수까지 사랑해야하는 포용력이 중요한 것으로 모든 종교의 진정한 가르침은 다 받아들여야 한다는 것이 노평구의 주장이다. 옛날 우리에게는 거짓말 못하고 참말하다 죽어도 좋을 선비 나름의 가치관이 있어 나라를 이끌었는데 지금 우리 사회를 이끌 가치관은 아무 것도 없다고 그는 일갈했다.

김재준목사 역시 이러한 실천적인 생활신앙을 강조했다, 그는 죄로 물든 세상을 그대로 대로 용인하는 것이 아니라 질적으로 변혁시키려 실천하는 그리스도의 복음을, '성육신적 영성'으로 표현했다.

> 기독교인은 한국 역사를 그리스도 역사로 변질시켜 진정한 자유와 정의와 화평으로 성격화한 사랑의 공동체를 건설해야 할 것입니다….
>
> 그러므로 하나님의 사랑의 생명, 영으로 다시 난 생명, 거룩한 생명을 받은 크리스챤은 남과 나와 사회와 국가를 살리는 생명, 더 풍성한 생명의 샘터를 발굴하여 만민에게 생명의 샘물을 제공해야 할 책임이 있습니다…
>
> 우리가 역사에 대한 관심을 강조하는 것은 세속 역사를 하나님 나라 역사로 변질시키는 운동입니다. 그것은 역사 도피도, 역사 소외도 아니고 바로 역사 주역으로 등장하는 방향입니다.(김재준2, 196, 206, 208쪽)

그리스도 복음과 신앙은 역사적 선택과 책임을 회피하지 않고 곧바로 삶 속에 성육신하는 '실천행동'과 '생활신앙'이 되어야 한다는 김재준 목사의 성육신적 영성신학은 개인의 영혼구원만을 강조하는 기존의 신앙관에서 보면 커다란 충격이다. 김재준의 성육신적 영성신학이 우주적 사랑의 공동체와 대승 기독교론으로 발전하는 과정은 기독교 복음의 아름답고 찬란한 비상이다.

기독교인의 최고사상은 하나님 나라가 인간사회에 여실 如實 히 건설되는 그것이다. 그러나 이 '하나님나라'라는 것을 초세간적 超世間的 내세적인 소위 천당이라는 말로서 그 전부를 의미한 것인 줄 알아서는 안 된다. 하나님의 뜻이 인간의 전 생활에 군림하여 성령의 감화가 생활의 전 부문을 지배하는 때, 그에게는 하나님 나라가 임한 것이며, 이것이 사회에 침투되며 사선 死線 을 넘어 미래 세계까지 생생발전 生生發展 하여 우주적 대극 大極 의 대낙원의 날을 기다리는 것이 곧 하나님 나라의 전모인 것이다. (김재준3, 159쪽)

우리는 그리스도 안에서 남과 여의 사랑을 순화합니다. 그리스도 사랑 안에서 민족 사랑, 인류 사랑을 구현합니다. 우리는 그리스도 안에서 다른 모든 종교인들을 사랑하고 존경합니다. 우리는 그리스도 안에서 최후의 원수인 죽음의 권세를 이기고 부활의 영원한 생명을 체험합니다. 하나님의 사랑은 무량애 無量愛 입니다. 이 무량의 사랑 안에서 우리도 범우주적 사랑의 공동체를 이룹니다. 여기서 우리 인간성의 좁디좁은 한계선은 철거되고 하늘 과 땅 어디서도 구애됨없는 무애 無涯 의 장인이 됩니다.(김재준3, 318쪽)

광대무변한 사상적 토대위에서 동서양의 영성을 넘나들면서 사랑으로 세워지는 하나님 나라를 설파했던 이들의 복음 안에는 선지자들의 공의에 대한 가차 없는 외침, 무위자연의 노장철학의 정신, 화엄 선사들의 걸림 없는 묘공의 텅빔 정신 가운데 그리스도의 충만한 영이 때론 햇빛처럼 때론 바람처럼 때론 작열하는 백광처럼 그들을 추동하며 이끌어갔던 것이다. (김경재, 165쪽)[5] 앞에서 살펴보았던 김교신의 『성서조선』의 전통은 함석헌의 『씨알의 소리』, 송두용의 『성서신애 聖書信愛 』, 노평구의 『성서연구』, 석진영의 『복음의 전령』, 장기려의 『부산모임』 등으로 이어져 왔다.

---

5 우리가 즐겨 부르는 찬송가 '어둔 밤 마음에 잠겨'는 김재준 목사가 1, 2절을 그의 제자이자 한 때 '빨갱이 목사'로 불렸던 문익환 목사가 옥중에서 스승의 마음을 기리며 3절을 지었다고 한다. 그들의 광대하고 치열하고 순수한 영혼의 족적을 생각케 한다.

1. 어두운 밤 마음에 잠겨/역사에 어둠 짙었을 때에
계명성 동쪽에 밝아 이 나라 여명이 왔다
고요한 아침의 나라/빛 속에 새롭다
이 빛 삶속에 얽혀 이 땅에 생명탑 놓아간다

2. 옥토에 뿌리는 깊어/하늘로 줄기가지 솟을 때
가지 잎 억만을 헤어 그 열매 만민이 산다
고요한 아침의 나라/일꾼을 부른다
하늘 씨앗이 되어 역사의 생명을 이어가리

3. 맑은 샘줄기 용솟아 거칠은 땅에 흘러 적실 때
기름진 푸른 벌판이 눈앞에 활짝 트인다.
고요한 아침의 나라/새 하늘 새 땅아
길이 꺼지지 않는 인류의 횃불되어 타거라

인간을 옭아매는 것은 참으로 여러가지다. 가난과 독재 시대에는 그 지긋지긋한 궁핍과 서슬 퍼런 억압만 피할 수 있다면 천국이라 생각했다. 2016년 기준 세계 10위권의 경제력에다 민주주의 경력도 1세대(30년)이 넘어가는 이 시점에도, 우리 주변의 삶은 녹녹치 않을 뿐만 아니라, 어찌 보면 더욱 강퍅해지고 잔인해지고 살벌해진 것 같다. 도대체 왜 그런가? 경제구조와 정치체제에서 답을 찾으려 했던 육신적 세상적 메시아주의는 종말을 고했다고 보아야 한다. 그것도 엄청난 피와 비용을 지불한 다음에. 남아있는 것은 무엇인가? 온건한 최소주의 minimalist 이데올로기 정도가 존속하고 있는 듯하다. 예를 들면, 본질과 내용에 대한 확신 commitment 보다는 상식적 절차와 형식을 강조하는 이 시대의 대의제 민주주의 정도일 것이다. 하지만 인간이 이 정도 어설픈 문턱에서 만족하고 행복해하지 않으리라는 것은 충분히 예측할 수 있지 않은가? 인간의 영혼을 기쁘게 하는, 다소 위험해 보일지언정, 뭔가 진폭이 깊은 메시지를 얼마나 갈망해왔던가?

여기서 위험해 보인다는 것은 고난과 고통의 감내를 내포하는 의미다. 따라서 진정한 복음의 길을 가려는 사람들은 현세적 고난 속에서(고난으로 위장하고 있는-손희영목사3) 하나님 나라 영생의 충만하고 풍성한 기쁨을 누리려 노력해야 한다. 왜냐하면 미국과 한국을 포함해서 최근에 선포된 복음의 (그래도 기독교 복음에 관심과 호의가 있는 신자, 비신자들이 제기하는) 피상성과 천박성, (주로 반기독교인들 혹은 단체들이 비난하는) 유치함이 성장·번영의 신학을 더욱 빛나가게 하는 요인들이기 때문이다. 예수가 전해주신 하나님 나라 복음의 심오함과 풍성함은 찾아보기 힘들고, 경고와 조건이 생략되고 누락됨으로써 접하게 되는 '이 땅에서 누리는 성공 목록'은 오히려 어색하고 초라하다. 앞에서 인용한 '좁은 문' 경고는 곧바로 예수의 '제자도'와 직결됨을 알 수 있다. '자기 부모와 자기 형제와 심지어 자기 목숨까지 미워(덜 사랑)하지 않으면 예수의 제자가 될 수 없고, 자기의 모든 소유를 버리지 않으면 능히 예수의 제자가 될 수 없으니'(누가복음 14장 25-36절), 미리 헤아려 보고 하지 못할 것 같으면 시작하지 않는 것이 좋다는 예수의 경고는 우리로서 감당하기 힘들다. 구원을 찾아 나선 길이 험난해진다. 그런데다 육신적 메시아주의는 곳곳에서 우리에게 손짓한다. 교회 안팎에서…

야릇하게 변모한 현실, 여전히 창궐하는 사이비 육신적 메시아주의의 물결 속에, 우리는 진정한 복음을 찾으려 먼 길을 돌아왔다. 많은 경우, 진리는 단순하고 분명하다. 복잡하고 뭔가 자꾸 미로를 헤매면 의심해보아야 한다. 길을 제대로 잘 들어왔다 하더라고, 중간에 길을 잃을 수도, 헤맬 수도 있는 것이다. 좌로나 우로나 치우치지 않고, 우리의 심금을 울리고, 영혼의 갈급함을 채워주고, 우리를 진정한 안식으로 인도하는 그러한 복음은 존재하지 않는가? 이 세상을 피하거나 벗어나지도 않으면서, 그렇다고 이 세상과 벗하여 방향을 잃어버리지 않으면서 세상 중심에 떠 항해하면서도 표류한 다른 사람들에게도 빛이 되는 그러한 믿음과 복음은 존재하지 않는가?

이 세상에서 눌러 붙어있지 않고 깨어서 준비하고 항상 일어설 준비가 된 자들만이 성령과 하나님의 은혜로 죄악에서 벗어나 구원의 방주를 타고 하나님 나라로 갈 수 있다. 하지만 그 과정이 얼마나 지난한 것인가를 우리는 잘 알고 있다. 이 세상에서 믿음을 지키기가 얼마나 힘든지, 이 이중적 세상과 중첩된 세대 속에서 진정한 구원과 믿음이 얼마나 어려운 프로젝트인지, 그간 사탄과 죄와 죽음의 권세를 느껴본 사람이라면 절실하게 느끼고 있다. 이런 상황에서 진정한 복음에 대한 갈망은 더욱 커져 갈 수밖에 없다. 숱한 고난과 시련에 익숙한 우리는, 따라서, 먼저 치유받아야 한다. 말씀에 의해, 성령을 통하여… 우리는 항상 말씀과 성령으로 치유받아야 할 존재들이다. 사도 바울의 진단을 받아들인다면, 우리는 치유받아야 할 질그릇들이다. 질그릇은 내용과 본질이 아니기에 질그릇은 깨끗하게 비우는 것이 치유인 것이다. 그렇다! 우리 영혼의 홈과 흠을 메꾸고 때우는 작업이 치유받는 과정인 것이다. 이 그릇은 하나님의 영광(쉐키나)을 담아내고 비추기(샤켄) 위한 것이다. 옛사람, 옛 자아, 육신과 욕망을 벗겨내 거듭난 새로운 영의 질그릇으로서, 말씀과 성령과 중생을 통해 하나님의 본성을 비추고 담아내야 하는 것이다.

허나, 이 과정에서 우리는 아직, 여전히 세상의 막강한 영향력과 권세를 매일매일 실감하면서 살아가고 있다. 그래서 우리는 육신을 벗어나기 힘들고 이 세상의 온갖 세속적 물신주의와 종교적 율법주의의 굴레를 벗기가 힘든 것이다. 앞에서 살펴보았듯이, 기독교 복음은 로마 황제의 복음, 곧 세상의 감옥형 사면을 선포하는 황제의 복음이 아니라 죄와 죽음의 감옥으로부터의 해방을 선포하는 것이다. 이 책에서는 복음을 주로 신약성경을 중심으로 살펴보았지만, 하나님의 복음은 창세기부터 시작해서 구약의 중심 메시지기도 한 것이다. 이어서 또 하나님은 그들이 이집트에서 나와 가나안에 들어간 후에도 하나님의 규례와 법도를 반드시 준수할 것을 당부하신다. 그들이 하나님을 경외하고 모든 규례와 법도를 잘 지키면, 그들은 장수할 것이고 젖과 꿀이 흐르는 땅에서 잘 되고 크게 번성할 것이라고 약속하셨다.

> 이스라엘아, 들어라. 주는 우리의 하나님이시요, 주는 오직 한 분뿐이시다.
> 너희는 마음을 다하고 뜻을 다하고 힘을 다하여, 주 너희의 하나님을 사랑하여라.
> 내가 오늘 너희에게 명하는 이 말씀을 마음에 새기고,
> 자녀에게 부지런히 가르치며, 집에 앉아 있을 때나 길을 갈 때나, 누워 있을 때나 일어나 있을 때나, 언제든지 가르쳐라.
> 또 너희는 그것을 손에 매어 표로 삼고, 이마에 붙여 기호로 삼아라.
> 집 문설주와 대문에도 써서 붙여라.(신명기 6장 4-9절, 표준새번역)

거듭 하나님은 그들이 광야에서 지나온 사십 년 동안, 하나님이 그들이 어떻게 인도하셨는지를 기억하라고 하시면서, 그 오랜 기간을 광야에 머물게 한 것은, 그들을 단련시키고 시험하셔서, 하나님께 순종하는 가를 보려한 것이라고 말씀하셨다. 또 그들을 낮추고 굶기다가, 그들의 조상도 알지 못하는 만나를 먹이셨는데, 이것은,

사람이 먹는 것으로만 사는 것이 아니라, 주의 모든 말씀으로 산다는 것을 확인시켜 주기 위한 것이었다고 말씀하셨다. 광야 사십 년 동안, 그들은 하나님의 보호하심 하에 옷이 해어지지 않고 발이 부르트지도 않았던 것이다. 그들이 하나님의 명령과 법도와 규례를 지키고 하나님을 잊지 않으면 하나님이 주신 좋은 땅에서, 배불리 먹고 하나님을 찬양할 것이다. 결코 하나님을 잊지 말고 경외할 것을 하나님은 신신당부하셨다.

"이스라엘아, 지금 주 너희의 하나님이 너희에게 원하시는 것이 무엇인지 아느냐? 주 너희의 하나님을 경외하며, 그의 모든 길을 따르며, 그를 사랑하며, 마음을 다하고 정성을 다하여 주 너희의 하나님을 섬기며,

너희가 행복하게 살도록 내가 오늘 너희에게 명하는 주 너희 하나님의 명령과 규례를 지키는 일이 아니겠느냐?"

그렇다. 하늘과 하늘 위의 하늘, 땅과 땅 위의 모든 것이 다 주 너희 하나님의 것이다.

그런데 주께서는 오직 너희의 조상에게만 마음을 쏟아 사랑하셨으며, 많은 백성 가운데서도 그들의 자손인 너희만을 오늘 이처럼 택하신 것이다.

그러므로 너희는 마음에 할례를 받고, 다시는 고집을 부리지 말아라.

이 세상에는 신도 많고, 주도 많으나, 너희의 주 하나님만이 참 하나님이시고, 참 주님이시다. 그분만이 크신 권능의 하나님이시요, 두려우신 하나님이시며, 사람을 외모로 판단하시거나, 뇌물을 받으시는 분이 아니시며,

고아와 과부를 공정하게 재판하시며, 나그네를 사랑하셔서 그에게 먹을 것과 입을 것을 주시는 분이시다.

너희가 나그네를 사랑해야 하는 것은, 너희도 한때 이집트에서 나그네로 살았기 때문이다.

주 너희의 하나님을 경외하고, 그를 섬기며, 그에게만 충성을 다하고, 그의 이름으로만 맹세하여라.

너희가 찬양할 분은 너희의 하나님뿐이니, 너희가 본 대로, 그분은 너희에게 크고 두려운 일들을 하여 주신 하나님이시다.

너희의 조상이 이집트로 내려갈 때에는 모두 일흔 명밖에 되지 않았지만, 주 너희의 하나님은 이제 너희를 하늘의 별과 같이 많게 하셨다.(신명기 10장 12-22절, 표준새번역)

또 다윗은 성전을 봉헌하는 기도 속에서 하나님의 위대함과 능력과 영광과 승리와 존귀를 찬양하면서 하늘과 땅에 있는 모든 것이 다 하나님의 것이며, 그의 나라도 하나님의 것이라고 고백했다.

하나님은 창조 당시부터 하나님과 함께 하고 하나님의 말씀에 순종하면 형통하고 복을 받으리라는 언약을 약속하셨다. 이러한 형통과 축복은 창세기 3장의 여인의 후손에 대한 최초의(원시) 복음으로부터 시작해서 다시는 심판하시 않겠다는 노아의 무지개 언약, 큰 나라와 축복의 통로에 관한 아브라함 언약, 십계명을 포함한 시내 산 언약, 다윗 왕조와 그리스도에 대한 다윗 언약, 언약의 갱신을 포함하는 에스겔, 예레미아의 새 언약, 새 시대의 언약을 내포한 말라기의 언약 등 이루 헤아릴 수 없는 수많은 언어의 속에 계속 주어졌다. 하지만 인간은 이를 거역했으며 결국 신 구약 중간의 400년의 침묵기를 거친 후에야 드디어 복음 자체인 예수가 이 땅에 도래하셨던 것이다. 그리하여 때가 차매 하나님이 그 아들을 보내사 여자에게서 나게 하시고 율법 아래에 나게 하신 것은 율법 아래에 있는 자들을 속량하시고 우리로 아들의 명분을 얻게 하려 하심이라 너희가 아들이므로 하나님이 그 아들의 영을 우리 마음 가운데 보내사 아빠 아버지라 부르게 하셨느니라(갈라디아서 4장 4-6절)

예수는 요단 강에서 세례 요한으로부터 세례를 받으시고, 이후 광야로 가서 사탄에게 시험을 받으셨다. 그리고 갈릴리로 돌아가셔서 처음으로 강론한 성경이 바로 이사야 61장이었다. 이사야는 구원의 기쁘고 아름다운 소식을, 가난한 사람들에게 기쁜 소식을, 상한 마음은 싸매어 주고, 포로에게는 자유를 선포하고, 갇힌 사람에게는 석방을 선언하는 것이라고 묘사하면서, 주의 은혜의 해와 우리 하나님의 보복의 날을 선언함으로써 모든 슬퍼하는 사람들을 위로하고자 했다. 계속해서 이사야는,

시온에서 슬퍼하는 사람들에게 재 대신에 화관을 씌워 주시며, 슬픔 대신에 기쁨의 기름을 발라 주시며, 괴로운 마음 대신에 찬송이 마음에 가득 차게 하셨다. 그리하여 사람들은 그들을 가리켜, 공의의 나무, 주께서 스스로 영광을 나타내시려고 손수 심으신 나무라고 부른다.

그들은, 오래 전에 황폐해진 곳을 쌓으며, 오랫동안 무너져 있던 곳도 세울 것이다. 황폐한 성읍들을 새로 세우며, 대대로 무너진 채로 버려져 있던 곳을 다시 세울 것이다.

낯선 사람들이 나서서 너희 양 떼를 먹이며, 다른 나라 사람들이 와서 너희의 농부와 포도원지기가 될 것이다.

사람들은 너희를 '주의 제사장'이라고 부를 것이며, '우리 하나님의 봉사자'라고 일컬을 것이다. 열방의 재물이 너희 것이 되어 너희가

마음껏 쓸 것이고, 그들의 부귀영화가 바로 너의 것임을 너희가 자랑할 것이다.

너희가 받은 수치를 갑절이나 보상받으며, 부끄러움을 당한 대가로 받은 몫을 기뻐할 것이다. 그러므로 너희가 땅에서 갑절의 상속을 받으며, 영원한 기쁨을 차지할 것이다.

"나 주는 공평을 사랑하고, 불의와 약탈을 미워한다. 나는 그들의 수고를 성실히 보상하여 주고, 그들과 영원한 언약을 세우겠다.

그들의 자손이 열방에 알려지며, 그들의 자손이 만민 가운데 알려질 것이다. 그들을 보는 사람마다, 그들이 나 주의 복을 받은 자손임을 인정할 것이다."

신랑에게 제사장의 관을 씌우듯이, 신부를 패물로 단장시키듯이, 주께서 나에게 구원의 옷을 입혀 주시고, 의의 겉옷으로 둘러 주셨으니, 내가 주 안에서 크게 기뻐하며, 내 영혼이 하나님 안에서 즐거워할 것이다.

땅이 싹을 내며, 동산이 거기에 뿌려진 것을 움트게 하듯이, 주 하나님께서도 모든 나라 앞에서 공의와 찬송을 샘솟듯이 솟아나게 하실 것이다.(이사야 61장에서, 표준새번역)

여기서 먼저는 하나님의 영이 임하는 것이고, 그 결과 고통과 신음 중의 많은 사람들에게 치유의 복음을 선포한 것이다. 이것은 어둠과 속박에 있는 많은 사람을 지칭하기도 하지만, 또한 우리 자신이 미움과 원망과 공포의 포로로 예속된 상태에서 벗어나 해방됨을 선포하는 의미이기도 한 것이다. 항상 소외받고 버림받는 사람들의 벗이 되고자 했던 예수는 먼저 우리를 치유하시는 분이다.

그래서 이 소식은 해방과 치유의 기쁜 소식인 것이다. 앞에서 보았듯이 예수가 공생애 초기, 나사렛으로 돌아와서 회당에서 강론하실 때, 이사야 61장에 나오는 은혜의 해와 보복의 날 중, 앞의 은혜의 해에 대해서만 말씀하신 것도 의미심장하다. 그리고 이 은혜의 해는 구약에서는 희년을 의미하는 것으로, 이 희년의 선포가 당시 사회 약자, 특히 노예와 이방인들에게 엄청난 기쁜 소식이었을 것이다. 이 희년 a year of jubilee, 禧年 은 이스라엘에서 50년마다 공포된 안식의 해로서 수양의 뿔 또는 나팔이라는 뜻을 지니고 있다. 구약성경에서는 "너는 일곱 안식년을 계수할지니, 이는 칠 년이 일곱 번인즉 안식년 일곱 번 동안 곧 사십 구 년이라 칠월 십 일은 속죄일이니 너는 나팔 소리를 내되 전국에서 크게 불지며 제 오십 년을 거룩하게 하여 전국 거민에게 자유를 공포하라 이 해는 너희에게 희년이니 너희는 각각 그 기업으로 돌아가며 각각 그 가족에게로 돌아갈지며(예레미아 25장 8-10절)"라고 나타나 있다. 희년은 "여호와의 은혜의 해"(이사야 61장 2절) 또는 "자유의 해"(에스겔 46장 17절)로 불렸다.

이 해에는 누구에게 소속되었든지 노예로 있던 모든 이스라엘 사람들에게 자유가 선포되었다. 율법에는 희년이 가까워질수록 노예의 값을 다르게 책정하였다. "네 동족이 빈한하게 되어 네게 몸이 팔리거든 너는 그를 종으로 부리지 말고 품꾼이나 우거하는 자 같이 너와 함께 있게 하여 희년까지 너를 섬기게 하라 그때에는 그와 그 자녀가 함께 네게서 떠나 그 본족에게로 돌아가서 조상의 기업을 회복하리라 그들은 내가 애굽 땅에서 인도하여낸 바 나의 품군인즉 종으로 팔리지 말 것이라"고 기록되어 있다.(레위기, 25장 39~42절) 그리고 가난 때문에 조상의 소유를 팔아야 할 사람들에게 그것을 돌려주기도 하였다. 땅값의 경우에도 희년이 가까움에 따라 그 값이 달라졌으며, 땅을 쉬게 하였다. 땅이 이전의 안식년에 묵혔을지라도 이 해에 묵히도록 하였다.

희년의 비유적 의미는 예수 그리스도의 복음사역을 뜻한다. 또한 피조물의 해방을 뜻하는 의미도 있는데, "그 바라는 것은 피조물도 썩어짐의 종노릇 한데서 해방되어 하나님의 자녀들의 영광의 자유에 이르는 것이니라"고 기록되어 있다.(로마서 8장 21절) 그리고 이사야는 낙담하고 좌절하고 실패한 인간들을 다시 일으키시고 회복시키는 하나님을 다음과 같이 묘사한다.

> 무릇 나 여호와는 정의를 사랑하며 불의의 강탈을 미워하여 성실히 그들에게 갚아 주고 그들과 영원한 언약을 맺을 것이라
>
> 그들의 자손을 뭇 나라 가운데에, 그들의 후손을 만민 가운데에 알리리니 무릇 이를 보는 자가 그들은 여호와께 복 받은 자손이라 인정하리라
>
> 내가 여호와로 말미암아 크게 기뻐하며 내 영혼이 나의 하나님으로 말미암아 즐거워하리니 이는 그가 구원의 옷을 내게 입히시며 공의의 겉옷을 내게 더하심이 신랑이 사모를 쓰며 신부가 자기 보석으로 단장함 같게 하셨음이라
>
> 땅이 싹을 내며 동산이 거기 뿌린 것을 움돋게 함 같이 주 여호와께서 공의와 찬송을 모든 나라 앞에 솟아나게 하시리라.(이사야 61장 8-11절)

복음이란 (죄, 죽음, 사탄, 어두움, 상처, 분노, 원망 등에 의해) 포로된 상태에서 벗어나도록 해방시켜주시는 것을 말하는, 동시에 그 상한

마음을 치유하고 다시 우리를 다시 일으키시고 회복시키겠다는 언약의 기쁜 소식이다. 복음이 왜 기쁜 소식인가? 먼저, 인간이 가장 비극적이고 불행한 운명의 근원인 죄와 죽음(병), 그리고 이를 관장하는 사탄의 세력과 권세로부터 해방되고 구원된다는 소식이기 때문이다. 왜 낙담하고 좌절한 인간을 다시 일으키시고 회복시키시는가? 여기에 복음의 주요한 메시지, 곧 신자의 시련과 딜레마에 대한 메시지가 있다고 생각한다. 구원받은 이후에도 걸어가야 할 광야에서의 시련은 이 땅에 하나님 나라가 도래함으로써 이중국적자의 삶이 시작되고 이 세대와 오는 세대가 중첩됨으로써 우리 신자는 복잡하고 방황하는 삶을 살아야 할 처지에 놓이게 되었다. 동시에 사탄과의 영적 전쟁에서 승리는 이미 선포되었지만 확보되지는 않은 상태에서 사탄의 공세가 더욱 커지고 신랄해지는 이 종말론 시대에 우리 신자의 삶은 더욱 고단하고 어지럽게 된다.

앞서 언급했듯이, 기독교 복음이 선사하고 보장하는 기쁨과 승리의 복합적·과도기적 성격에 다시금 주목할 필요가 있다. 예수가 이 땅에 오심으로 승리의 교두보는 확보되었으나 완전히 승리한 것은 아니라는 것이다. 많은 분들이 '이미, 그러나 아직'이라는 해석에 동감하고 있는 것이다. 예수가 이 땅에 오심으로 말세가 시작되고 승리가 선포되었지만 이 말세의 승리는 예수의 재림으로 완성된다는 것이다. 여기다가 한가지 덧붙이자면, 이 복음의 메시지에는 이중적 단계가 있는바, 곧 구원의 성취로 인한 감격과 기쁨이 있는 동시에 이러한 구원의 성취를 시작으로 성화의 삶을 실제 살아야 하는 과제도 주어지는 것이고, 이러한 구원 이후 성화의 삶을 살아갈 때 구원과 복음은 완성되어 가는 것이다. 이 과정상에서 또 여러가지 시련과 고난을 겪고 맞이하게 되는데 그러한 삶을 살아가지 못하고 패배할 때 과연 이전에 성취했던 구원마저 없어지는가라는 문제는 평신도인 필자의 능력을 넘어서는 문제라 생각한다. 하여간, 구원 다음에는 성화의 삶을 살아내어야 하는 것이고 이 단계까지 실현되는 것, 곧 참된 성화의 삶을 살아내는 것이 진정한 복음을 알았다고 할 수 있고 또한 그것을 누리는 것이기도 하고, 하나님 나라가 우리 속에서 실현된다고 말할 수 있는 것이다.

오늘날 이 땅의 복음, 교회, 신자들의 모습은 진정 어떠한가? 뭔가 가짜 같은, 위선의 느낌을 지우지 못하는 안타까움이 초보 신자인 나에게도 있다면, 위선과 탐욕의 신자들을 오래전부터 마음에 들어하지 않은 우리 이웃들의 시선이 어떨지는 불 보듯 뻔하다. 물론 그들의 사시와 편견도 있겠지만, 그렇다고 변명만 늘어놓을 처지는 아닌 것 같다. 물적 양적 성장에 비해 뭔가 본질이 희석되고 주객전도 되는 듯한, 진리와 진실 대신에 다른 무언가가 떡하니 자리잡고 있는 듯한 형국, 여기다가 진정한 회개의 모습은 찾아보기 힘들고 기독교의 역사만큼이나 고질적인 바리새인적 위선과 '자기의', 자기성찰 없이 정죄하려는 교만의 숱한 양태들…

무엇이 문제인가? 인간의 문제인가, 기독교복음의 문제인가, 아니면 이 땅, 한국의 교회의 문제인가? 기쁜 소식인 복음이 왜 이렇게 멀리 느껴지고, 종종 위선의 양산으로 이어지는 서글픈 현실은 무엇이고 왜인가? 기쁘긴 한데 어떻게 해방되고 구원되는지의 문제가 아직 남아있어서인가? 구원의 기쁨만큼, 혹은 더 중요한 것은 그 해방과 구원이 예수의 십자가 사건을 통해서 이루어진 점이다. 이 십자가 사건이란 예수의 보혈, 대속, 속량을 의미하는 것으로 예수가 우리의 죄에 대한 대가를 대신 값을 주고 속량함으로써 죄의 삯인 죽음을 이기게 된 것이다. 사탄은 인간의 죄를 볼모로 죽음의 카드를 보이면서 평생 인간을 종처럼 부리며 인간은 이 죽음이 무서워하여 일생에 매여 죄의 노예로 살다 결국은 죽음의 다스림을 받게 되는 것이다.(히브리서 2장 15절) 이런 현실에서 예수의 십자가 보혈 사건으로 우리는 죄와 죽음의 사탄의 권세로부터 해방되어 구원된 것이다. 이 얼마나 기쁜 소식인가? 하지만 어디까지나 우리는 그 예수의 십자가 사건이 나를 위한, 나의 죄와 죽음을 위한 대속의 사건임을 믿어야 한다. 이 믿음에도 하나님의 은혜가 역사하는 것이다.

복음은 분명 기쁜 소식임에 틀림없지만 오해의 소지가 있는 것도 사실이다. 복음은 죄와 사망과 사탄에서 해방되는 구원에 관한 소식인데, 이는 하나님이 계획하신 예수 그리스도를 통한 십자가 보혈사건을 통해 성취되고 발생하는 사건에 관한 것이다. 곧 복음은 인간의 구원에 관한 지혜에 관한 것으로, 하나님이 예수 그리스도를 통해 임마누엘하심으로써 이루어지는 과정인 것이다. 하지만 출애굽한 이스라엘 백성 1세대가 광야에서 대부분 사망하여 가나안으로 들어가지 못한 사건이 예표하듯이, 어린 양 예수 그리스도의 보혈로 구원받은 하나님 백성일지라도 불순종하게 되면 성화의 삶을 살지 못하고 마지막 관문인 가나안, 즉 천국에는 들어가지 못할 수도 있는 것이다. 예수 그리스도를 주로 믿음으로써 구원은 얻지만, 자신이 죽고 예수가 사는 순종적 성화의 삶은 또 다른 문제인 것이다. 하나님의 은혜로 구원을 받듯이, 우리 자신의 의지나 율법이 아니라 하나님의 은혜로 구원 이후 성화의 삶도 살아지는 것이다.

웨슬리에 따르면, "신생(新生)이 성령으로 거듭나는 결정적이고 순간적이며 초자연적인 사건이라면, 성화는 그리스도의 장성한 분량에 이르기까지 느린 속도로 성숙해가는 과정"이라는 것이다.[6] 바울의 표현으론, 그리스도의 마음을 품고 거룩해져 가는 이 성화의 여정은 그리스도 재림의 날까지 계속되어야 하는데, 대부분의 크리스천이 그러지 못했다고 한탄했다. (빌립보서, 3장 19절) 바울서신서에서 계속되는 바울의 한탄은 자신의 성화 과정의 어려움을 거듭 고백하는 내용이다. 여기서 그가 강조하는 것은 이미 도달한 현재의 상태와, 아직 도달하지 못한 목표 사이의 갈등으로 보인다. 곧 앞부분이 이미 성취된 구원의 신분이라면, 뒷부분은 지속적으로 추구해 가야 할 성화의 푯대인 것이다.

---

6. 한석문, 『그리스도 안으로』, 해운대교회 세미나 자료(미출간)

형제들아 나는 아직 내가 잡은 줄로 여기지 아니하고 오직 한 일 즉 뒤에 있는 것은 잊어버리고 앞에 있는 것을 잡으려고 푯대를 향하여 그리스도 예수 안에서 하나님이 위에서 부르신 부름의 상을 위하여 달려 가노라. (빌립보서, 3장 13-14절)

웨슬리는 믿음에서 출발해 성화에 이르는 여정을 부정적인 동시에 긍정적인 측면으로 조명했다. 먼저는 육체의 본성과 애착을 철저하게 잘라내고 끊어내야 하는 고통이 수반된다는 것이다. 믿음에서 성화로 나아가는 여정에 우리는 '옛 자아의 죽음'을 반드시 통과해야 하는데, 여기서 역설적으로 성화의 긍정적인 면이 빛을 발한다는 것이다.[7] 곧 성령으로 인해 사랑과 온유함과 겸손함의 열매를 맺게 되는 것이다.

바로 이 부분이 일부 번영 성공 지향의 한국교회가 경시하거나 애써 눈을 감으려 하는 주요 대목이다. 이러한 교회는 구원의 기쁨과 감격을 지나치게 강조함으로써 구원 이후 마주하게 되는 성화의 과정에서 종종 실족하고 타락하는 경향을 보인다. 남재영 목사는 이러한 구원 이후 평생에 걸쳐 연마해야 할 성화의 여정으로부터 한국교회가 탈선했다고 진단한다.[8] 남재영 목사는 구원과 구원 이후의 성화적 삶의 과정을 신앙적 여정과 관상적 여정으로 구분함으로써 대안을 찾으려 한다. 자연인 사람이 믿음을 통하여 구원을 얻는 1단계 과정이 신앙적 여정이며, 구원을 받기 위한 예수 그리스도에 대

7. 한석문, 위의 자료 p.18에서 재인용.
8. 남재영, 위의 책, vi.

한 믿음이 중요한 교리적 단계이다. 여기까지는 별 문제가 없다. 많은 신자들이 실족하는 것이 바로 이 다음 단계에서 발생한다. 다시 말해 당신이 진정한 그리스도인, 참사람이냐고 질문하는 관상적 여정에서는 '당신은 어떤 그리스도인인가?'를 화두로 삼는다.[9] 곧 "성삼위 하나님의 현존과 임재 안에서 생을 다하는 날까지 그리스도인 된 자기 삶을 관상적으로 성찰하고 분별해야 한다"는 것이다.[10] 이 관상적 여정 속에서 우리는 하나님과 끊임없이 통교하고 사귀면서 하나님과 우리 사이에 사랑의 우정을 쌓아가야 한다는 것이다.[11]

사도 바울은 이러한 복음을 하나님의 복음, 예수 그리스도의 복음, 나의 복음이라고 설명하고 있다. 즉 하나님이 계획하신 인간 구원의 복음이 예수 그리스도의 초림으로 성취되고, 우리 인간 속에 성령으로 임마누엘하심으로써 우리의 복음이 된다는 것이다.(조상연) 때가 차매 하나님이 그 아들을 보내셔서 우리에게 우리를 구원하신 것은 하나님 아들의 복음이 우리 속에 임마누엘하셔서 우리와 함께 살게 하신 것이다. 여기서 구원의 사건은 완전히 종결되지 못하고 아직 완수되지 못한 프로젝트로 남아있다. 구원은 받고 구원의 감격은 누렸지만, 구원의 삶을 실제 살아야하는 과제가 우리 앞에 놓여있다. 복음을 받아들인 다음 어떻게 살 것인가? 오직 성령을

9. 남재영, 위의 책, p.173.
10. 남재영, 위의 책, p.173.
11. 남재영, 위의 책, p.173.

통해서, 그리고 성령을 통한 중생을 통해서만 구원의 삶을 살 수 있는 것이다. 이 중생(거듭남)의 삶이란 내가 죽고 예수가 살고, 나의 의가 죽고 하나님의 의가 사는 그런 삶이다. 내가 예수 안에서 죽음으로써 예수의 생명이 내 안에서 살아가는 것이다. (은혜를 통해서 성령이 역사하고 성령의 역사를 통해서 거듭나는 중생의 삶이 가능하기에) 이 승리와 은혜의 삶을 살아가는 과정은, 그러나 만만치 않은 장기전이고 지구전이다. 안토니오 그람시 Antonio Gramsci 의 표현을 빌리자면, 사탄과의 '영적 헤게모니 투쟁'인 것이다. 그래서 십자가 사건을 통해, 곧 십자가 보혈의 대속·속량을 통한 구원의 성취가 일어난 것에 일차 패배를 당한 사탄은 이 구원의 삶의 과정에 개입하여 총력전을 펼친다. 그리하여 순간순간, 일상 속에서 구원의 감격을 맛본 신자라 할지라도 수시로 쓰라린 패배의식에 젖곤 한다. 하기야 앞에서 보았듯이, 위대한 사도 바울도 온갖 핍박과 고초를 당하면서도 내면에서 벌어지는 영적 전쟁의 고충을 누구보다 생생하게 간증하고 있는 터에, 우리가 경험하는 어려움이야 뭐 그리 대단할까 싶긴 하지만…

구원의 감격에서 벗어나지 못하고 진정한 중생과 성화의 삶을 살지 못하고 성령의 열매를 맺지 못하고 결코 새로운 피조물이 되지 못하는 상황에서 혼돈과 좌절과 패배의 삶을 살게되는데 여기에 사탄의 공세는 강력하여 우리 신자의 삶은 더욱 초토화된다. 관건은 성령에의 간구와 성령의 역사, 여기에 근거한 중생과 성화의 삶인데도 자기중심의 옛사람의 습관이 수시로 살아나고 뻣뻣해지고 강퍅해지는 경험을 수시로 하게 되는 것이다. 바리새파 사람들의 율법주의, 자기의, 행위는 이러한 곤경을 해결하고자 하는 하나의 방법으로 제시되나 이는 더 큰 문제를 야기하기에 예수는 이를 신랄하게 비난했던 것이다. 이런 맥락에서 성경의 많은 부분은 구원을 성취한 그리스도인들이 성화의 삶에서 실패하는 경우를 숱하고 증거하고 있다. 홍해를 건너고 세례를 경험하고 감격해한 이스라엘인들이 보여주는 광야에서의 삶과 죽음이 바로 그러한 사례이다.

구원이 일회적 단 한 번의 사건으로 이해되는 것에는 오해의 소지가 많다. 우리는 지금까지 이 과정이 그리 단순치 않음을 거듭 확인해왔다. 구원 그 자체도 복합적이고 조건부일 수 있듯이, 구원 이후 성화의 삶은 더더욱 그러하다. 믿음으로 구원을 얻었다면, 구원 이후 성화의 삶이란 평생에 걸친 순종, 곧 주되심에의 순종과 성령에의 간구, 이로 가능해진 중생의 십자가 영성으로, 자아가 죽고 예수, 하나님, 하나님의 의가 살고, 죄에 대해 죽고 하나님과 하나님의 의에 대해 살 때, 이러한 구원과 성화의 삶과 희망은 살아나지만, 그 평생의 과정이 얼마나 지난하고 절실한 것이 되어야 할지는 명약관화하다. 바울이 다메섹 도상에서 빛을 받고 시력을 잃고 난 다음 빛을 보는 것이 구원의 사건이라면 그 이후 곧 눈뜸 이후의 과정이 바울이 걸어간 성화적 삶의 여정이며, 여기서 그 숱한 간증과 신앙고백의 절절함이 묻어난다. 하나님께서 임마누엘 하셔서 우리 속에 들어오시는 것이 구원의 감격이라면, 그 임마누엘하신 하나님을 평생토록 모시고, 그 분의 주인되심, 주되심을 인정하고 순종하면서 살아가는 것이 그 이후 인간의 막중한 삶인 것이다. 계속 함께 하시어 은혜를 주시고 인도해주시기를 간구하는 것이 바로 신자가 걸어야 할 성화의 여정인 것이다.

> 너희는 마음에 근심하지 말라 하나님을 믿으니 또 나를 믿으라
> 내 아버지 집에 거할 곳이 많도다 그렇지 않으면 너희에게 일렀으리라 내가 너희를 위하여 거처를 예비하러 가노니
> 가서 너희를 위하여 거처를 예비하면 내가 다시 와서 너희를 내게로 영접하여 나 있는 곳에 너희도 있게 하리라
> 내가 어디로 가는지 그 길을 너희가 아느니라.(요한복음 14장 1-4절)

우리를 모두 아시는 하나님은 우리를 "땅 끝에서부터 붙들고 땅 모퉁이에서부터 부르며 이르시기를 우리가 당신의 나의 종이며 끝까지 함께 하실 것"을 약속하신다. 또한 우리가 두려워하지 않아도 되는 것은 당신이 우리와 함께 하고 당신이 우리의 하나님이 될 것이기 때문이다.(이사야 41장10절)

사람이 태어나서 난관을 겪고 곤경에 처하기도 하면서, 또한 평화롭고 따스하고 사랑스러운 삶과 관계를 바란다. 뜻대로 되지 않음을 자주 경험하면서 초월적 존재나 현실과 거리를 두는 생활을 추구하기도 한다. 이 과정에서 인간은 가끔 의로운 척도 하고 남을 정죄하기도 하지만 대체로 이기적이고 비겁한 경우가 더 많아 보인다. 그래서 종교와 영성에 기대게 되면 한 걸음 나아가 이웃에게나 세

상 속에 의미 있는 존재가 되기를 소망하기도 한다. 죽이는 영이 아니라 살리는 영, 그러한 숨결이 되고자 결단하기도 하는 것이다. 바로 이 순간 인간이 발 딛고 있는 자그마한 땅에서부터 향기가 나기 시작한다. 하지만 경험상 그러한 향기가 오래 지속되기는 너무 힘들다. 바로 이 때문에 우리 인간은 은혜로 만나게 된 기독교 복음의 진리를 그렇게 오래 동안 찾아왔고, 또 앞으로도 계속 갈망하고 추구하게 될 것이다. 임마누엘 하나님의 모든 언약이 예수 그리스도 안에서 살아있고 살리는 복음이 되었으므로, 우리는 복음이신 예수 그리스도께 아멘함으로써 모든 영광을 하나님께 돌리는 그리스도의 편지가 되고자 하는 것이다.

…너희는 우리의 편지라 우리 마음에 썼고 뭇사람이 알고 읽는 바라

너희는 우리로 말미암아 나타난 그리스도의 편지니 이는 먹으로 쓴 것이 아니요 오직 살아 계신 하나님의 영으로 쓴 것이며 또 돌판에 쓴 것이 아니요 오직 육의 마음판에 쓴 것이라

우리가 그리스도로 말미암아 하나님을 향하여 이같은 확신이 있으니

우리가 무슨 일이든지 우리에게서 난 것 같이 스스로 만족할 것이 아니니 우리의 만족은 오직 하나님으로부터 나느니라

그가 또한 우리를 새 언약의 일꾼 되기에 만족하게 하셨으니 율법 조문으로 하지 아니하고 오직 영으로 함이니 율법 조문은 죽이는 것이요 영은 살리는 것이니라(고린도후서 3장 2-6절)

지은이 후기

세월이 좀 지난 얘기지만, 당시 두 사람의 부고 訃告 가 마음 깊숙이 다가왔다. 소설가 박완서와 최인호의 죽음이 그것이었다. 늦깎이로 등단해서 전쟁을 경험한 의식 있는(?) 작가로서, 또 우리 사회에서 일어나는 일상을 좀 다른 시각으로 들려주는 얘기꾼으로서 박완서의 글은 항상 잔잔한 감동을 불러 일으켰다. 오래되어 기억이 정확할는지는 모르지만, 그녀의 '꼴찌에게 보내는 갈채'는 우리 사회의 소외된 약자에 대한 남다른 시각을 보여주었다. 그 책 내용 중에서, 박완서 작가의 남편이 고물상을 하다 '장물애비' 혐의로 검찰조사를 받게 되어 그녀가 검사를 만나는 장면이 나온다. 그 검사는 소설가 박완서의 이름은 알았는지, 수더분한 고물상 주인의 아내 박완서를 보자 계속 고개를 갸우뚱했다고 한다. 또 시인 김지하(요즈음은 조금 이해가 안 가는 부분이 많아졌지만, 초창기 황토 시집을 내고 경찰에 의해 흑산도 등지로 쫓겨다닐 때의 그의 정신과 글은 대단했다)가 인혁당 사건(?)인가로 구속되었다 석방된 후 그간의 고문 등을 신문을 통해 알리는 바람에 재구속되는 사태가 벌어졌었다. 그때, 박완서는 자신들이 김지하 시인의 석방을 너무 기뻐한 나머지 김시인이 재구속되는 불행이 일어났다고 자책하면서, 다시는 기뻐하지 않을 테니, 김시인의 어린 아들 곁에 아버지가 있도록 해달라는 탄원하는 글을 썼다. 가슴이 먹먹해지는 기분이었다.

그러나 박완서 작가가 아들의 죽음을 겪으면서 토해낸 슬픔과 절망의 언어들은 극한이었다. "베개가 젖도록 울었다. 죽음이 왜 무시무시한지, 아들의 죽음이 왜 이렇게 견디기 어려운지 정연한 논리로써가 아니라 폭풍 같은 느낌으로 엄습해왔다. 하나의 죽음은 그에게 속한 모든 것, 사랑과 기쁨, 고통과 슬픔, 체험과 인식 등, 아무하고도 닮지 않은 따라서 아무하고도 뒤바뀔 수 없는 그만의 소중하고도 고유한 세계의 소멸을 뜻한다." (박완서, 36쪽) 이 지극한 슬픔 속에서 박완서 작가는 "만약 내가 왜 하필 내 아들을 데려갔을까?" 라는 집요한 질문과 원한을 내 아들이라고 해서 데려가지 말란 법이 어디 있나로 고쳐먹을 수 있다면, 아아 그럴 수만 있다면, 구원의 실마리가 바로 거기 있을 것 같았다"는 고백은 또다시 우리를 멍하게 만들었다. 이 지극한 아픔 속에서 하필 왜 나입니까 (why me?) 에서 내가 아니란 법어 어디 있는가 (why not me?) 로의 변화는 신앙의 역설 아니면 설명하기 어려울 것이다.

또 다른 사건은 작가 최인호의 죽음이었다. 대학 시절 최인호 작가는 '우리'의 우상이었다. 고등학교 때 이미 신춘문예에 등단한 인물로서 그의 기행과 유머는 부러움의 대상이었다. 이후 최인호 작가의 연애담과 가족 이야기는 월간 샘터에 오래 연재되었고, 70-80년대의 암울한 시절에도 청량제 역할을 했다. 이후 최인호는 잘 나가는 소설가로, 인기영화의 시나리오 작가로, 히트친 많은 영화 등으로 후배들의 여전한 우상이었다. 그러다 세월이 좀 흐른 후, 최인호 작가는 '잃어버린 왕국'의 기원과 장보고의 뱃길을 탐험하고 경봉 스님의 '길 없는 길'과 '유림'의 정신세계까지 탐색하고 있었다. 이러한 역사와 종교에 대한 깊은 관심의 근원이 어딘지는 잘 모르겠지만 가톨릭 신자인 그는 예수에 대한 글도 준비 중이었다고 한다. '타인의 방'의 소외와 관련된 무거운 주제와 '별들의 고향'이라는 '통속소설'까지 섭렵하면서 시작된 그의 전설이 이러한 깊은 본질의 문제로 옮아가는 것이 범상치 않아 보였다. 그간 그의 인생관에 무슨 변화라도 생긴 것일까? 여하간에 그러한 변화는 본받을 만한, 여전히 '전설적인' 변화로 읽혀졌다. 뭔가 오래되고, 영원한 것을 찾아가는 것이 정녕 우리 인간이 걸어가야 할 길 아닌가?

> "하나님이 모든 것을 지으시되 때를 따라 아름답게 하셨고 또 사람들에게는 영원을 사모하는 마음을 주셨느니라. 그러나 하나님이 하시는 일의 시종을 사람으로 측량할 수 없게 하셨도다…하나님께서 행하시는 모든 것은 영원히 있을 것이라. 그 위에 더할 수도 없고 그것에서 덜할 수도 없나니 하나님이 이 같이 행하심은 사람들이 그의 앞에서 경외하게 하려 하심인 줄을 내가 알았도다"(전도서 3장 11절, 14절)

또 다시 세월이 좀 흐른 후에 최인호 작가의 암소식을 들었고, 그의 엿장수 기도를 읽게 되었다. "주님 이 몸은 목판 속에 놓인 엿가락입니다. 저를 가위로 자르시든 엿치기를 하시든 엿장수이신 주님의 뜻대로 하십시오. 주님께 완전히 저를 맡기겠습니다. 우리 주 엿장수의 이름으로 바라나이다."

죽음을 앞둔, 죽음과 마주한 작가의 고백에 가슴이 찡했다. 인기작가로 세속적 성공을 거두고, 또 어떤 동기인지도 모르지만 역사와 종교로 깊숙이 들어가다 인생 말년에 더욱 가까이 만나게 된 주님을 '우리 주, 엿장수'로 부르게 된 그의 인생 여정과 믿음의 결이 슬펐지만, 따사롭고 기쁘게 다가왔다.

그렇다. 박완서, 최인호, 우리 시대의 두 작가의 인생의 여정처럼, 우리 인간은, 고난을 마주하고 고통에 신음하기도 하지만, 만약 어두움 속에서 우리를 인도하시는 분을 만난다면, 또 그 분을 우리의 '주'(세상 황제란 의미의 큐리오스가 아니라 죄악과 어둠과 사망에서 우리를 건지시는 우리의 큐리오스)라고 고백하게 된다면, 우리가 사는 세상은 바뀌게 된다. 이 땅에 존재하는 세상은 있는 그대로이지만, 우리가 살아가는, 호흡하는 세상은 바뀌게 된다.(공지영, 서문 참조) 예수 그리스도가 우리 안에 들어오게 되고 하나님 나라가 건설되기 시작하고 하나님의 임재가 느껴지기 시작하는 것이다. 우리의 시민권도 바뀌어, 아직은 이중 국적자(이 세상과 오는 세상, 세상 나라과 하나님 나라)이지만 이미 갈 본향은 정해진 상태인 것이다. 이러한 변화는, 고백하건대, 기적이다. 곧 우리 힘으로, 인력으로 된 것이 아니란 말이다. 이것을 '은혜'라 부른다. "한량없는 은혜 갚을 길 없는 은혜, 우리 삶을 에워싸는 하나님의 은혜, 우리 주저함 없이 그 땅을 밟음도, 우릴 붙드시는 하나님의 은혜… 우리들 마지막 호흡 다하도록, 우리가 십자가 품케 하시니 우리 가진 것은 다 하나님 은혜라."(복음성가 중에서)

그런데 우리는 일상 중에서 은혜를 그리 자주 맛보지 못한다. 이유가 무엇일까? 이 세상이 힘과 영향이 너무 크기 때문이라고 생각한다. 거듭났다고 하지만 세상일에서 판판이 지는 패배자의 모습, 한술 더 떠서 세상 속에서 세상과 대하면서 악을 바락바락 써대는 우리 자신의 모습에 낙담한 적이 어디 한두 번인가? 신앙의 스승 사도 바울도, 앞서 보았듯이, 그 숱한 고난의 세월을 지내며 마치 패배자같은 고백과 간증을 했지만, 우리는 그가 누구보다 복음의 승리자임을 잘 알기에 우리도 낙담하지 않는다.

어두운 데에 빛이 비치라 말씀하셨던 그 하나님께서 예수 그리스도의 얼굴에 있는 하나님의 영광을 아는 빛을 우리 마음에 비추셨느니라

우리가 이 보배를 질그릇에 가졌으니 이는 심히 큰 능력은 하나님께 있고 우리에게 있지 아니함을 알게 하려 함이라

우리가 사방으로 우겨쌈을 당하여도 싸이지 아니하며 답답한 일을 당하여도 낙심하지 아니하며

박해를 받아도 버린 바 되지 아니하며 거꾸러뜨림을 당하여도 망하지 아니하고

우리가 항상 예수의 죽음을 몸에 짊어짐은 예수의 생명이 또한 우리 몸에 나타나게 하려 함이라

우리 살아 있는 자가 항상 예수를 위하여 죽음에 넘겨짐은 예수의 생명이 또한 우리 죽을 육체에 나타나게 하려 함이라

그런즉 사망은 우리 안에서 역사하고 생명은 너희 안에서 역사하느니라

기록된 바 내가 믿었으므로 말하였다 한 것 같이 우리가 같은 믿음의 마음을 가졌으니 우리도 믿었으므로 또한 말하노라

주 예수를 다시 살리신 이가 예수와 함께 우리도 다시 살리사 너희와 함께 그 앞에 서게 하실 줄을 아노라

찬송과 간증으로 전율을 느끼고, 사이렌 소리가 온 머리와 가슴 속에 공명되는 그러한 감동은, 그러나, 그리 오래 가지 못했다. 사도 바울의 고백에서 위안을 받고 복음의 진면목을 확인하기도 하지만, 이보다 견고하고 이보다 오래갈 수 있는, 마음 같아서는 영원한 토대 같은 것을 만들고 싶었다. 흠 많은 인간으로서 너무 과도한 욕심이라는 생각이 들고 최근 주변에서, 아니 나 자신부터 밀려드는, 마치 광야에 서 있는 듯한 느낌을 어쩌지 못한다. 갈멜산 전투에서 승리한 바로 그 다음 날 엘리야 선지자는 세상을 포기한 듯 금식할 정도로 낙심했다고 하지만, 오늘날 현실에서 다가오는 우리의 낙담도 만만치 않다.

우리 신자들이 절실히 추구한 구원 메시지가 만약 믿음과 이기심이 야합한 산물이라면?(김세종, 202쪽) 곧 지극히 세상적이고, 이기적인 마음으로도 구원을 추구하고 믿음을 가질 수도 있다면? "그들은 그저 교회에 나가 사도신경과 주기도문을 열심히 외우고 기도하고 찬송하고 전도하고 봉사하는 것으로 족했다. 마음속에 거짓과 증오와 탐욕과 온갖 나쁜 것들을 가득 품고 있어도 예수가 구세주임을 믿고 입으로 시인하기만 하면 그들은 축복받고 영생을 누릴 것이었다. 그런 구원 이야기에 매달리는 기독교인들의 삶도 바리새인들의 사람처럼 회칠한 무덤일 수밖에 없었다…. 그런 위선자들이 하나님의 나라를 유업으로 받을 수는 없었다. 아무리 열심히 신앙생활하고 아무리 많은 헌금을 내고 아무리 많은 이웃을 구제하고 아무리 성스럽고 구별된 삶을 살아도 그 마음 바닥에 부귀영화와 영생에의 욕심이 자리 잡고 있으면 하나님의 나라는 열릴 수 없었다. 자기 이익을 위하여 예수 이름을 부르는 소리는 하나같이 울리는 꽹과리일 뿐이었다. 하나님의 나라가 그들의 것일 수는 없었다. 하나님의 나라는 오로지 공의와 사랑의 하나님 아버지에 눈을 뜬 자들의 것이었다. 하나님의 나라는 오직 이웃을 사랑하라는 내 가르침을 가슴으로 받아들이고 몸으로 실천하는 자들의 것이었다."(김세종, 203쪽)

히틀러 치하에서 고단하고 힘겨운 삶을 살았던 본회퍼 Dietrich Bonhöeffer 는 하나님이 죽고 없는 듯한 상황에서 하나님을 사랑하고 흠숭하고, 동시에 진정으로 이웃을 위하여 모든 것을 바치고 역사적 삶을 실천하는 것에 목숨을 바치는 신앙의 길을 걸어갔다.[12] 유태인 인종차별에 반대하고 히틀러 암살계획에 참여하여 결국 형장의 이슬로 사라진 그의 신앙세계는 이후 '사신 死神 신학'으로 이어졌다. 믿음과 신앙은 도처에 널려있지만, 그리스도의 신앙과 복음이 일상생활 속에 스며들어 실천되지 못하는 오늘날 한국 교회의 상황에도 경종을 울리는 듯하다.

어떻게 할 것인가? 말씀으로는 돌아가는 길 밖에, 그중에서도 진정하고 온전한 복음으로 돌아가는 수밖에 답이 없고 길도 없다고 생각하게 되었다. 복음이자 하나님 나라이신 예수가 이 땅과 이 세상에 오심으로써 인간은 우리 속에 하나님 나라가 임하는 복음을 직접 듣

12. 본회퍼는 세상 속에 사는 그리스도인이 된다는 것은 이 세상에서 하나님의 고통에 참여하기 위하여 노력하며, 이 상황에서 자신의 한계를 넘어가야 하는 것임을 강조한다. 하나님의 고통에 참여하는 것은 그리스도인은 이 시대의 역사에 참여해야 하며 그 속에서 활동하시며 초월하시는 하나님을 매일의 삶 속에서 발견해야 함을 의미한다. 여기서 초월은 인간의 모습으로 오신 하나님이며 다른 사람들을 위하여 존재하는 인간, 즉 십자가에 달리신 예수그리스도를 세속 안에 발견하는 것이다.

고 체감하게 되었다. 그리고 그분이 십자가에 돌아가심으로써 죄와 죽음과 사탄에 대해 이미 승리를 확보했다. 하지만 예수의 초림 이후 전개되는 종말 시대는 여전히 사탄이 주도하는 죄와 죽음과 어둠의 세상이기에 우리는 예수의 재림과 최후 심판 때까지 이 세상 속에서 영적 전쟁을 계속해야 한다. 하지만 우리는 예수의 십자가 사건이 선사한 승리를 이미 확보한 상황에서, 그러한 사탄의 세력에 대항하여 이길 수 있는 모든 조건과 능력과 권한을 부여받은 상태로 이 전쟁에 임할 수 있게 된 것이다. 곧 하나님의 은혜를 통하고 예수의 보혈에 의해서 죄를 사주하는 사탄의 죽음의 세계에서 중생과 성령으로 거듭난 생명과 영생의 세계로 옮겨졌고, 또 옮겨져 가고, 마침내 옮겨져 갈 것이다. 이것이 복음의 본질이다. 이 복음으로부터 은은하고 아름다운 향기가 날 것인데, 그 향기는 영원토록 세세 무궁토록 피워 올라 온 세상에 흠향될 것이다. 할렐루야, 아멘!

말이 길어졌다. 이 험난한 세상 속에서 은혜를 찾는 나침판, 혹은 매뉴얼 같은 책자에 대한 계획은 몇 년 전, 성경동행(구약편, 신약편)을 마무리할 때쯤 구상되었다. 우여곡절 끝에 성경과 신학의 문외한인 필자가 머리 속에 맴도는 하나님과 예수, 기독교 복음과 한국 교회에 대한 단상들을 간략하게 정리하려 한 조그만 결실로 독자 제현들이 이해해주길 바란다. 예쁜 책 만들어주신 호밀밭 출판사 여러분께 감사드린다.

2018년 5월 강문구

지은이 후기(2)

개정판에 부쳐

성경 속에 엄청난 무언가가 있다고 믿는 마음으로, 성경동행 구약·신약 편을 정리하여 펴낸 뒤, 나름대로 느꼈던 입장(觀)을 정리해서 『세상 속 복음의 향기』를 출간했다. 한국 정치나 사회가 아니라, 한국교회와 신자들의 행태가 너무나 빗나갔다고(하마르티아, 죄의 정의가 과녁을 빗나감) 생각했다. 내 눈의 들보는 보지 못하고 다른 이의 티끌을 탓하는 격이지만, 그 당시는 (지금도) 심각하게 느꼈다. 육신적, 세상적, 종교적 차원의 오류가 깔려있고 바리새파의 율법주의에 근본적인 문제가 있다고 보았다. 좀 더 구체적으로는, 구원을 얻기까지는 신실하고 절실하게 간구하는데, 그 이후 곧 구원 이후의 삶의 과정에서 실족하고 타락하는 경우가 허다한 것 같았다. 영화 '밀양'(Secret Sunshine)에서 유괴 살인범이, 자식을 잃은 엄마(전도연분)가 용기를 내어 용서하려 면회 갔을 때, 자신은 이미 하나님으로부터 용서받았다고 확신에 차 거만하게 말할 때, 뭔가 크게 잘못되었다는 생각이 들었다. 하지만 그 정체(?)가 뭔지 당시로는 명확지 않았다.

오랜 세월이 흘러, 한국의 교회나 신자들의 모습이 그리 아름답지도, 성스럽지도 또 인간적(?)이지도 않은 것 같이 느꼈을 때, 영화 밀양의 이 장면이 떠올랐다. 구원과 거듭남이 자신을 더 채찍질하여 나아가는 게 아니라, 자신의 오만과 남에게 대한 정죄로 가는 경우가 더 많아 보였다. 이전 책에서 필자는 크리스천을 복음의 향기로 상징했는데, 그 본뜻은 사도 바울이 애기한 우리는 '그리스도의 향기, 그리스도의 편지'에서 연유한다.(고린도후서 2장, 3장) 제대로 된 크리스천이라면 그 분의 향기가 나고, 그 분의 편지가 되어야하지 않는가? 그런데 우리들로부터는 향기로운 기운이 나지 않고, 수신인은 거들떠 보지도 않는 채 반송된 너덜해진 편지 같았다.

최근 끊임없이 반복되는 진보와 보수의 갈등의 기원을 살펴보면, 해방 이후 미국과 소련이 점령한 한반도라는 공간 속에 그 맹아가 심어졌던 데서부터 시작되었던 것 같다. 평양부흥회 등으로 기독교와 교회의 영향력이 큰 북한에 소련공산주의가 점령군으로 들어오고, 일제 시대 반일독립운동의 중심역할을 했던 사회주의세력의 영향이 큰 남한에 반공으로 기울어가는 미국이 점령한 국제정치적 현실이 비극의 연원으로 작동했던 것이다.

이러한 기독교와 공산주의의 대립 갈등의 현실은 북한 지역의 신천사건에서 그 모습을 드러낸 이후 줄기차게 곳곳에서 재현되었다.(황석영1) 특히 서북 출신 기독교인들의 대표적 지도자 격인 한경직목사는 반공을 신앙으로 내면화시키는 데 결정적인 역할을 하고, 이를 고리로 5·16 군사쿠테타를 일으켜 집권한 박정희를 적극 지원했다.(남재영, 44쪽) 박정희 종신집권을 위한 유신체제로 치달아갈 때, 한경직목사의 뒤를 이어 김준곤목사는 '대통령을 위한 조찬기도회'를 조직하여 유신통치를 찬양했다. 전두환 군사독재 하에서(도) 주류한국교회 지도자들은 5·18 광주시민 학살 수괴인 전두환을 위한 조찬기도회를 1980년 8월 6일 서울의 대형 호텔에서 열고 전두환을 다윗과 같은 지도자로 찬양했다.(남재영, 44쪽)

이 부끄럽고 비굴한 행태는 왜 끊임없이 반복되는가? 이런 비뚤어진 관계의 결과 주류한국교회는 외형적으로는 대형교회로 성장했지만, 그들이 내면화시킨 반공과 숭미와 친독재야합은 이념적으로 수구보수화로 고착화되었고, 기복신앙과 샤머니즘은 성령운동으로 포장하여 빈지성적인 열광주의로 흐르면서 영적 파산상태에 이르렀다고 남재영목사는 분석한다. 이러한 주류한국교회의 문제들을 총합적으로 드러낸 상징적인 현상이 '전광훈 현상'이라는 것이다.(남재영, 44쪽) 이런 맥락에서 해방공간에서 싹을 틔운 기독교세력과 공산주의세력 간의 갈등과 대립은 4·3사태로, 다시 여순사태로 이어져오면서 한국사회의 심대한 상흔으로 남아있다.(황석영2, 한강1, 2) 현재 적지 않은 크리스천들이 참여하고 있는 극우적 태극기 부대와 그 반대편의 '개혁의 딸' 집단 간의 극심한 대립은 한국민주주의를 위협하는 심각한 요인으로 보인다.

산업화와 민주화를 연이어 성취한 후발 제3세계 국가의 모델로 부각되고 또 사실 그러한 측면도 다분하지만, 오늘을 살아가는 우리가 느끼는 심정은 그리 편치 못하다. 분단은 더욱더 고착되고, 분열은 더욱더 악화되는 듯한 오늘의 한국 현실에서 과연 크리스천은 누구이고, 또 진정한 크리스천이라면 어떻게 행동하고 사유해야하는 지에 대해 천착해 보려했다.

이 책에서는 구원 이후 삶의 과정을 '성화'과정으로 같이 쓰거나 대체했다. 곧 구원의 단계까지는 열심을 내지만, 이후 성화 단계에서 빗나가는 것 같았기 때문이다. 굳이 한번 구원은 영원하고 확실한 징표라고 하면서 본격적으로 타락의 길로 갔던 '다락방' 등의 이단에 대해서는 더 말하고 싶지 않다. 하여간 구원과 중생과 동시에 이번에는 성화과정[남재영목사는 이를 앞의 '신앙적 여정'과 구별하여 진정한 크리스천이자 인간이 되어가는 '관상적 여정'으로 정리했다]을 강조하려 했다. 이런 맥락에서 구체적으로 언급하진 않았지만, 많은 차원과 함의를 갖는 십자가의 의미, 그 중에서도 '보혈 십자가'와 '자기 십자가'를 강조하게 되었으며, 마태복음 최후심판장에서 강조되는 '이 세상에서 굶주리고 헐벗고 옥에 갇힌 자들'에 대한 예수님의 말씀에 다시 주목하게 되었다.

새로이 둥지를 튼 해운대(감리)교회의 한석문 목사님과의 대화에서 많은 부분을 정리할 수 있었다. 감사드린다. 그리고 새롭게 만난 해운대교회의 많은 분들, 예전에 커다란 힘과 위안이 되었던 그만큼 많은 분들에게도 오랜만에 안부 겸 감사의 마음을 전한다.

현재 우리 부부는 구원의 기쁨과 성화의 어려움을 동시에 느끼는 과정에 들어섰으나, 아직 고민(?) 중인 친지와 친구들에게도 하나님의 섭리와 은혜가 조만간에(?) 임하시길 기원한다. "주께서 내 원수의 목전에 내게 상을 베푸시고 기름으로 내 머리에 바르셨으니, 내 잔이 넘치나이다,"(시편 23편) "두려워하지 말라 내가 너와 함께 함이라 놀라지 말라 나는 네 하나님이 됨이라 너를 굳세게 하리라 참으로 너를 도와주리라 참으로 나의 의로운 오른손으로 너를 붙들리라."(이사야 41장 10절) "솔라 그라티아"(Sola Gratia), 오직 은혜로소이다!

2025년 2월 강문구

기본 텍스트

쉬운 성경, 아가페출판사, 2010.

표준새번역 성경, 대한성서공회, 2007.

개역개정 성경, 아가페출판사, 2011.

참고한 책과 자료들

강문구1, 한국민주화의 비판적 탐색, 당대, 2004.

강문구2, “이 시대, 왈러스틴을 어떻게 읽을 것인가?” 왈러스틴, 자유주의 이후, 당대, 1996.

강문구3, “피청구인 대통령 박근혜를 파면하다”, 경남대학보, 2917년 3월 20일.

강문구4, “지식인의 정치참여에 관한 연구: 대학교수를 중심으로”, 한국과 국제정치 제31권 3호, 2015년 가을, 통권 90호.

강문구5, “함석헌 정치사상과 종교사상의 융화에 관한 연구,” 인문논총 제59집 11호, 2021.

강하룡외, 성경 100배 즐기기, 브니엘, 2017.

공지영, 공지영의 수도원 기행, 분도출판사, 2014.

김세윤1, 구원이란 무엇인가, 두란노, 2006.

김세윤2, 복음이란 무엇인가, 두란노, 2016.

김세윤3, “바울의 하나님 나라 복음”, 하나님 나라 복음: 신구약을 관통하는 하나님의 다스림, 새물결플러스, 2013.

김세종, 무신론자들을 위한 변명: 어느 소피스트의 구원 이야기, 소이연, 2014.

김정환, 김교신: 그 삶과 믿음과 소망, 한국신학연구소, 1994.

김재준1, 하나님의 의와 인간의 삶, 삼민사, 1985.

김재준2, 귀국 직후, 선경도서, 1985.

김재준3, 새 술은 새 부대에[김재준전집 1권], 장공 김재준목사 기념사업회 홈페이지 참조.

노평구, 문화인터뷰: 무교회주의자 노평구씨, 인터넷, 2005. 11.28.

대천덕, 대천덕 신부의 하나님 나라, CUP, 2016.

문동환, 예수냐, 바울이냐, 삼인, 2015.

문봉주, 성경의 맥을 잡아라, 두란노, 2007.

박완서, 한 말씀만 하소서, 세계사, 2004.

박영호, 다석전기: 류영모와 그의 시대, 교양인, 2012.

박재순, 함석헌의 철학과 사상, 한울, 2013.

손기철, 알고 싶어요 하나님의 나라, 두란노, 2013.

손희영1, 구원이란 무엇인가, 복있는사람, 2014.

손희영2, 믿음의 전환, 복있는사람, 2015.

손희영3, 설교 '이상한 초대,' '하나님이라는 우상', 유투브.

이애실, 어 성경이 읽혀지네. 인터넷 강의.

이필찬, 내가 속히 오리다, 이레서원, 2006.

조상연, 로마서 1-3부, 유투브. 2016.11.9.

차동엽, 맥으로 읽는 성경, 위즈앤비즈, 2008.

윗치만 니, 세상을 사랑하지 말라, 생명의말씀사, 1972.

톰 라이트, 마침내 드러난 하나님 나라, 한국 기독교학생회(IVP), 2009.

C.S. 루이스, 순전한 기독교, 홍성사, 2005.

프랑수와 르벨, 민주주의의 부활: 한 보수주의자의 시각, 경남대출판부, 2003.

존 맥아더, 친절한 척하지 않은 예수: 거짓과 위선에 맞선 예수님의 진리 전쟁, 생명의말씀사, 2010.

칼 보그, 다시 그람시에게로, 한울, 2001.

벤자민 오, 성경의 맥, 유투브, 2011. 7. 4.

허버트 조지 웰스, 세계사 산책, 옥당, 2017.

폴 존슨, 기독교의 역사, 포이에마, 2013.

도널드 크레이빌, 예수가 바라본 하나님 나라, 복있는사람, 2010.

프랜시스 후(푸)쿠야마, 역사의 종말, 한마음사, 1992.

교회용어사전: 교리 및 신앙, 생명의말씀사, 2013.

라이프성경사전, 생명의말씀사, 2006. 8. 15.

네이버 지식백과, 루터(Martin Luther)편 참조, 인터넷.

2025년 참고 자료

남재영, 삶의 영성과 성심기도, 기독교영성목회연구소, 2020.

한강1, 작별하지 안는다, 문학동네, 2021.

한강2, 소년이 온다, 창비, 2020.

황석영1, 손님, 창작과 비평사, 2007.

황석영2, 죽음을 넘어 시대의 어둠을 넘어, 풀빛, 1985.

이청준, 벌레 이야기(영화 <밀양> 원작, 이창동, 2007.), 문학과지성사, 2013.

세상 모든 것에 감탄하는
지혜로운 사람들의 공간
호밀밭

한국에서 크리스천으로 산다는 것

초판 1쇄 2018년 5월 15일
개정증보판 1쇄 2025년 4월 7일

지은이 강문구
펴낸이 장현정
마케팅 최문섭, 김명신

펴낸곳 ㈜호밀밭
등록 2008년 11월 12일(제338-2008-6호)
주소 부산광역시 수영구 연수로357번길 17-8
전화 051-751-8001
팩스 0505-510-4675
홈페이지 homilbooks.com
이메일 homilbooks@naver.com

ISBN 979-11-6826-216-4 03230

※ 가격은 뒤표지에 표시되어 있습니다.